Heidi Maria & Martin Kuhnle

Rund um Karlsruhe

Wandern für die Seele

20 Wohlfühlwege

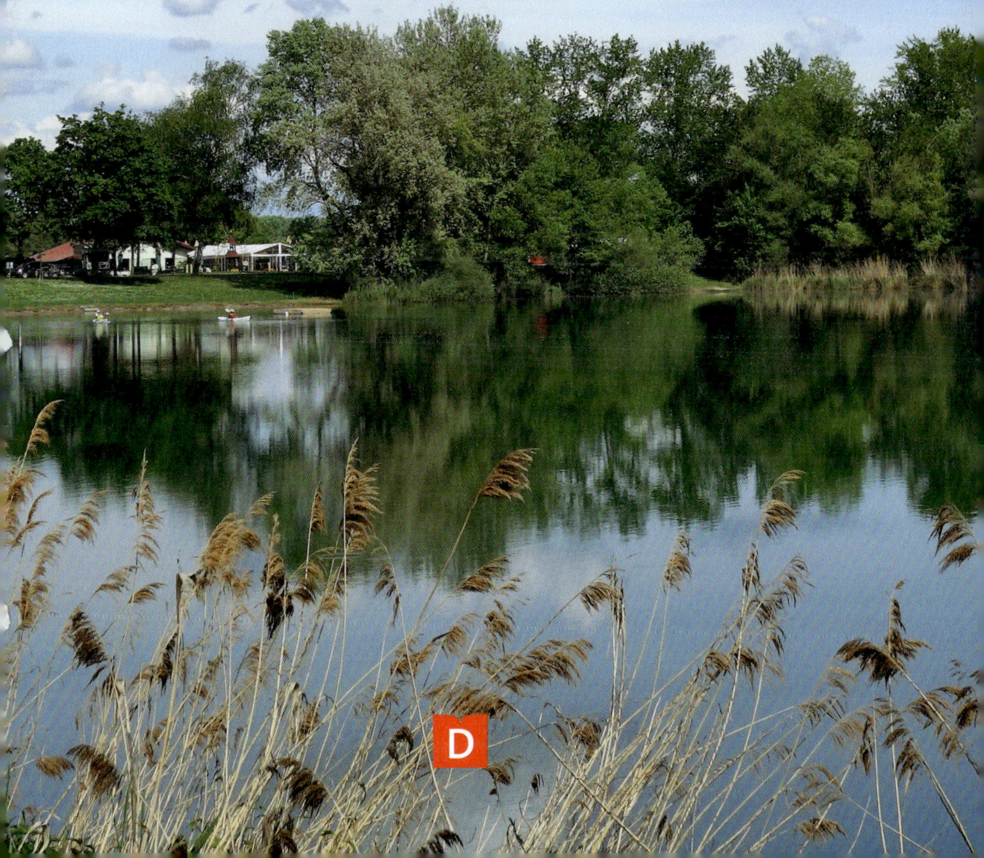

D

Alle Touren auf einen Blick

AUSZEITEN

WEITBLICKE

GENUSS

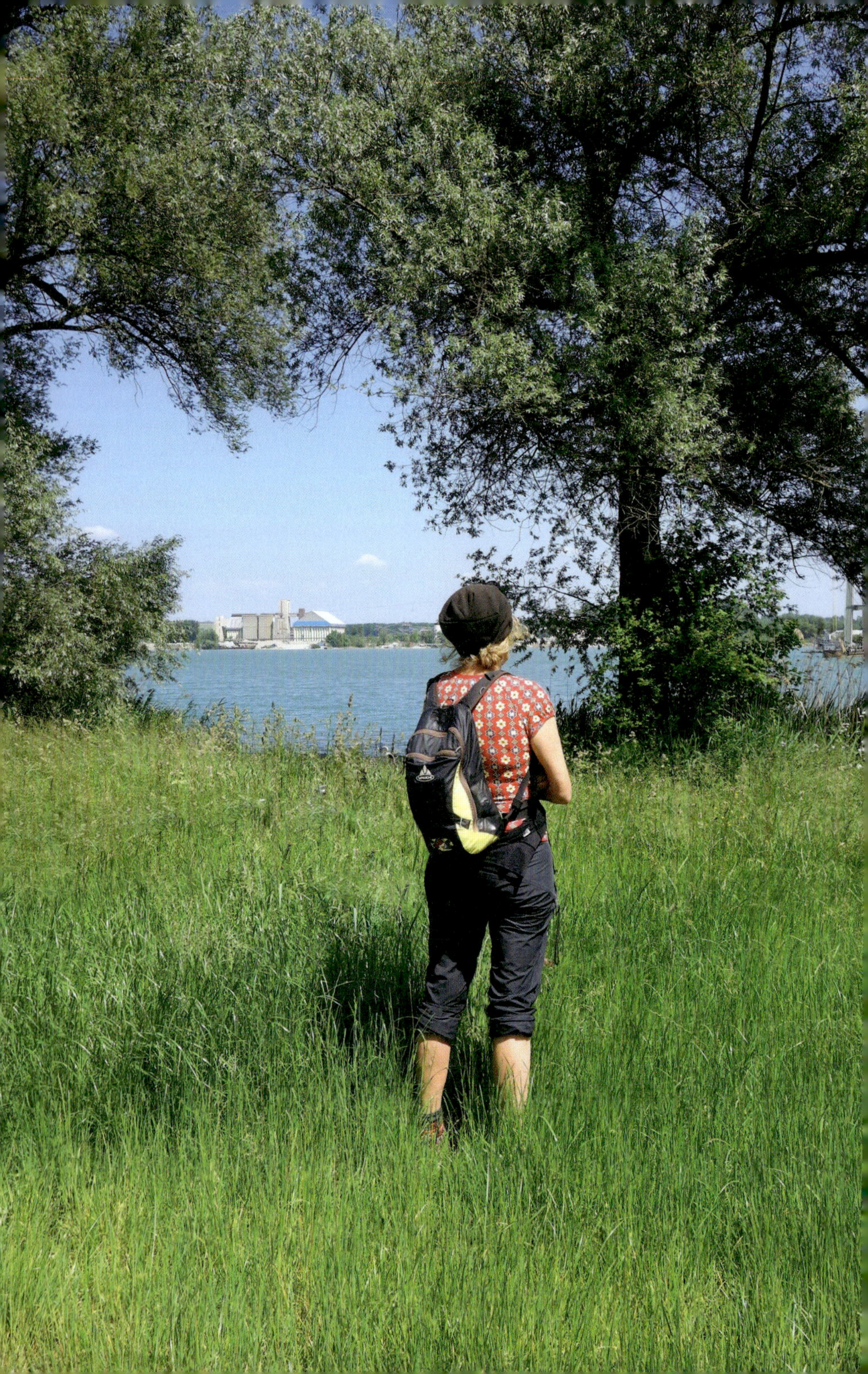

Liebe Wandersleute,

fernab von Stress und Hektik die Seele baumeln lassen und Körper, Geist und Seele in Einklang bringen. Einfach mal den Alltag vergessen und Kraft tanken. Tauchen Sie ein in die **faszinierende Landschaft** rund um Karlsruhe. Diese Wanderungen führen zu den schönsten Plätzen dieser hübschen Gegend.

Jede Wanderung ist wie ein kleines Stück Urlaub. Aussichtsreiche Berge im Nordschwarzwald, tiefgrüne Täler, klare Bäche, den Urwald von morgen in den Rheinauen und darüber hinaus Weingenuss im Kraichgau und Stromberg – dies alles und noch viel mehr finden Sie in dieser **vielfältigen Wanderregion.** Lassen auch Sie sich faszinieren.

NATUR
KULTUR
GENUSS
TOUR
GPS-Tracks zum Download

Seelenwandern, das sind in dieser so traumhaft schönen Kulisse Touren auf Saumpfaden – Wanderungen mit allen Sinnen und einem puren Glücksgefühl.

Als Autorenteam sind wir bereits seit vielen Jahren in Süddeutschland unterwegs und haben dort ungezählte Stunden verbracht. Die ausgesuchten Touren entführen Sie zu **einzigartigen Kraftplätzen,** bei denen man mit den heilsamen Energien der Natur in Berührung kommen kann. Eindrücke zu allen Touren gibt es auf dem YouTube-Kanal „Wanderkult mit Martin Kuhnle“.

Viel Spaß wünschen

Heidi Maria und Martin Kuhnle

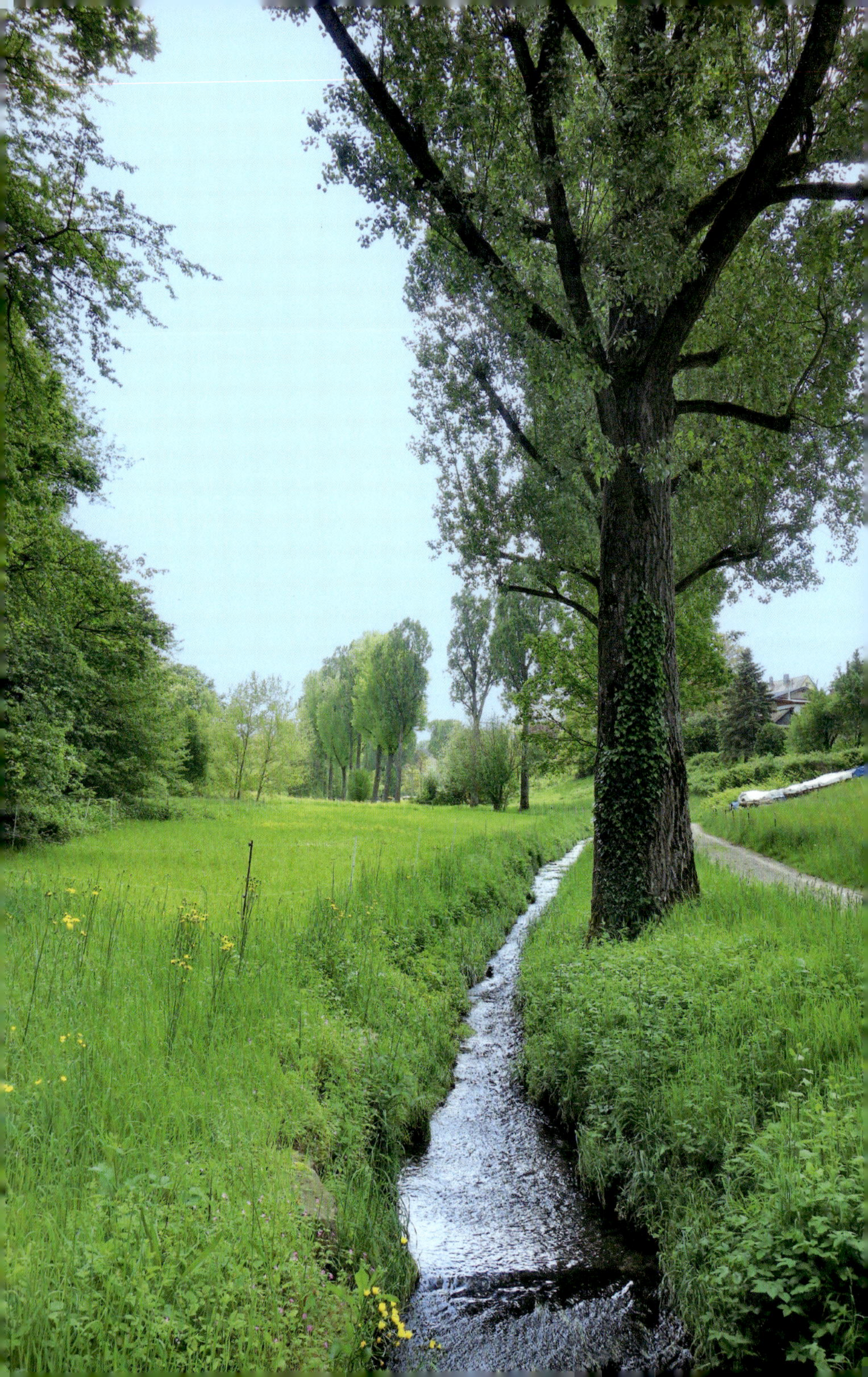

Aussichtsreich

Relaxtour bei Straubenhardt

Diese Wanderung entführt uns in tiefe Wälder, romantische Bachtäler, heimelige Dörfer und grüne Wiesenlandschaften. Und unterwegs erwarten uns exponierte, wunderschöne Weitblicke bis zum Kraichgau, nach Stromberg und zum Odenwald. Des Weiteren streifen wir ein Denkmal eines hiesigen Volksliederdichters und erkunden zum Schluss die Aussichtsplattform der Schwanner Warte.

Auf dem großen Parkplatz nahe der Schwanner Warte unterhalb einer Imbissbude stellen wir unseren Wagen ab und starten von dort zu unserer herrlichen Relaxtour. Achtung, bitte unbedingt auf die Ausschilderung aus Rauten in mehreren Farben achten. Wir wandern oberhalb am örtlichen Segelflugplatz entlang und folgen dabei der **blauen Raute** am ❶ **Ristorante Da Bambi** und am ❷ **Café Zauberberg** vorbei, wo sich eine Einkehr am Ende anbietet. Gleich können wir einen exzellenten Blick weit hinaus ins Land werfen, denn von hier aus erfährt man nicht nur ein unsagbares Gefühl von Freiheit, sondern hat auch einen umwerfend grandiosen Weitblick.

Der schöne Panoramaweg leitet uns bis zum Ende des Segelflugstart- und -landeplatzes, dann halten wir uns links und treffen auf eine Straße, der wir rechts für etwa 5 Minuten folgen. Kurz darauf führt uns die **gelbe Raute** nach rechts und wir gelangen wenig später auf einen hübschen Waldweg. Gleich schon fühlen wir uns pudelwohl und saugen die gute Schwarzwaldluft förmlich in uns auf. Das macht nicht nur den Kopf frei, sondern

Kilometer: 11,4
Höhenmeter: 240
Stunden: 4
RUNDWEG

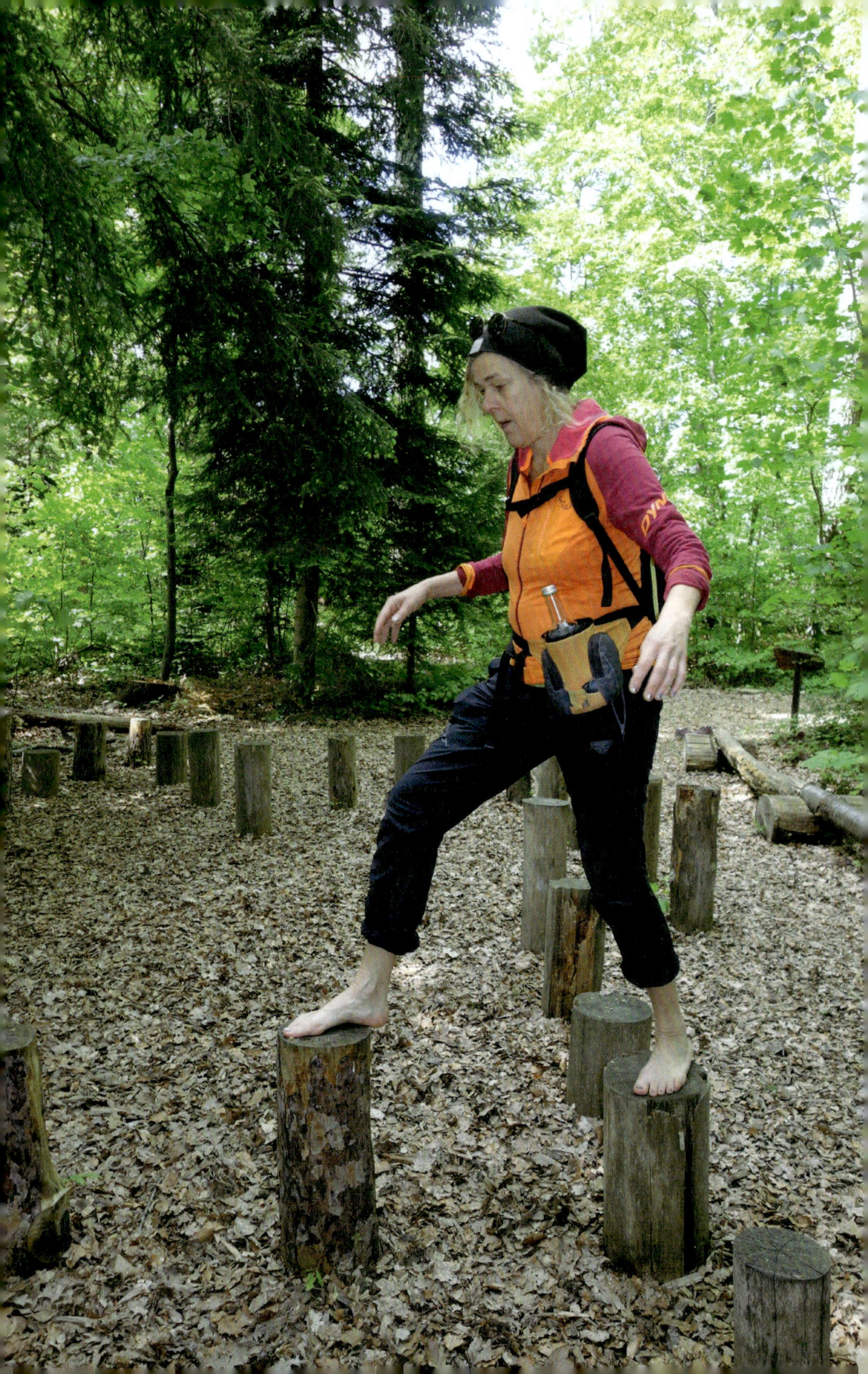

ist gut für Körper, Geist und Seele. Kurz vor dem Waldende folgen wir links dem schönen Waldpfad, der uns über den wurzeligen Boden leitet. Sogleich stellt sich die allerbeste Wanderlaune ein.

Nun gehen wir hinab und kommen am Parkplatz Axtbachtal vorbei. Bei einer Sitzbank stoßen wir auf einen urigen Pfad, der uns an einem lauschigen Wildbach vorbei durch Tannenwald führt. Das quirlige Plätschern des **Axtbachs** entspannt uns total. Hier können wir alles loslassen, was uns belastet. Ein Teppich aus grünem Moos breitet sich auf dem Waldboden aus, welch ein hübscher Anblick. Dann wird unser Weg etwas breiter und lenkt uns nach rechts. So langsam gelangen wir zum Ende des Walds. Vor einer großen Wiese halten wir uns links und gehen neben dem Wald aussichtsreich weiter, vorbei an einem landwirtschaftlichen **Pferdehof.** Völlig gechillt erreichen wir auf dem Panoramaweg die Sportanlagen am Conweiler Ortsrand.

Für die Seele

Das Wandern „im schönsten Wiesengrunde" beflügelt die Seele.

*Die **Gemeinde Straubenhardt** besteht aus den Orten Conweiler, Schwann, Pfinzweiler, Feldrennach, Ottenhausen und Langenalb.*

Jetzt folgen wir der **blauen Raute** bis zum Kreisverkehr am Hasenstock. Nach der zweiten Ausfahrt entdecken wir das Schild „Barfuß-Sinnenpfad" – da wollen wir hin. Während wir an der Villa Kling vorbeigehen, breitet sich links eine große, bunt blühende Wiesenfläche aus. Nun erreichen wir auch schon den **③ Barfußpark Straubenhardt,** den wir unbedingt erkunden müssen. Er bietet eine willkommene Abwechslung und tut unseren Füßen sehr gut. Also Schuhe aus und los: Über Holz, Korken, Steine, Scherben und Sand führt uns der kurzweilige Pfad. Einfach herrlich, wie Samt fühlen sich unsere Sohlen nach dieser Aktion an. Als wir unsere Wanderstiefel wieder anhaben, kribbeln die Füße wie verrückt, darauf folgt ein wohliges Gefühl, als laufe man auf Wolken. Tipp: Absolut lohnenswert.

Nach dieser erholsamen Fußmassage der besonderen Art geht es erneut mit herrlichem Aussichtspoten-

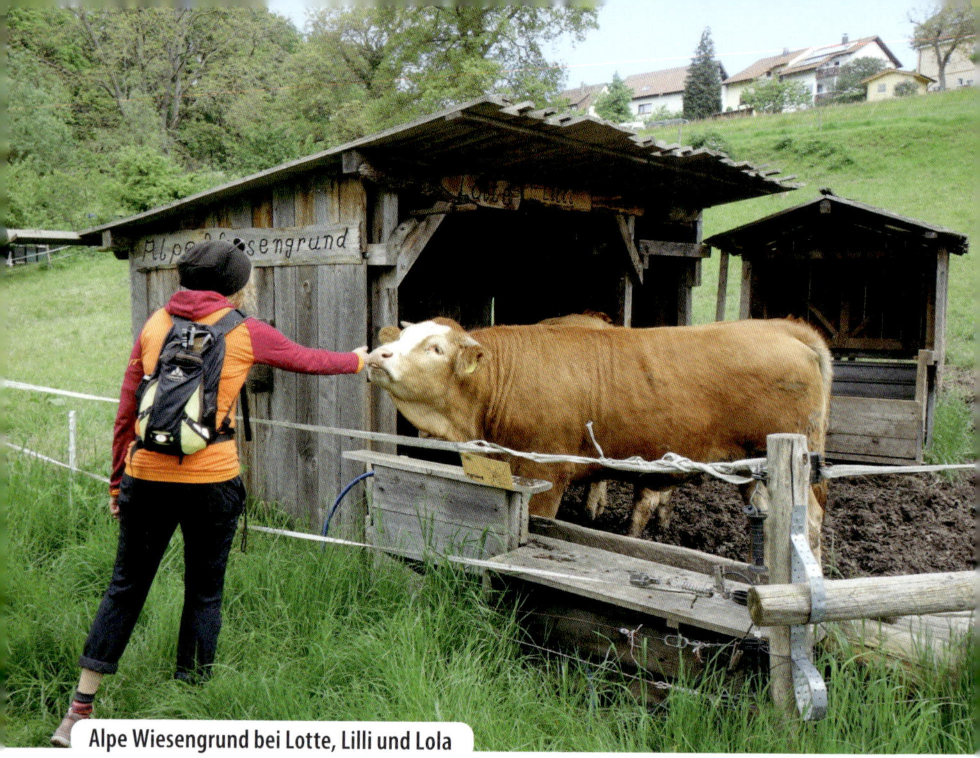

Alpe Wiesengrund bei Lotte, Lilli und Lola

zial weiter, und zwar an einer schönen Wiese entlang. Bald schon erreichen wir den Ort **4 Pfinzweiler.** Die Königsstraße führt uns zur Ortsmitte, wo wir der **gelben Raute** rechts zur Pfalzstraße folgen und dann am Bürgerhaus und dem alten Schulhaus vorbei in Richtung Ortsausgang wandern. Nach den letzten Häusern nehmen wir den Fußweg neben einer Straße, die wir überqueren und die uns kurz darauf nach links leitet. Nun folgen wir dem Wiesenweg, der uns über das hübsche Bleichfeld führt. Links taucht vor uns Ittersbach auf und rechts entdecken wir Feldrennach. Der intensive Duft von frisch gemähtem Wiesengras steigt in unsere Nase – uns fallen unbeschwerte Kindheitserinnerungen ein. Leichten Schrittes wandern wir jetzt völlig gelassen auf unserer Wiesenspur, die von einem Feldweg und wenig später von einer Straße gekreuzt wird, bis wir am Feldrennacher Ortsrand entlang hinab ins Naturschutzgebiet gelangen. Ein Bach begleitet uns, dessen Furt wir im Verlauf auf groben

Steinen queren. Immer wieder begeistert uns die schöne ländliche Gegend, die wir durchwandern. Im Talgrund setzen wir über den 5 **Feldrennacher Bach** und ein verwunschener, urwüchsiger Pfad bringt uns in den Wald, wo wir rechts abbiegen.

Der dichte Blätterwald beschert uns eine angenehme Idylle und wir kommen gut und mühelos voran. Im Talgrund weiden ein paar Pferde, an der Gabelung halten wir uns rechts und verlassen kurz darauf den Forst. Vom Bach begleitet gehen wir jetzt an der Alpe Wiesengrund entlang, vorbei an einem Kälberstall (mit Lotte, Lilli und Lola) und gelangen kurzweilig nach 6 **Feldrennach.** Unterhalb der **Kirche** streifen wir den Trafoturm und schon stehen wir auf dem Marktplatz. Dort lädt das 7 **Gasthaus Krone** zur Einkehr ein.

Frisch gestärkt geht es munter weiter. Wir folgen der **Ottenhäuser Straße** und verlassen den beschaulichen Ort gleich schon wieder. Nun wandern wir unterhalb einiger Häuser an einem quirligen Bach entlang, der uns endgültig aus dem netten Dorf leitet.

„Im schönsten Wiesengrunde" ist eines der bekanntesten deutschen Volkslieder. Der Oberamtsrichter und Dichter ***Wilhelm Ganzhorn*** *(1818–1880) textete es mit 33 Jahren.*

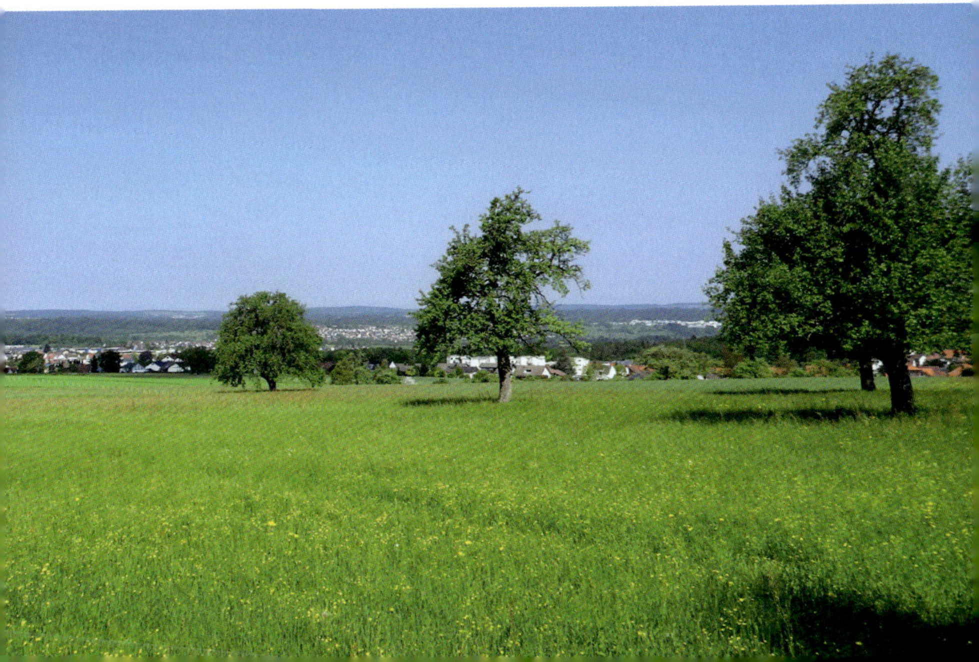

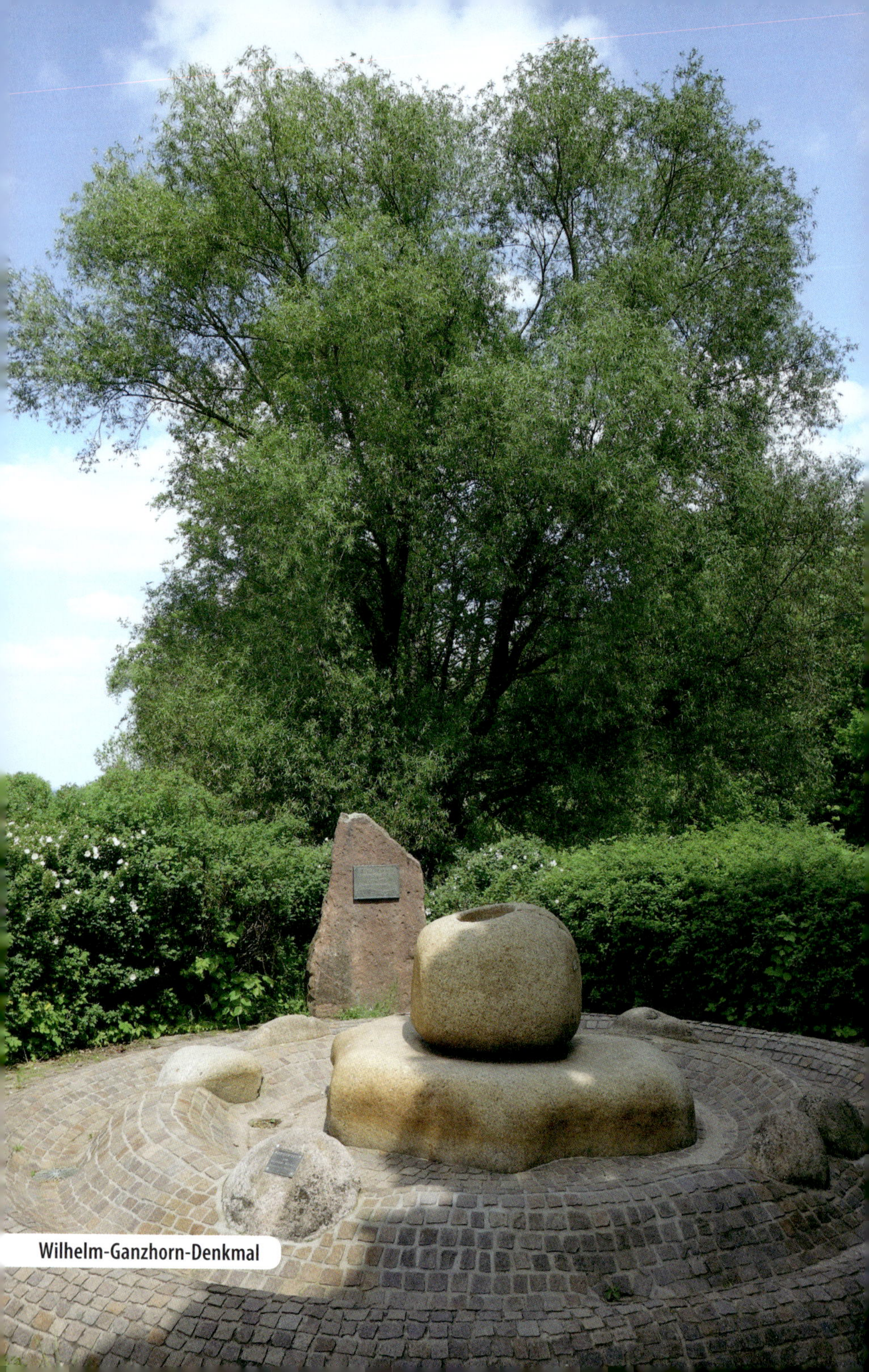

Wilhelm-Ganzhorn-Denkmal

Landwirtschaftliche Gerüche dringen in unsere Nasen. Über den hübschen Wiesenpfad erreichen wir sanft ansteigend eine Straße, die wir erst mal kreuzen. Im weiteren Verlauf überqueren wir noch eine Straße. Jetzt folgen wir erneut der **gelben Raute,** die uns über eine Wiese zum Waldrand hoch führt, wo es nach rechts geht. Ein leicht ansteigender Weg leitet uns in Richtung Straubenhardt.

Der wunderschöne Weg lädt zum Verweilen ein, etliche Sitzbänke säumen ihn und bieten uns immer wieder die Möglichkeit einer kurzen Auszeit mit wunderbaren Ausblicken. Während wir eine kurze Verschnaufpause an einer Bank einlegen, kreist über uns ein Segelflugzeug. Im Windpark, den wir am Horizont erkennen, drehen sich emsig die Rotorenblätter, während darüber Schäfchenwolken vorbeiziehen. Ein paar Ponys grasen auf einer Wiese, eifrig schwirren Bienen und Schmetterlinge über die Wiese hinweg – was für ein perfekter Naturmoment, den wir unbedingt mit unserer Kamera festhalten müssen.

Nach der kurzen Erholungspause brechen wir wieder auf und gehen entspannt weiter. Gleich nach dem Friedhof wandern wir in Conweiler rechts hinab zum Parkweg am Wiesengrund und rechts an einem Kindergarten vorbei und gelangen so zum **8 Wilhelm-Ganzhorn-Denkmal.**

Der nach dem Dichter benannte Ganzhornweg führt an der Kirche und am **9 Landgasthof Rössle** vorbei, in dem Wilhelm Ganzhorn seine zukünftige Braut Luise Alber kennenlernte. Nun steigen wir die Allmendstraße empor und bei den letzten Häusern gelangen wir über die Panoramastraße links zu einem Wiesenweg. Jetzt geht es beständig geradeaus, wir streifen hübsche Gärten und genießen dabei die wunderbare Landschaft. Bald weist der Weg rechts zum Wasserspeicher. Diesen passieren wir und wandern dann links und überqueren kurze Zeit später eine Straße. Ein gemütlicher Wiesenpfad bringt uns zum Aus-

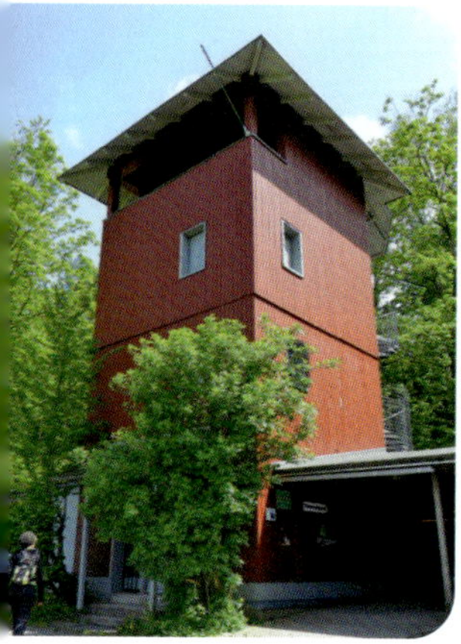

sichtsturm ⑩ **Schwanner Warte,** der uns als Orientierung dient. Zum krönenden Abschluss statten wir der Warte noch einen Besuch ab, erklimmen die 42 stählernen Wendeltreppenstufen und genießen aus 478 Metern Höhe einen grandiosen Weitblick, der bis hinüber zum Stromberg-Heuchelberg, zum Kraichgau und sogar zum Odenwald reicht. Einfach atemberaubend.

Unter dem Motto „Rauskommen, loslassen und Kraft schöpfen“ eine gelungene Wanderung in herrlicher Natur mit tollen Weitblicken, auf der wir im Wald und auf dem Feld viele Kraftquellen finden, und das in einem harmonischen Landstrich.

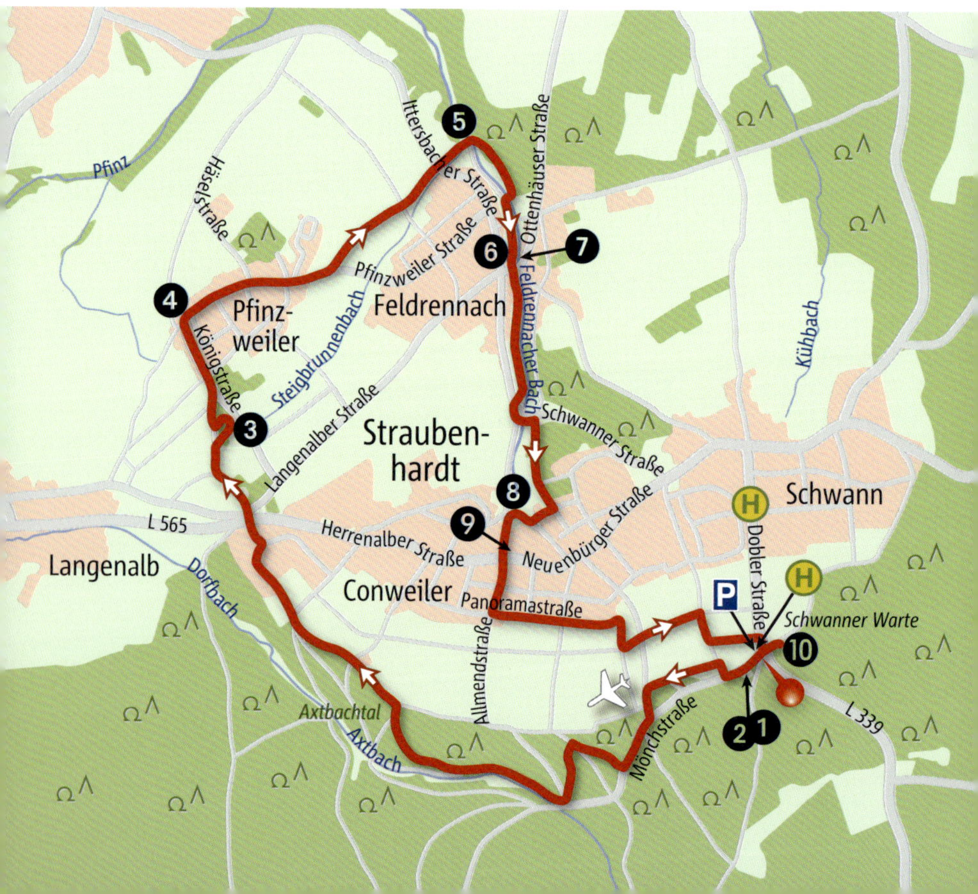

ALLES AUF EINEN BLICK

Entspannung
Abenteuer
Vielfalt

WIE & WANN

Die Wege sind teilweise (feste) Pfade, aber durchweg sehr gut begehbar. Beste Wanderzeit von April bis November.

HIN & WEG

Auto: Parkplatz nahe der Schwanner Warte, direkt am Waldrand, 75334 Straubenhardt
ÖPNV: Haltestelle Straubenhardt-Schwann Warte oder Mähfeldstraße

ESSEN & ENTSPANNEN

1. **Ristorante Pizzeria & Eiscafé Da Bambi,** Mönchstraße 3, 75334 Straubenhardt-Schwann, Tel. (01 74) 9 82 30 69, https://ristorante-da-bambi.eatbu.com
2. **Café Zauberberg,** Mönchstraße 5, 75334 Straubenhardt-Schwann, Tel. (0 70 82) 66 77
7. **Gasthaus Krone,** Marktplatz 7, 75334 Straubenhardt-Feldrennach
9. **Landgasthof Rössle,** Neuenbürger Straße 1, 75334 Straubenhardt-Conweiler, Tel. (0 70 82) 22 27, www.roessle-conweiler.de

ENTDECKEN & ERLEBEN

3. **Barfußpark Straubenhardt**
4. **Pfinzweiler**
5. **Feldrennacher Bach**
6. **Feldrennach**
8. **Wilhelm-Ganzhorn-Denkmal**
10. **Schwanner Warte mit Aussichtsturm**

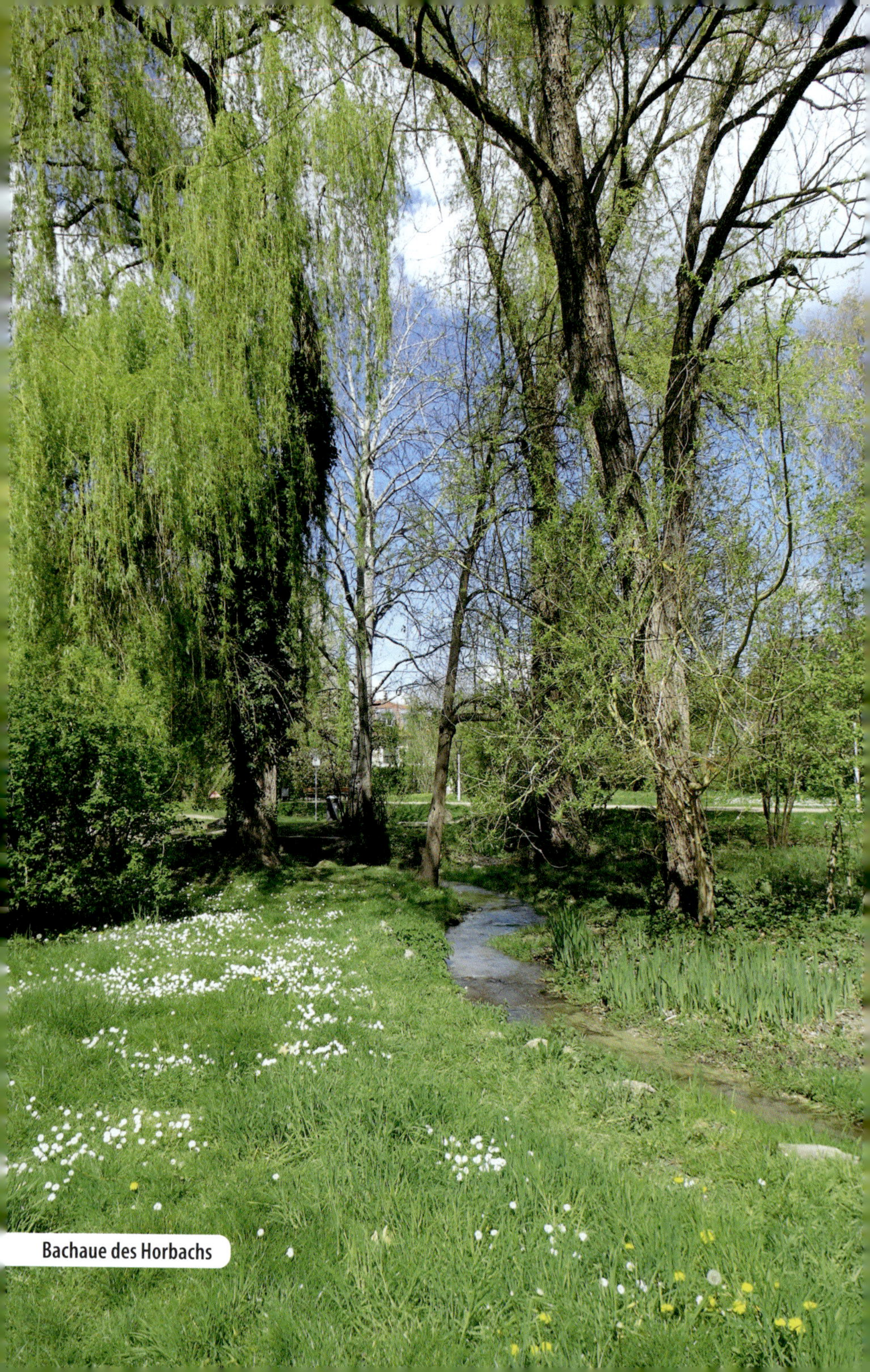

Bachaue des Horbachs

Stadt, Wald, Fluss

Durch den lieblichen Horbachpark

Ettlingens Zentrum zählt mit zu den schönsten seiner Art in Baden-Württemberg – und besitzt sein ganz eigenes, unverwechselbares Flair. Dorthin führt uns diese Wanderung, die nicht nur kulturelle Highlights verspricht, sondern auch sonst so einiges zu bieten hat, wie beispielsweise einen wunderschön angelegten Stadtpark und den historischen Watthaldenpark, Flussauen, exponierte Ausblicke in die Rheinebene und am Bismarckturm einen sagenhaften Blick auf Ettlingen. Diese Tour ist ein echter Geheimtipp.

Der **Qualitätsweg „Stadt, Wald, Fluss"** startet beim Parkplatz des **Ettlinger Albgau-Freibads.** Von hier aus gehen wir links am Kindergarten vorbei. Gleich schon halten wir uns rechts und entdecken die Wandermarkierung **gelbe Raute** (die eigentliche Ausschilderung; die grüne Stadt-Wald-Fluss-Markierung ist hauptsächlich an Kreuzungspunkten angebracht, deshalb aufgepasst). Vorbei an einem Spielplatz führt unser Weg durch eine grüne Frühlingslandschaft zu einem Quellbrunnen. Ein optimaler Platz zum Verweilen und um die Seele baumeln zu lassen, so idyllisch, wie es hier ist. Während das plätschernde Wasser direkt in den **Horbach** fließt, lauschen wir. Das tut unseren Nerven gut und wir können den Alltag hinter uns lassen. Dann geht es rechts und in herrlicher Ortsrandlage, stets begleitet von dem Bächlein, durch den ❶ **Horbachpark.** Immer wieder laden uns Sitzbänke zu einer kleinen Auszeit ein. Herrlich, wie überall bunte Wiesenblumen blühen und Vogelgesang die Luft erfüllt.

Zum 1200-jährigen Jubiläum der Stadt Ettlingen war 1988 im ***Horbachpark*** *eine Landesgartenschau. Heute dient die gepflegte Parkanlage als Erholungsort.*

Kilometer: 6,8
Höhenmeter: 175
Stunden: 2,5
RUNDWEG

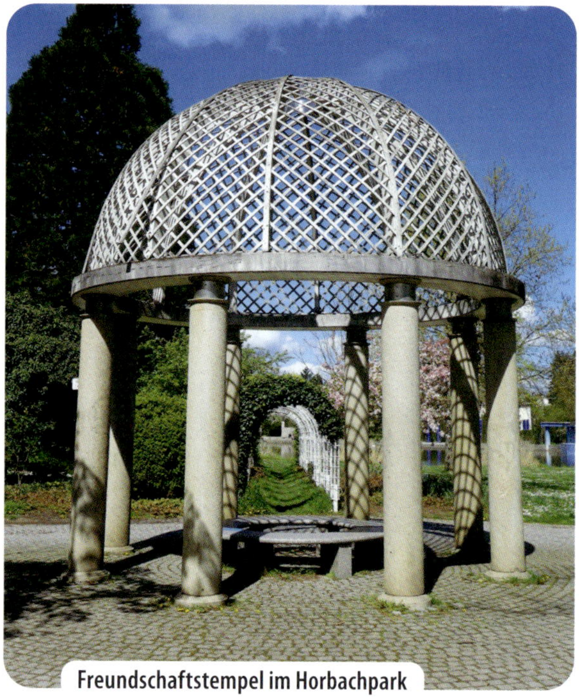

Freundschaftstempel im Horbachpark

Wir kreuzen nun die Wilhelmstraße und wandern weiter. Immer noch vom Wasser begleitet, kommen wir am ❷ **LilleHus Café** vorbei. Wir folgen weiter unserer Ausschilderung durch die malerisch angelegte Parkanlage, streifen dabei einen Wasserspielplatz und gelangen kurz darauf zum traumhaft schön angelegten ❸ **Horbachsee,** den wir linksseitig umrunden. Weiter geht es in Richtung Freundschaftstempel bis zum Gymnasium.

Wir erkunden ausgiebig die großartige Seebühne und sind fasziniert von dem Meer aus Gänseblümchen, das sich vor uns im Ufergras wie ein Teppich ausbreitet. Auch die Enten und Schwäne auf dem Wasser bieten ein sagenhaftes Schauspiel, was wir uns gerne eine Weile ansehen. Weiter geht es auf dem gepflasterten Fußweg neben der Baptist-Göring-Straße. Was für tolle stattliche Häuser es hier zu bestaunen gibt! Kurz nach einer Fußgängerampel erreichen wir die verkehrsberuhigte Zone und überqueren beim Stadtbahnhof die Gleise zum barocken ❹ **Ettlinger Schloss,** das wir spontan besuchen.

Anschließend schlendern wir über den Kutschenplatz vorbei an dem französischen Lokal ❺ **Brasserie Pot au Feu** zur Schlossgartenhalle. Viele schnuckelige Einkehrmöglichkeiten, so auch das gemütliche ❻ **Café Tiziano,** entzücken auf dem Weg durch das Ettlinger Zentrum. Eins ist uns klar: Nach unserer Tour müssen wir unbedingt noch einen Stadtbummel machen. Doch jetzt geht es erst mal weiter über den Marktplatz mit dem Rathausturm.

Diese schöne Stadt verzaubert uns mit ihrem Charme. Gleich nach der Albbrücke biegen wir rechts ab und folgen der Albstraße direkt neben dem Flusslauf. An einer Hauswand entdecken wir den Hochwas-

Für die Seele

Wir nehmen uns eine Auszeit und schlendern gemütlich durch die romantischen Gassen von Ettlingen.

*In den Sommermonaten ist das Ettlinger Schloss Schauplatz für **Schlossfestspiele** mit bekannten Schauspielern und Opern.*

Ettlinger Schloss

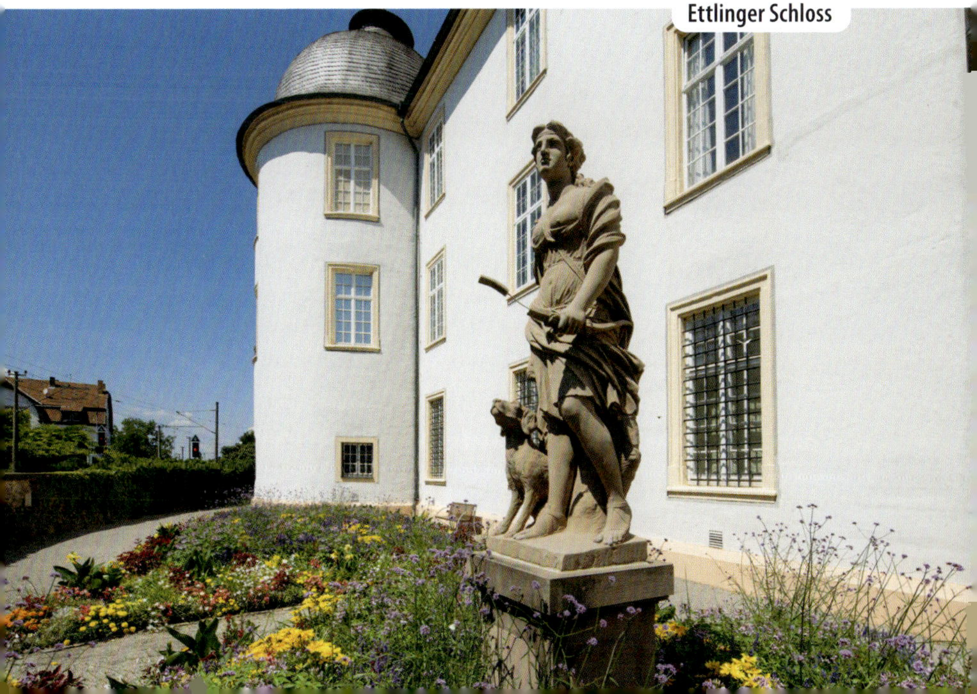

*Die **Alb** ist ein Schwarzwaldfluss, der in der Nähe von Bad Herrenalb entspringt und nach 52 Kilometern bei Karlsruhe in den Rhein mündet. Die durch ihr starkes Gefälle verursachte Strömung nutzten frühere Generationen, um Mühlen zu betreiben.*

ser-Höchstpegelstand, der über 2 Meter anzeigt – für uns bei dieser stabilen Wetterlage gerade unvorstellbar. Beständig folgen wir der **Alb** und passieren die **Johanneskirche.** Vor der Albbrücke an der Luisenstraße gehen wir links und durchschreiten den einzigartig schön erhaltenen, historischen **7 Watthaldenpark** mit seinem alten Baumbestand und einem kleinen See. Hier findet einmal im Jahr ein Festival statt. Der Park wurde 1816–1818 errichtet und zählte zum Besitz des Guts Watthalden, das erst dem Ölmüller Häscher, dann dem Baron Freiherr von Berstett gehörte. Seit 1921 befindet sich der Park im Besitz der Stadt Ettlingen.

Weiter gelangen wir über die Parkstraße hoch zu einem Treppenweg, den wir Meter für Meter immer weiter nach oben steigen, vorbei an stattlichen Häusern und Villen. Die Stufen bringen unser Blut schnell in Wallung und unsere Beinmuskulatur auf Trab. Bald schon streifen wir ein Wasserreservoir und links versetzt passieren wir einen **Bildstock.** So gewinnen wir rasch an Höhe.

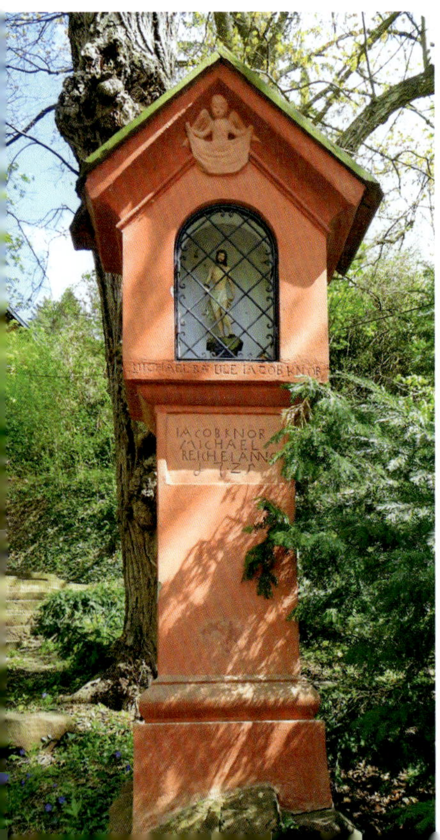

Der Panoramaweg bietet großartige Ausblicke auf Karlsruhe, über das Rheintal und bis in den Pfälzerwald. Nur noch die Grundmauern des ehemaligen Höhenrestaurants Vogelsang (1894–1982) erinnern an längst vergangene Tage. Es thronte hier in bester Hanglage und garantierte Besuchern einen exklusiven Ausblick. Auch bewirtete es seine Gäste bestens, alles Weitere können wir nur erahnen. Geblieben sind allein die schöne Aussicht und eine kleine Hinweistafel. Weiter geht es den Vogelsangweg entlang. Beim Parkplatz Kaisereiche wandern wir rechts hinauf zu einem Pfad, der uns direkt in den Ettlinger Stadtwald bringt. Unsere Markierung leitet uns nun durch schattigen Wald immer weiter hinauf,

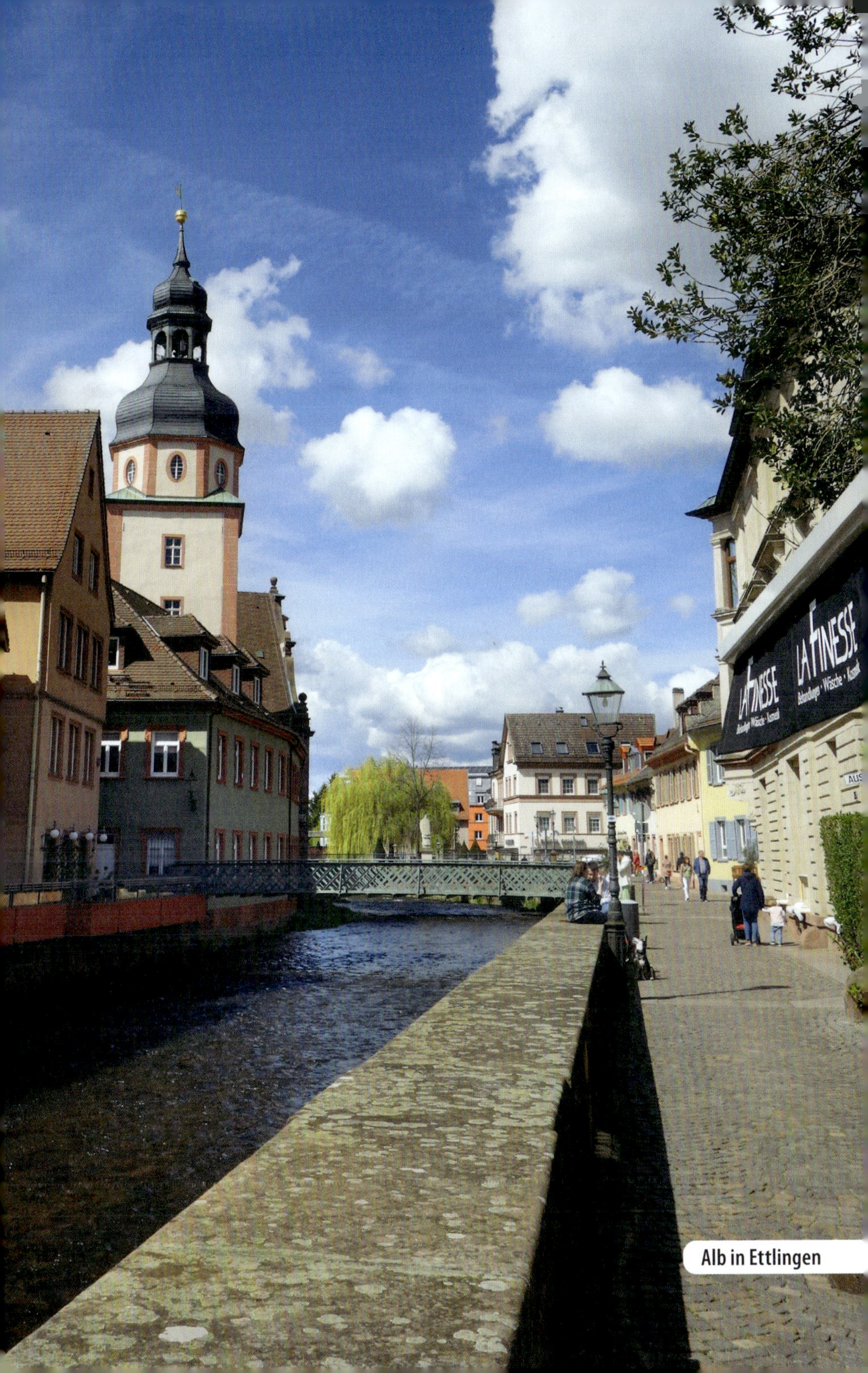

Alb in Ettlingen

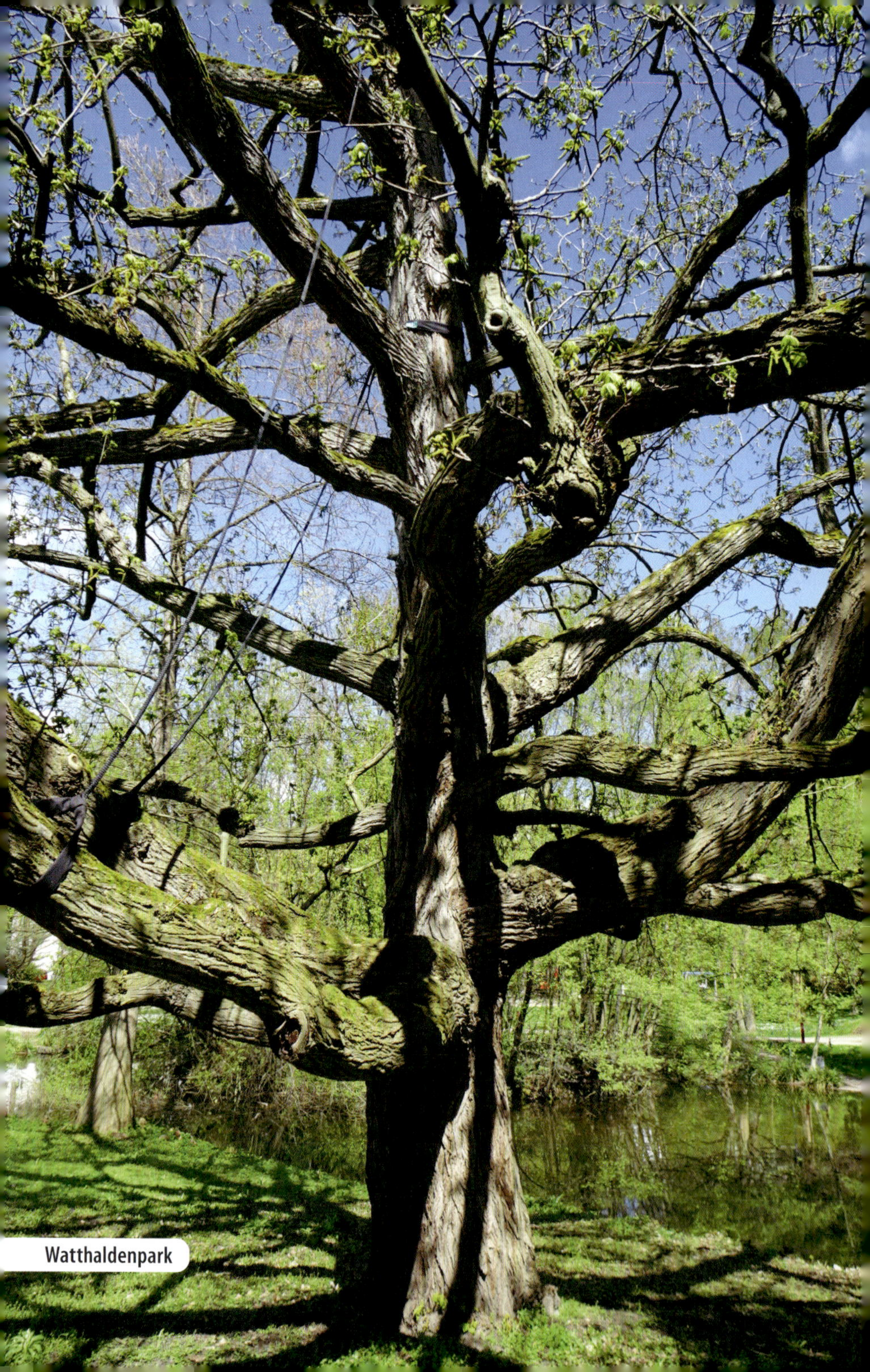

Watthaldenpark

was wir bei dem kontinuierlichen Anstieg durchaus genießen. Die frische Waldluft duftet würzig und erdig, tief füllen wir unsere Lungen und sind uns der gesundheitsfördernden Wirkung bewusst.

Nach etwa 600 Metern erreichen wir den 15 Meter hohen **8 Bismarckturm.** Die Aussicht aus 259 Metern Höhe auf Ettlingen ist atemberaubend, wie klein doch die Stadt von dieser Perspektive aus erscheint. Dieser Turm wurde zu Ehren des 1890 entlassenen, ersten Reichskanzlers Fürst Otto von Bismarck errichtet und ist bis heute weit über die Rheinebene hinaus zu sehen. Wir gehen weiter bergauf und erreichen bald die **Friedrichshöhe-Hütte,** die dem badischen Großherzog Friedrich I. gewidmet wurde. Bis heute steht hier der Ursprungssockel aus dem Jahr 1877. Allerdings wurde die alte Hütte nach dem Zweiten Weltkrieg von den Bürgern aufgrund von Brennholzmangel vollkommen zerlegt und dann verfeuert. Die heutige Hütte baute die Forstverwaltung Anfang 1970 am selben Standort wieder auf.

Am oberen Mittelberg gabelt sich der Panoramaweg und wir wählen den halb rechts hinabführenden Weg. Während des Abstiegs genießen wir die friedliche Stille, die nur von einigen Singvögeln untermalt wird. Beim Saumweg biegen wir rechts ab und ein Schild erinnert uns an den heftigen Orkan Lothar, der hier am 26.12.1999 mit einer Windgeschwindigkeit von bis zu 270 Stundenkilometern gewütet hat. Auf steinigem Untergrund wandern wir weiter talwärts. Konzentriertes Gehen ist von Vorteil. Bald gelangen wir in einen fast meditativen Zustand, der uns alles um uns herum vergessen lässt. Beim Abzweig zum Weissen Haus wenden wir uns links dem Bergpfad zu. Am unteren Mittelberg überqueren wir dann einen Forstweg und verlieren weiter an Höhe. **Buntsandstein** ziert den Berghang, der uns in Serpentinen vollends hinab ins Albtal leitet. Unten angekommen, überqueren wir die Pforzheimer Straße, gehen dann kurz rechts und biegen beim Hundesportplatz halb links in einen Fußweg ab. Hinter der Albbrücke wenden wir uns vor den Bahngleisen nach rechts. Beim Freibad laufen wir über die Schienen und gelangen so kurzerhand zurück zu unserem Parkplatz.

Diese wirklich schöne Wanderung hat für jeden etwas zu bieten: ein nettes Städtchen, das zum Verweilen und Einkehren einlädt, tolle Landschaft, überragende Ausblicke, Kultur und eine hervorragende Entschleunigung vom Alltag. Für alle, die noch nicht genug erlebt haben und noch über Energie verfügen, bietet sich jetzt die Gelegenheit zu einem ausgedehnten Stadtbummel. Zur Krönung des Tages kehren wir im **Café Tiziano** ein und gönnen uns ein selbst gemachtes Eis, einfach köstlich. Ettlingen ist unbedingt eine Reise wert.

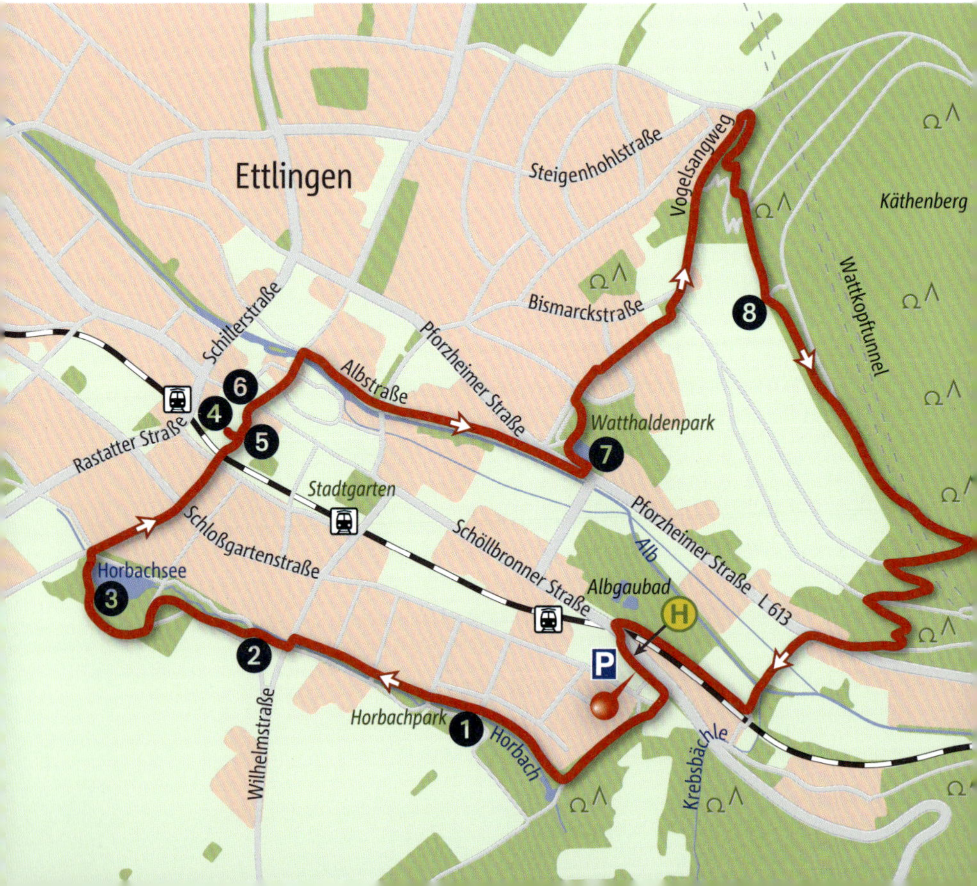

ALLES AUF EINEN BLICK

Entspannung ●●●●●
Abenteuer ●●●○○
Vielfalt ●●●●○

WIE & WANN

Der Weg durch den Horbachpark und durch Ettlingen ist einfach, der Aufstieg zum Bismarckturm erfolgt über viele Treppen und ist etwas steil. Beste Wanderzeit ganzjährig, wenn schneefrei.

HIN & WEG

Auto: Parkplatz beim Albgau-Freibad, auch Wohnmobilstellplatz, Schöllbronner Straße, 76275 Ettlingen
ÖPNV: Haltestelle Ettlingen Albgaubad

ESSEN & ENTSPANNEN

2 **LilleHus Café,** Horbachstraße 2, 76275 Ettlingen, Tel. (0 72 43) 1 25 36, www.lillehuscafe.de
5 **Brasserie Pot au Feu,** Klostergasse 8, 76275 Ettlingen, Tel. (0 72 43) 52 56 75, www.pot-au-feu.de
6 **Café Tiziano,** Badener-Tor-Straße 5, 76275 Ettlingen, Tel. (0 72 43) 32 46 61, www.tiziano-ettlingen.de

ENTDECKEN & ERLEBEN

1 **Horbachpark**
3 **Horbachsee**
4 **Ettlinger Schloss**
7 **Watthaldenpark**
8 **Bismarckturm**

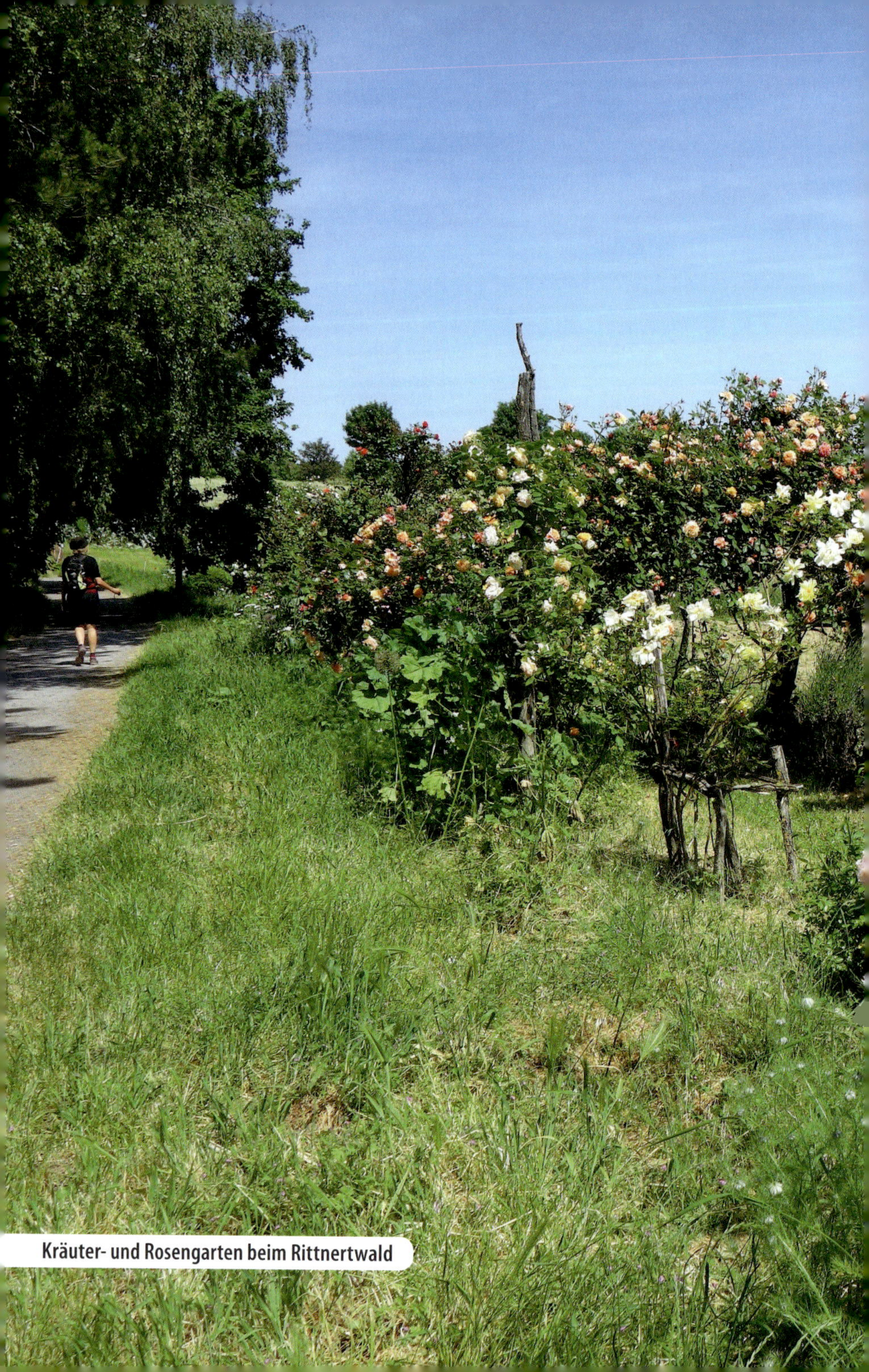

Kräuter- und Rosengarten beim Rittnertwald

Erholung pur

Vom Rittnertwald zum Turmberg

Die heutige Tour bietet sich ideal zur kurzen Stadtranderholung an, denn sie führt uns in die unmittelbare Nähe von Karlsruhe, genauer gesagt nach Karlsruhe-Durlach. Hier können wir nicht nur eine schöne Aussicht vom Turmberg genießen, sondern auch einen kurzweiligen Ausflugstag erleben, der uns Kraft für eine neue aktive Arbeitswoche spendet. Unter dem Motto „Rauskommen, abschalten und Energie schöpfen“ erwartet uns ein herrlicher Wandertag mit Eintauchen in hübscher ländlicher Natur. Wer möchte, kann auch mit der Zahnradbahn einen kurzen Abstecher ins Städtle wagen. Jedem so, wie er es am liebsten mag.

Unsere Wanderung starten wir vom Parkplatz beim Erholungswald Rittnert. Die grüne Dreieck-Markierung vom **Turmbergweg** des Odenwaldklubs sowie der **Schwarzwald-Nordrandweg** leiten uns zum Fußweg neben der Jean-Ritzert-Straße. Uns fallen die bunten Rosenstöcke gegenüber dem ❶ **Rittnerthof** auf – überaus betörend und wunderschön blühend. Ebenso sticht ein hübsch angelegter Kräutergarten mit einer wilden Ordnung hervor. Da hat sich jemand sichtlich Mühe und Zeit genommen – einfach überragend. So fängt die Wanderung gleich richtig gut an. Entspannt und leichtfüßig laufen wir den Weg entlang und blicken von der Kuppe ins liebliche Pfinztal hinüber. Immer wieder laden uns Sitzbänke zur kurzen Pause mit schöner Aussicht ein. Das Blätterdach über uns spendet vor allem an heißen Sommertagen ausreichend Schatten, darüber sind wir heute sehr dankbar.

*Beim **Staatsweingut Karlsruhe-Durlach** an der Turmberg-Sonnenseite reifen exzellente Weine, die Kenner zu schätzen wissen.*

Kilometer: 9,2
Höhenmeter: 220
Stunden: 3
RUNDWEG

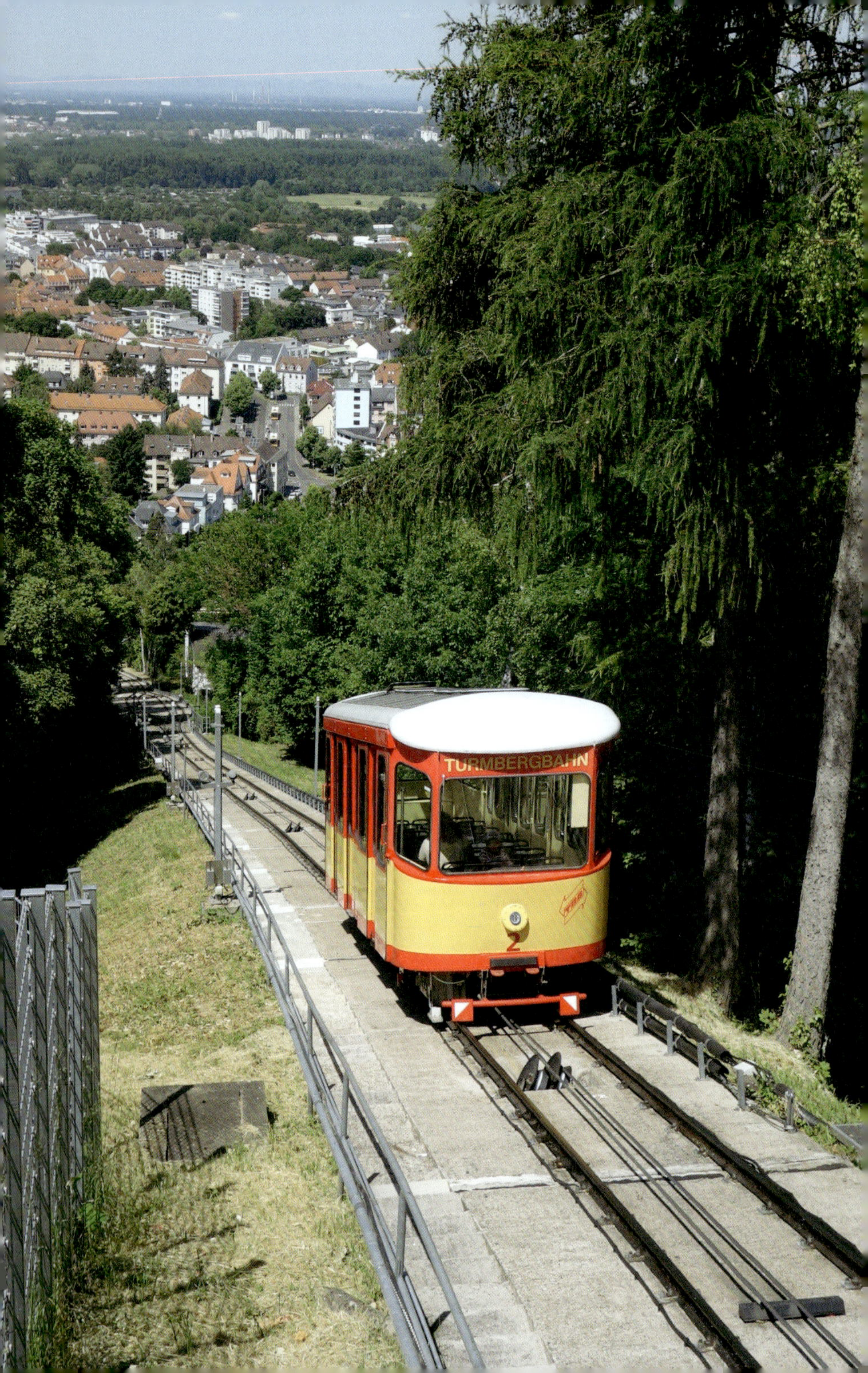
TURMBERGBAHN
2

Wir spazieren geradeaus weiter. Neben uns breitet sich weites Ackerland aus. Bald gelangen wir in ein wildromantisches Wäldchen, das vorwiegend aus altem Baumbestand besteht und das wir durchwandern. Am Waldende treffen wir auf das gemütliche ❷ **Schützenhaus auf dem Turmberg,** das zu einer Einkehr lockt. Schweren Herzens gehen wir weiter, da es für eine Rast noch etwas zu früh ist. Vielleicht ein anderes Mal. Sattes Grün umgibt uns, während wir an einem großen Spielplatz vorbeilaufen – die Kinder haben mächtig Spaß, so soll es sein. Ein prächtiger Waldweg führt uns an der Sportschule Schöneck vorbei. Von hier ist es gar nicht mehr weit bis zum ❸ **Turmberg-Aussichtsturm,** den wir durch einen kleinen Park hindurch erreichen. Leider können wir ihn wegen Renovierungsarbeiten heute nicht besichtigen, doch das ist für uns nicht weiter schlimm, denn wir hatten schon das Vergnügen. Wer die Möglichkeit hat, sollte ihn unbedingt besteigen, es lohnt sich, denn von dort oben hat man einen sagenhaften Rundumblick.

Für die Seele

Weite spüren auf dem Turmberg und das Habitat Rittnertwald mit seiner tiefen Ruhe erleben.

Wir steigen auf Treppenstufen hinab, überqueren ein schmale Straße und stehen auf der großen ❹ **Aussichtsterrasse** neben der **Turmbergbahn.** Der Blick auf Karlsruhe und Durlach ist grandios. Wenn wir unseren Blick weit schweifen lassen, reicht er bis tief in die Rheinebene und hinüber zum Pfälzerwald. Wer Lust auf einen kleinen Stadtbummel nach Durlach verspürt, kann jetzt mit der Turmbergbahn hinunterfahren.

*Als Standseilbahn fährt die **Turmbergbahn** ihre Besucher seit 1888 auf den Berg, der Durlachs Wahrzeichen ist.*

Wir aber entdecken beim Turm nicht nur einen Brunnen, bei dem wir uns erfrischen können, sondern legen eine kurze „Spritpause“ im Biergarten des ❺ **Turmberg-Bistros** ein. Bei einem sauren Radler füllen wir unser Flüssigkeitsdefizit wieder auf und sind bestens versorgt, sodass wir munter den weiteren Weg antreten können. Vor der **Sportschule Schöneck,** zu der wir wieder zurücklaufen, biegen wir links in den Sepp-

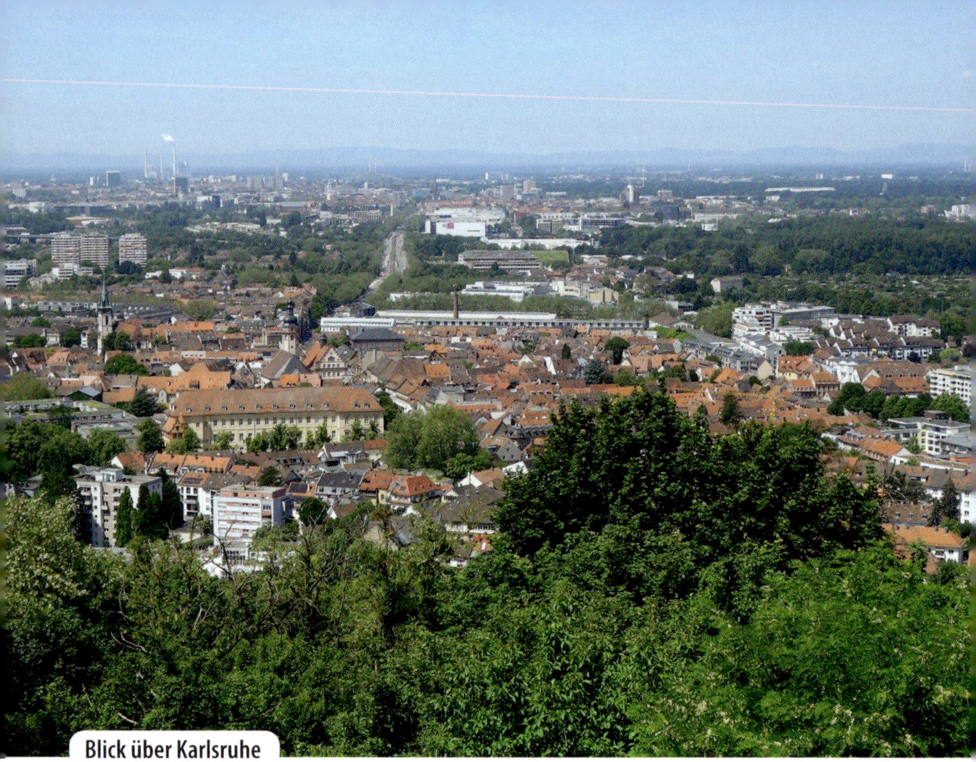

Blick über Karlsruhe

Herberger-Weg ab, der uns an der Lehrstätte, an Sporthallen sowie Bolz- und Sportplätzen entlangführt.

Anschließend kommen wir an hübschen Gärten mit kleinen Häuschen vorbei und stehen – schwupp – auch schon in einem Wald. Uff, welch eine Wohltat, die Sonne hat heute schon mächtig an Strahlkraft zugelegt und der Temperaturanstieg ist deutlich spürbar. Nun folgen wir dem Pfad am Landschaftsschutzgebiet entlang und halten uns dabei zweimal rechts. Schon bald erreichen wir einen tief ausgewaschenen Hohlweg, der uns steil abwärts in die Tiefe führt und uns zu den ersten Häusern von Grötzingen leitet. Wir nehmen diese Straße An der Silbergrub bergab. Die querende Neßlerstraße führt uns nach rechts auf einen Fußweg, dem wir bis zu den Überbleibseln von **6 Schloss Augustenburg** folgen, das neben der historischen Staigbrücke liegt.

Urkundlich wurde ein Gebäude des Schlosstrakts bereits im 10. Jahrhundert erwähnt. Im 15. Jahrhundert

Sepp (Josef) Herberger *(1897–1977) bereitete als Deutscher Bundestrainer 1954 seine Fußballer in der Sportschule Schöneck auf das Wunder von Bern vor. Aber auch Tennislegenden wie Steffi Graf und Boris Becker waren auf dem Turmberg Stammgäste.*

erwarb es ein Markgraf von Baden. Im Jahr 1678 wurde es dann Eigentum der Markgräfin von Baden-Durlach, die es erweiterte. Sie gilt auch als Erbauerin, da sie dem Schloss den gewissen Touch vermittelte. 1890 erwarb es dann ein bürgerlicher Tiermaler mit seiner Gattin. Im Zweiten Weltkrieg wurden dort Zwangsarbeiter, danach Heimatvertriebene untergebracht. Anschließend war es ein Hotel und später eine Seniorenresidenz. Derzeit steht ein Gebäudekomplex, der nicht dem Abriss geweiht war, leer. Die Neubau- und Modernisierungsarbeiten liegen momentan auf Eis. Schade eigentlich, denn was von dem Schloss übrig blieb, hat immer noch einen besonderen Charme.

Mächtig ragt die **evangelische Kirche** mit ihrem bunten Ziegeldach vor uns auf und wir gehen rechts an ihr vorbei. Die Staigstraße mündet in die Augustenburgstraße, bei der wir nun die **katholische Kirche** passieren. Bei dem Haus mit der Nummer 86 halten wir

Schloss Augustenburg

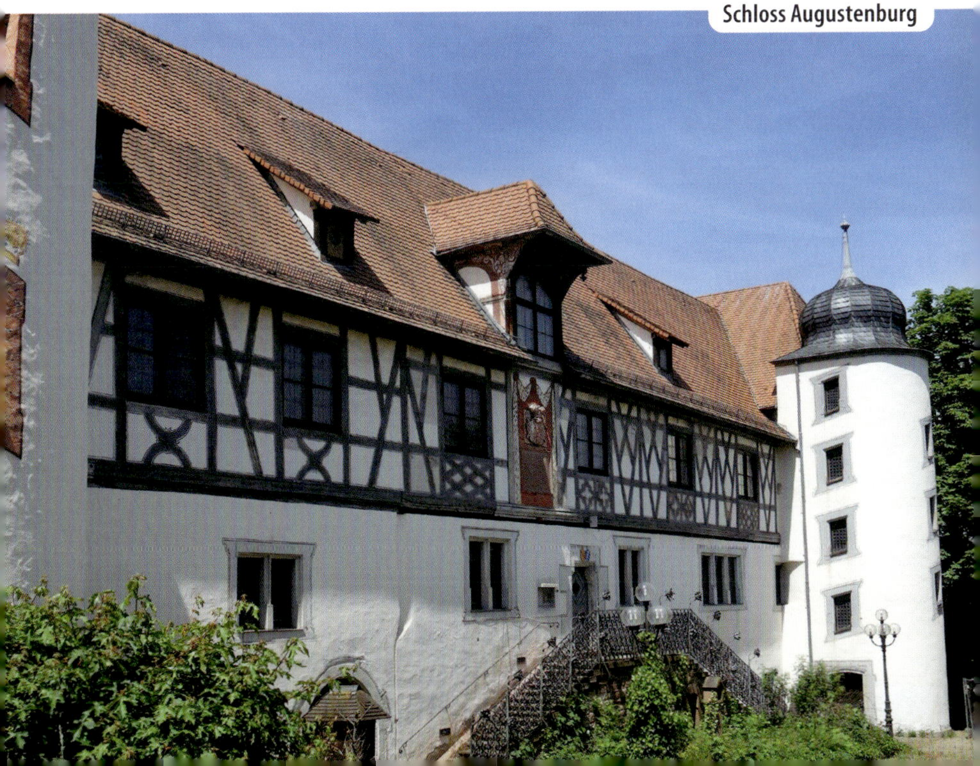

uns rechts und kurze Zeit darauf laufen wir links in die Georg-Scholz-Straße. An der Gabelung zweigen wir rechts ab. Ein steiler Hohlweg bringt uns nicht nur mächtig auf Temperatur, sondern auch bergwärts. Zum Glück spendet uns das dichte Blätterdach angenehmen Schatten. Etwas weiter oben streifen wir wieder das Wohngebiet, folgen dann halb links einem Fußpfad, bleiben an der Gabelung aber rechts. Ein heckengesäumter Weg führt uns in erhabener Ortsrandlage weiter. Achtung, nach der Sitzbank in der Linkskurve geht es scharf rechts, einen kleinen Hohlweg hinunter, der uns einige Zeit später zu einem weiteren Hohlweg führt, der uns zur Abwechslung dieses Mal bergauf schickt. Wir sind froh, dass die Steigung wieder nachlässt, und wandern nun gemächlich weiter – dabei genießen wir die hübsche Umgebung. Etwas weiter oben streifen wir einen Speicherbau und auf der Höhe des **Ringelbergs** sehen wir in einem kleinen Wäldchen ein Bauwerk, das ein alter Bunker sein könnte. Was man auf einer Wanderung so alles entdecken kann.

Gechillt und in bester Stimmung laufen wir weiter an herrlichen Streuobstwiesen und Anbauflächen vorbei und sehen rechter Hand in der Ferne den Turmberg-Turm aufragen. So langsam können wir nun die Tour ausklingen lassen, denn schon bald treffen wir auf den Zuweg und wandern linksseitig wieder am Rittnerthof vorbei. Wir genießen noch einmal die schöne Aussicht sowie den **Kräuter- und Rosengarten** und sind auch schon wieder auf Höhe unseres Parkplatzes angekommen.

Da wir Lust auf eine Extrarunde haben, entscheiden wir spontan, noch einen Schlenker von 2,5 Kilometern durch das **Habitat Rittnertwald** zu machen. Dazu gehen wir am Waldrand links zum Wegetreff Am Rittnert. Dort wenden wir uns nach rechts und erreichen nach 600 Metern die Kreuzung Sonnenberg-Richtstatt. Nun folgen wir rechts dem **Schwarzwald-Nordrandweg,** genießen die natürliche Stille des Walds,

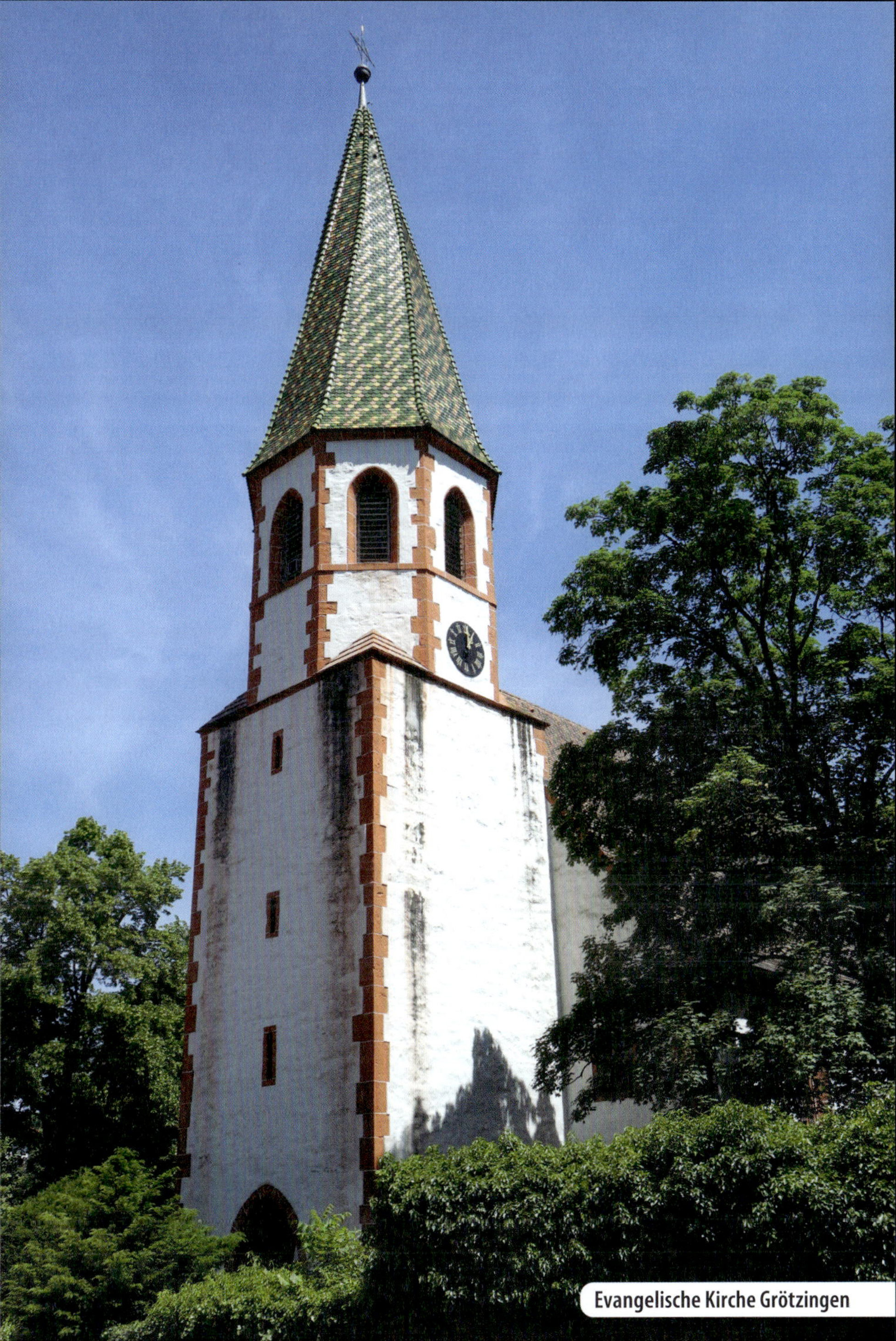

Evangelische Kirche Grötzingen

lauschen dem Gesang der Vögel und tanken noch einmal die gute Waldluft. Völlig im Einklang streifen wir gemütlichen Schrittes die hölzerne **Prügel-Hütte,** bei der wir eine kleine Verweilpause einlegen, bevor wir zurück zum Auto wandern.

Der Ausflug nach Durlach hat sich auf jeden Fall gelohnt und wir lassen die vielen Eindrücke Revue passieren: schöne Wald- und Hohlwege sowie Pfade, eine tolle Aussicht, die Turmbergbahn, Einkehrmöglichkeiten, ein Schloss, und das in hübscher ländlicher Stadtrandgegend, was will man mehr? Unbedingt lohnenswert.

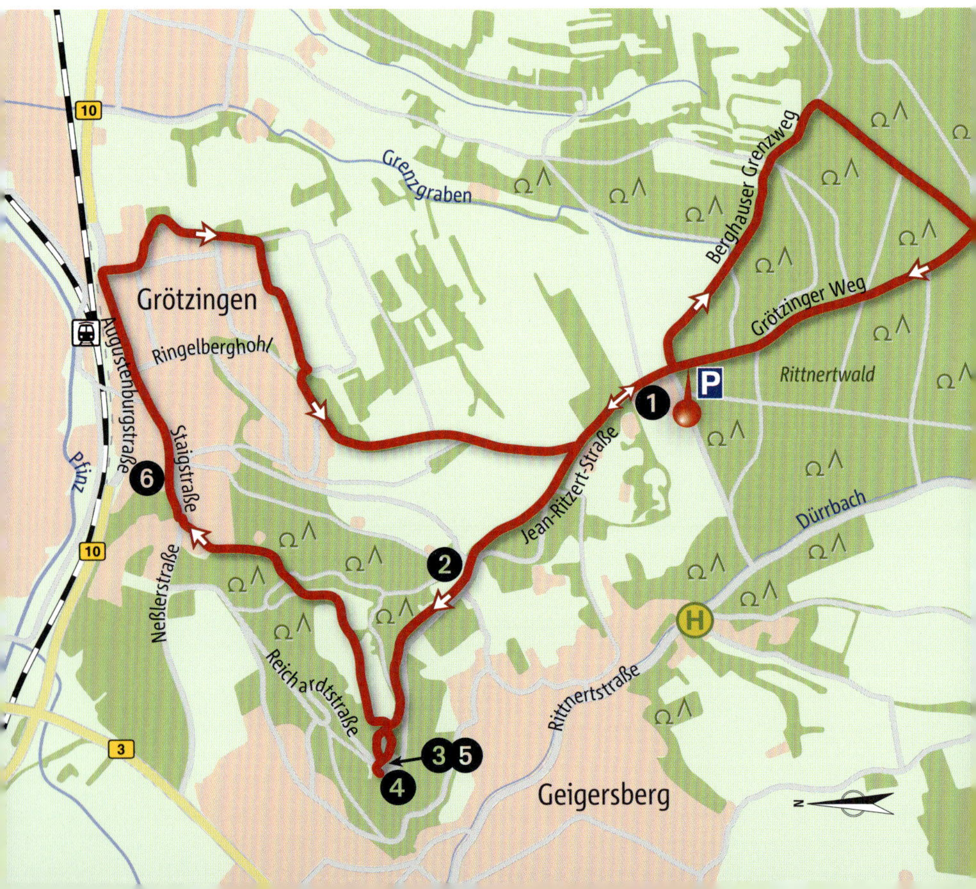

ALLES AUF EINEN BLICK

Entspannung 5/5
Abenteuer 2/5
Vielfalt 4/5

WIE & WANN

Die Wegbeschaffenheit ist durchweg sehr gut, die Hohlwege sind zwar steil, aber schattig. Beste Wanderzeit ganzjährig, wenn schneefrei.

HIN & WEG

Auto: Waldparkplatz beim Rittnerthof, Jean-Ritzert-Straße, 76227 Karlsruhe-Durlach
ÖPNV: Haltestelle Karlsruhe-Durlach Eisenhafengrund

ESSEN & ENTSPANNEN

2 **Gasthaus Schützenhaus auf dem Turmberg,** Jean-Ritzert-Straße 8, 76227 Karlsruhe-Durlach, Tel. (07 21) 94 31 81 22, www.schuetzenhaus-durlach.com

5 **Anders auf dem Turmberg,** Hofbistro und Biergarten, Reichardtstraße 22, 76227 Karlsruhe-Durlach, Tel. (07 21) 4 14 59, www.anders-turmberg.de

ENTDECKEN & ERLEBEN

1 **Rittnerthof**
3 **Turmberg-Aussichtsturm**
4 **Aussichtsterrasse bei der Turmbergbahn**
6 **Ruine Schloss Augustenburg**

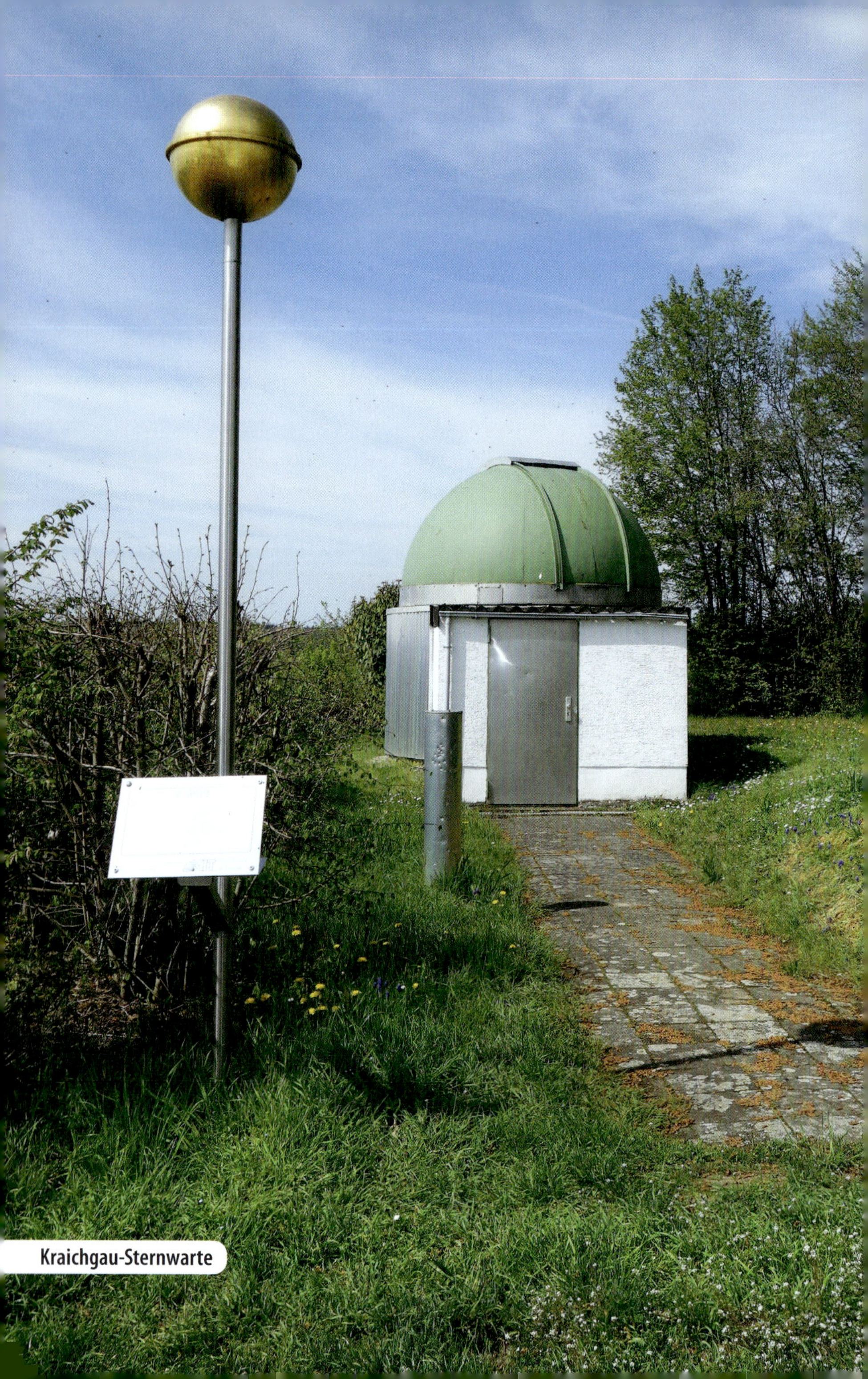
Kraichgau-Sternwarte

Sanfte Hügel

Zur Kraichgau-Sternwarte

Unsere heutige Wanderung entführt uns nach Helmsheim in den lieblichen Kraichgau. Der Kraichgau wird auch als die Toskana Badens bezeichnet, das hat er vor allem seinem milden Klima zu verdanken. Die Tour zur Sternwarte lohnt sich absolut. Die heutige Wanderung hält, was sie verspricht: eine wunderschöne Aussicht auf sanfte Hügelketten und Weinberge. An klaren Tagen blicken wir zum Schwarzwald und sogar bis zu den Odenwälder Bergrücken, eine wahrlich naturnahe Auszeit.

In Helmsheim parken wir am Sportplatz und laufen hoch zur **Dossentalstraße.** Dieser folgen wir nach links und wandern hinaus aus dem beschaulichen Ort. Die **blaue BR10-Markierung** weist uns heute den Weg. Schon spüren wir den Atem der Natur, während wir an Obstwiesen und Feldern entlanggehen. Das wirkt wie ein Booster für unser Wanderfeeling und wir stellen gleich in den Wohlfühlmodus um. Im Anstieg passieren wir ein Steinkreuz und achten kurz darauf im Rohrbachgraben auf den Rechtsabzweig, der uns zum **Helmsheimer Weiher** oder mit anderem Namen **❶ Bruchsee** bringt. Völlig idyllisch gelegen, ist er ein ideales Plätzchen, um kurz innezuhalten und das Stimmungsbild wirken zu lassen.

Weiter folgen wir der Markierung, die uns nun zweimal links und am Hauptweg wieder rechts gehen lässt. Langsam, aber beständig gewinnen wir an Höhe und entdecken rückblickend eine faszinierende Aussicht auf die Weinberge bei Heidelsheim. Rund herum

Kilometer: 9,3

Höhenmeter: 100

Stunden: 3

RUNDWEG

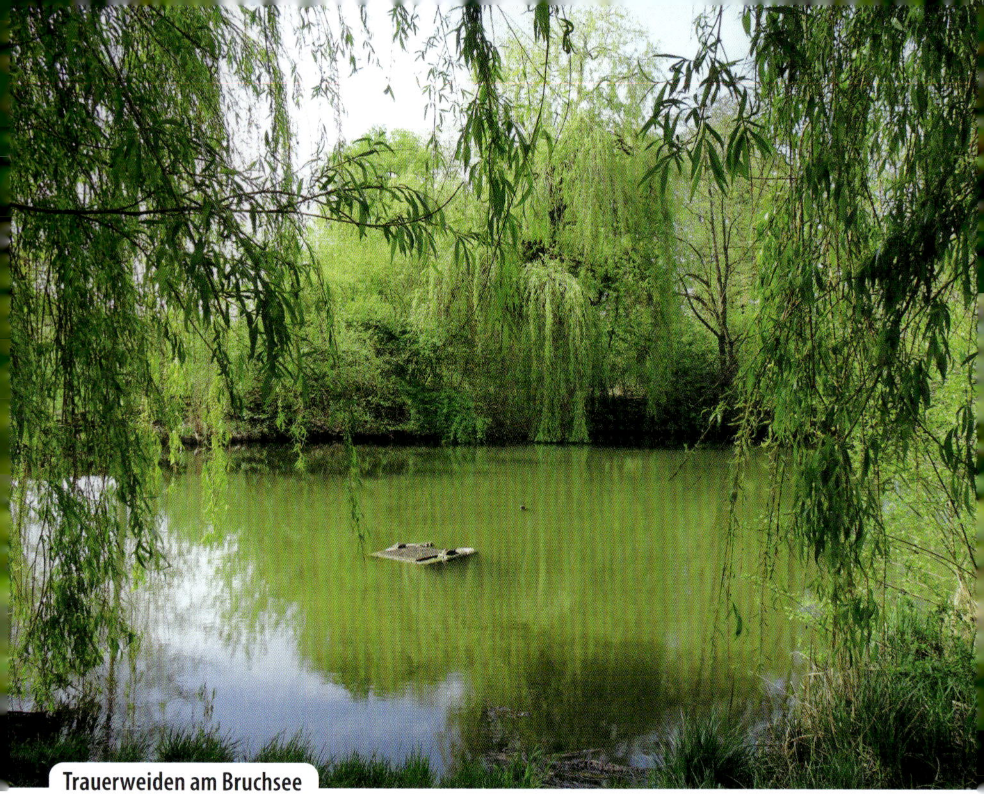

Trauerweiden am Bruchsee

bietet sich uns ein beeindruckendes, gelb schimmerndes Farbenspiel der zahlreichen leuchtenden Rapsfelder, die besonders im Frühling eine intensive Strahlkraft besitzen. Auf der Kuppe erreichen wir den kleinen Gondelsheimer Ortsteil ❷ **Dossental,** den Landwirtschaft und Pferdeweiden prägen. Vorbei an Bauernhäusern führt uns die Tour rechts bergauf und kurz darauf haben wir den kleinen Weiler auch schon wieder verlassen. Am Wegesrand entdecken wir den blau blühenden Ehrenpreis. Diese Pflanze kann gegen Juckreiz der Haut und Husten eingesetzt werden. Immer wieder wird uns klar, wie genial Mutter Natur aufgestellt ist und dass sie für viele Zipperlein ein Kraut wachsen lässt.

In einer Senke folgen wir geradeaus dem Stichweg hinüber zur ❸ **Kraichgau-Sternwarte,** die auf 217 Metern Höhe liegt. Von hier aus schweift unser Blick weit hinaus ins Ländle. Dabei erhaschen wir einen tiefen

*Die **Kraichgau-Sternwarte** wurde Mitte der 1980er-Jahre von den Herren Henneges und Kessler erbaut. Sie ist (bei klarem Himmel) an jedem ersten Mittwoch des Monats geöffnet.*

Blick nach Gondelsheim, ja sogar den Schwarzwald können wir von hier erkennen. Ein prickelndes Gefühl der Entschleunigung stellt sich ein, nicht nur für Seele und Geist, sondern auch für unseren Körper, der sich plötzlich wohltuend entspannt. Hier an der Sternwarte unterhalb der goldgelben Sonnenkugel erklärt eine Tafel viel Wissenswertes rund um das Thema Sonne, fasziniert können wir somit unseren eigenen Horizont erweitern und haben mal wieder was dazugelernt.

Für die Seele

Unsere Bestellung beim Universum für diese Tour: ein Blick in den Sternenhimmel.

Anschließend laufen wir den Stichweg zurück und biegen in der Senke nach links ab. Das Wandern in dieser Region ist einfach reizvoll, wir gelangen durch ein Landschaftsschutzgebiet, kommen durch weitläufiges Agrarland mit einem kleinen Weinberg und freuen uns an dem herrlich schönen Frühlingstag. Überall blüht es in den schönsten Farben, da geht einem so richtig das Herz auf.

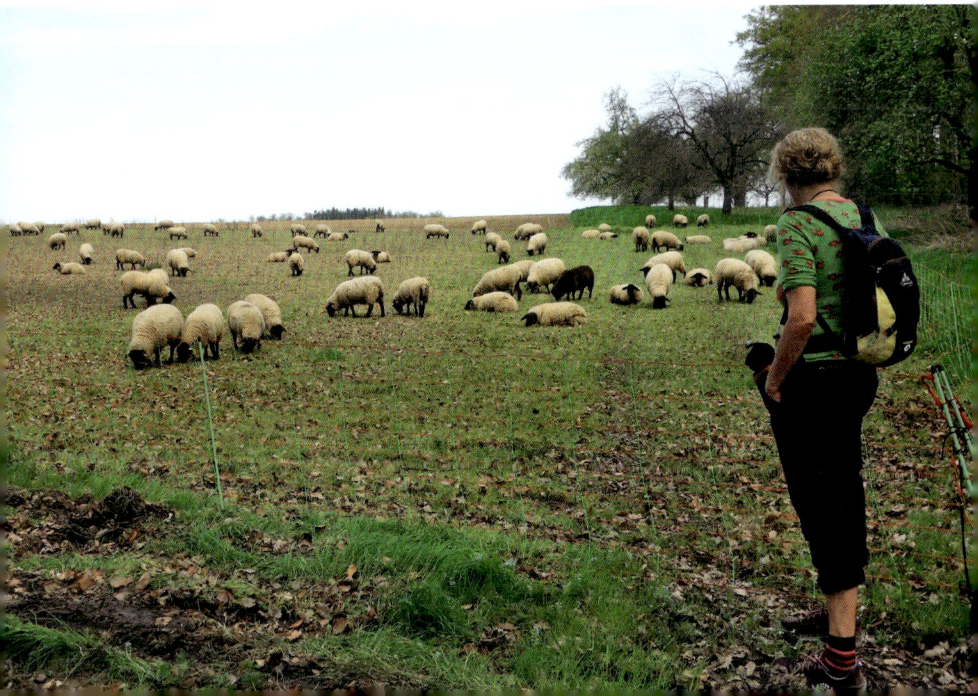

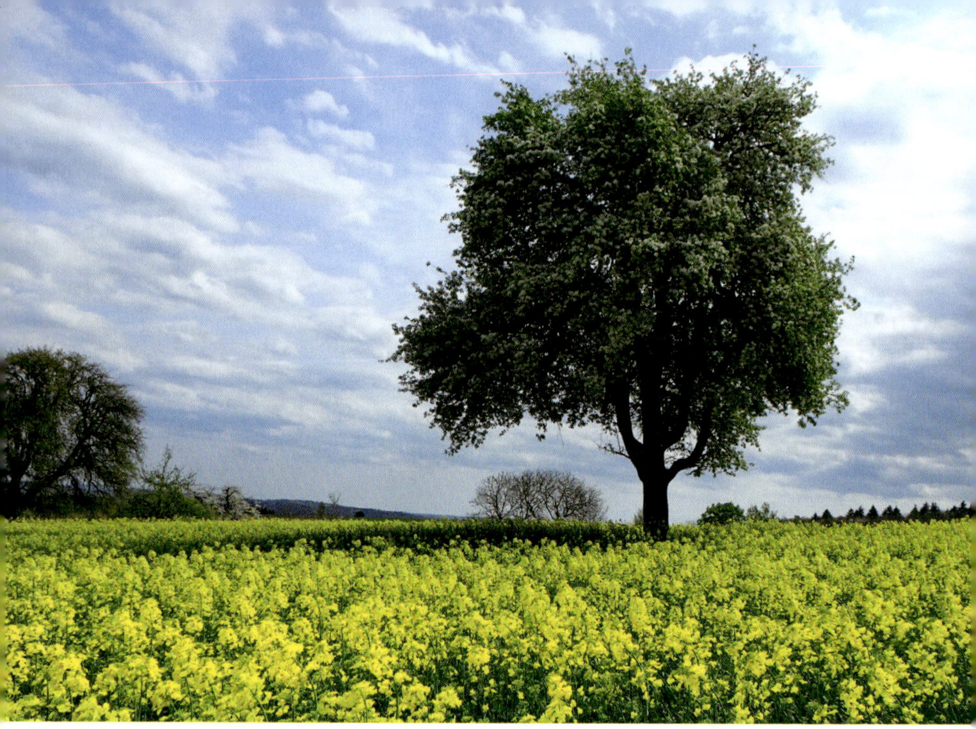

Ein breiter Landweg führt uns hinauf Richtung Wald. Dort angekommen, halten wir uns links und steigen weiter sanft bergan. Rückblickend erkennen wir die Sternwarte und hätten vor lauter Faszination fast den Rechtsabzweig verpasst, der uns jetzt am Waldrand entlangführt. Bei einer T-Kreuzung biegen wir rechts ab und wandern gemütlich in den **4 Großen Wald.** Zuvor aber genehmigen wir uns ein kurzes Päusle an der Sitzbank am Waldrand. Bei einem entspannenden Waldbad genießen wir den Kraichgau-Blick und lauschen dem großen Vogelkonzert, das Balsam für unsere Ohren ist. Nach der kurzen Auszeit laufen wir ganz gemächlich durch den Forst und geben uns der friedlichen Atmosphäre hin, die uns hier umgibt, während uns weiterhin das Singen der Waldvögel begleitet. Unsere Markierung führt uns zielsicher an der Linde vorbei und halb rechts sehen wir eine Schutzhütte, die aber nicht an unserem Weg liegt. Der führt an der Weggabelung beim Waldende links und am Horizont erblicken wir die Ausläufer des Odenwalds.

Beim Römersacker wandern wir hinab in den Steingrund und kreuzen im **5 Schlichtal** die Landstraße nach Obergrombach. Ein paar Steinstufen führen uns hinauf zu einem Feldweg, dem wir in die bisherige Richtung folgen. Beim Waldeck spazieren wir rechts. Vor uns im Talgrund schlummert Helmsheim, umrahmt von Wiesen und Feldern, die wir entspannt durchwandern, während wir uns an der wahnsinnig schönen Aussicht erfreuen. Am Weinberg gehen wir rechts versetzt an Weinreben vorbei. Eine letzte Sitzbank am Bergkamm lädt uns nochmals zur einer kleinen Verweilpause ein, bevor wir dann endgültig nach **Helmsheim** absteigen. Wir folgen unserer Markierung zur Eberhardstraße, biegen dort rechts ab und gelangen in der Ortsmitte zur **6 historischen Kelter.** Dann laufen wir rechts zur Kurpfalzstraße, bis uns die

*Der **Brunnen Jordansquelle** wird seit jeher von den Einheimischen so genannt. Der Jordan ist nämlich der Helmsheimer Dorfbach, der heute unterirdisch verläuft. In gewisser Weise geht man in Helmsheim schon „über den Jordan"!*

Schloss Bruchsal

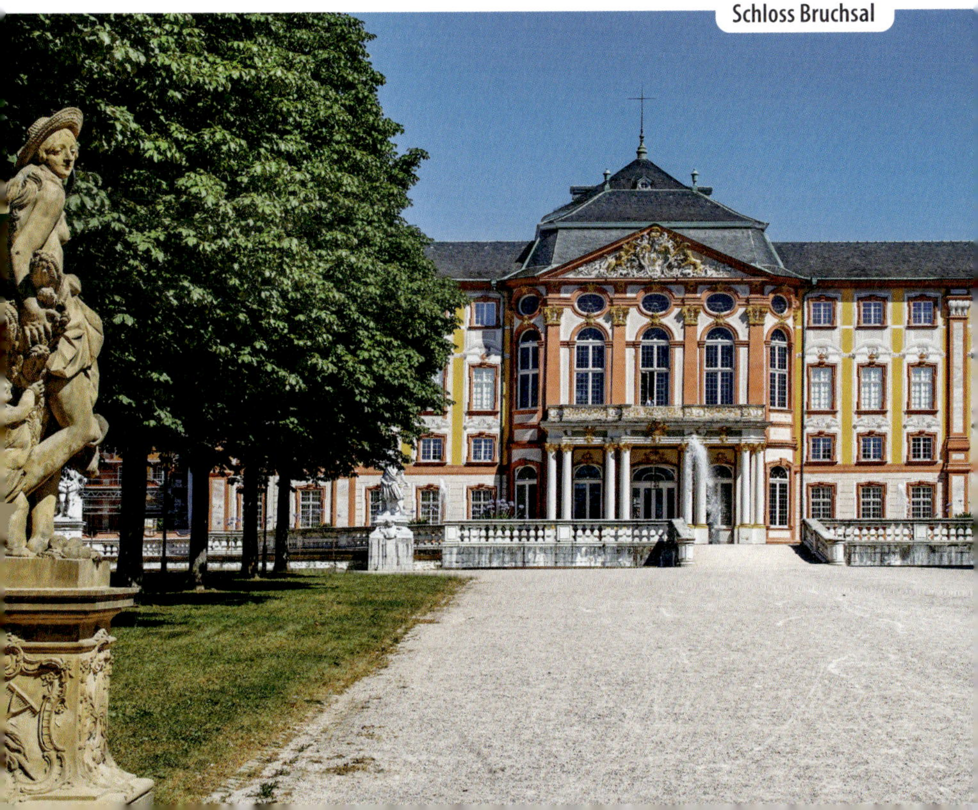

Dossentalstraße links an der Jordansquelle vorbei zum Parkplatz bringt. Wer hungrig ist, findet mit der **7 Dorfschänke** eine gemütliche Einkehrmöglichkeit mit schönem, teilweise überdachtem Außenbereich.

Was kann es Schöneres geben als einen Tag im Grünen – und das zur Frühlingsblüte. Die Hektik und den Stress schütteln wir bei dieser Tour einfach ab und haben dann genügend Kraft im Gepäck, um auch den kommenden Tagen mit Ruhe und Gelassenheit zu begegnen. Nach der Wanderung unternehmen wir noch einen entspannten Stadtbummel durch das nahe **Bruchsal** und besuchen dort das **Schloss.**

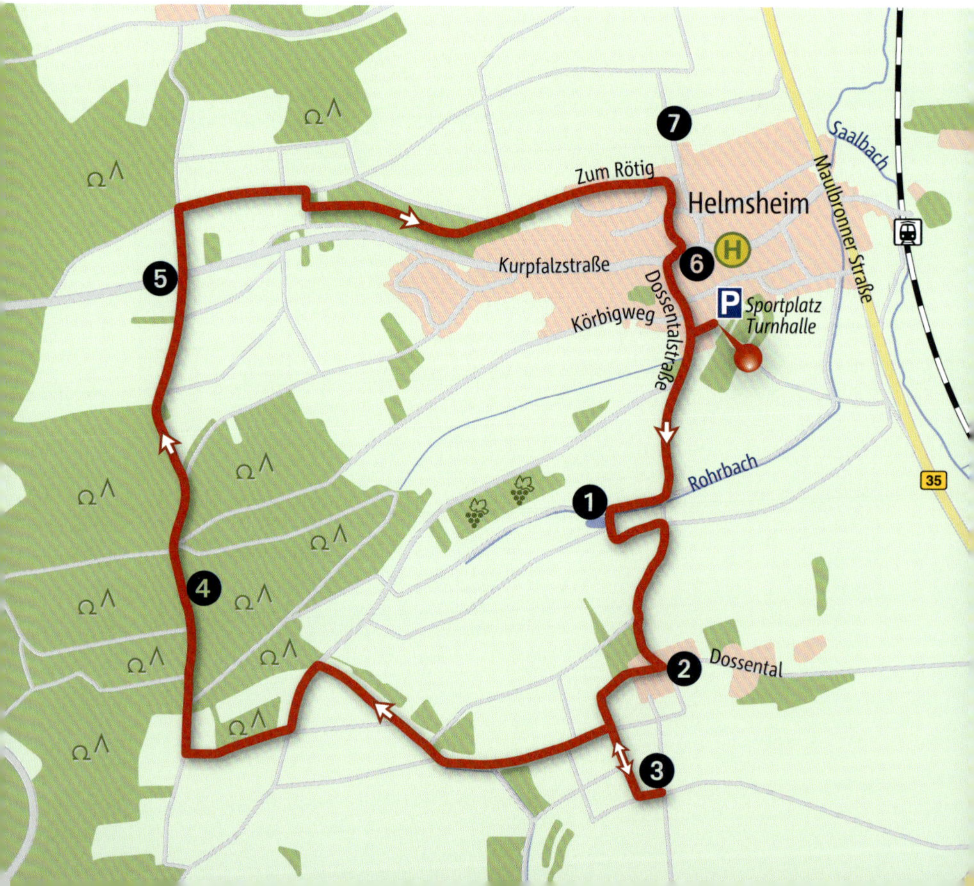

ALLES AUF EINEN BLICK

Entspannung ●●●●●
Abenteuer ●●●●●
Vielfalt ●●●●○

WIE & WANN

Die Wege sind breit und sehr gut begehbar. Beste Wanderzeit ganzjährig.

HIN & WEG

Auto: Parkplatz am Sportplatz/an der Turnhalle, Dossentalstraße, 76646 Bruchsal-Helmsheim
ÖPNV: Haltestelle Bruchsal-Helmsheim Verwaltungsstelle

ESSEN & ENTSPANNEN

7 **Dorfschänke,** Heidelsheimer Straße 24, 76646 Bruchsal-Helmsheim, Tel. (0 72 51) 6 18 52 61

ENTDECKEN & ERLEBEN

1 **Bruchsee**
2 **Dossental**
3 **Kraichgau-Sternwarte Gondelsheim,** Am Wasserbehälter Heuert, 75053 Gondelsheim, Tel. (0 72 53) 3 26 39, www.kraichgau-sternwarte-gondelsheim.de
4 **Großer Wald**
5 **Schlichtal**
6 **Historische Kelter**

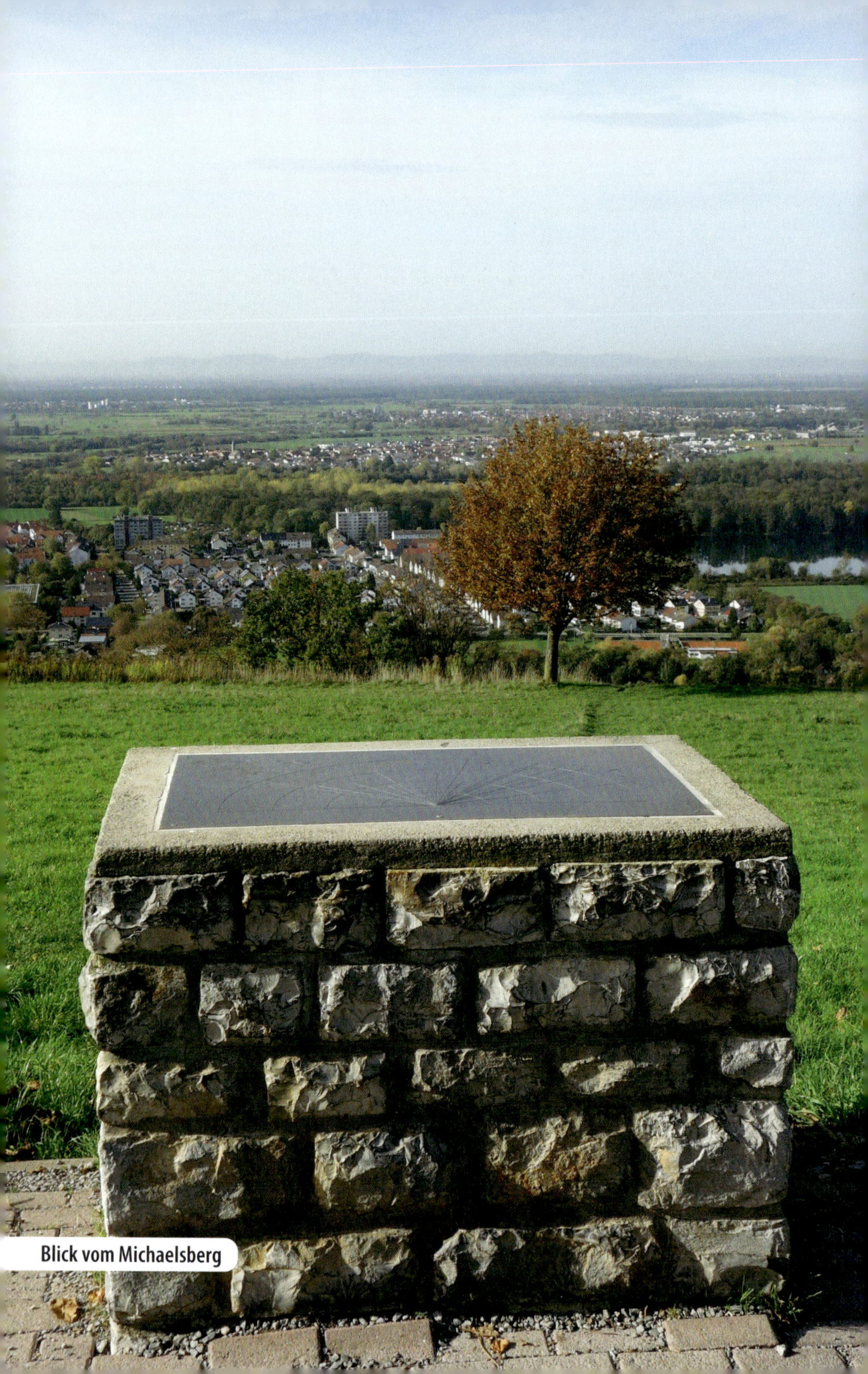

Blick vom Michaelsberg

Endlose Weite

Untergrombach & Michaelsberg

Vielversprechend gestaltet sich unsere heutige Tour, die uns rund um den Michaelsberg führt, vorbei an gut bestückten Streuobstwiesen und durch einen wildromantischen, schluchtenartigen Hohlweg. Sie begeistert auch mit einer überragenden Aussicht vom Michaelsberg – und das ist noch längst nicht alles, denn die schöne ländliche Gegend ist ein optimales Naherholungsgebiet für naturhungrige Städter und sorgt für tiefenentspannte Wanderstunden.

Der ***Michaelsberg*** *ist ein besonderes Paradies für seltene Pflanzen und Tiere, was auf die hohen Bodentemperaturen im Naturschutzgebiet zurückzuführen ist. Die Artenvielfalt steht unter besonders strengem Schutz, also auf keinen Fall etwas pflücken.*

Wir starten unsere Tour am P&R-Parkplatz am **Bahnhof Untergrombach** und gehen an dem alten Fabrikgebäude eines ehemaligen Tabaklagers vorbei. Bei der Buswendeschleife steigen wir die Treppen hinab und wenden uns links zur Unterführung. Bald entdecken wir die **BR1-Markierung auf rotem Grund** und folgen ihr bis ins Zentrum von Untergrombach.

Dabei sehen wir vor uns weiß schimmernd hoch oben auf dem Berg die **Michaelsbergkapelle.** Genau dorthin wollen wir heute aufsteigen, um eindrucksvoll hinabzublicken. Übrigens wurde dort oben im 19. Jahrhundert eine Steinzeitsiedlung entdeckt; der Hausberg liegt exakt auf 268,8 Metern über dem Meeresspiegel. Auf den angeblich sagenhaften Fernblick auf das weite Umland sind wir schon mächtig gespannt. Nachdem wir an der Fußgängerampel die B3 sicher überquert haben, passieren wir den **❶ Joß-Fritz-Brunnen.** Gewidmet ist er dem Untergrombacher Bauernsohn, der unter anderem Mitbegründer der Bundschuhbewegung war. Diese Bewegung hatte es sich auf die Fahne geschrieben,

Kilometer: 10
Höhenmeter: 290
Stunden: 3
RUNDWEG

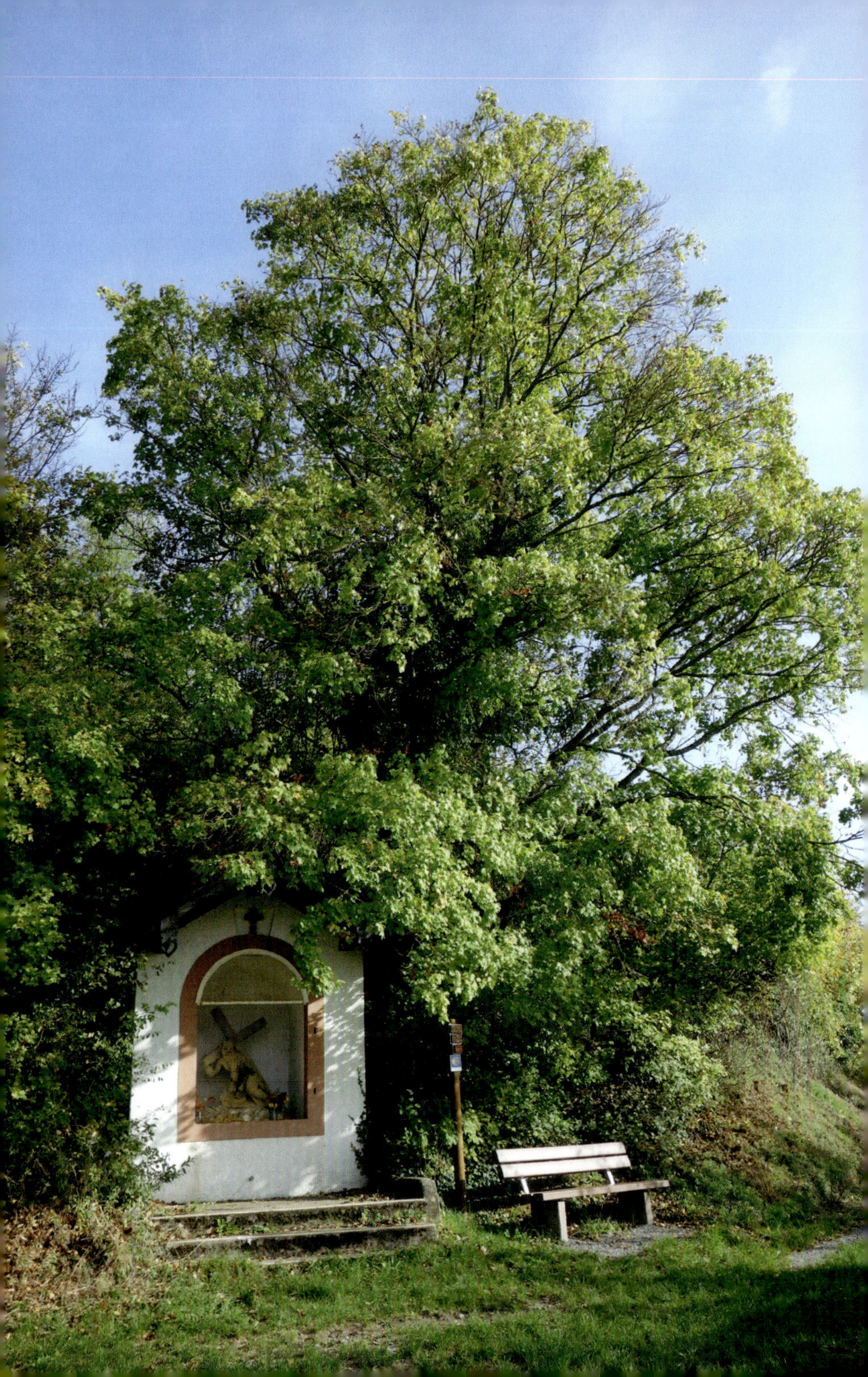

sich gegen die Unterdrückung und Ausbeutung der Armen aufzulehnen sowie die Abgabe des Zehnten und der Zölle durch Aufstände abzuschaffen. Die Obergrombacher Straße bringt uns zur **katholischen Kirche St. Cosmas und Damian,** bei der wir linksseitig zur Michaelsbergstraße abbiegen.

Achtung, in Höhe von Hausnummer 17 wenden wir uns nach rechts und steigen auf zahlreichen Treppenstufen steil hinauf ins **Landschaftsschutzgebiet.** Schnell kommen wir auf Betriebstemperatur. Beim zweiten Querweg laufen wir an einem **Marienbildstock** rechts. Eine Sitzbank lädt zu einer kurzen Entspannungspause ein, um neue Kräfte zu mobilisieren. Vom Höhenwanderweg genießen wir die grandiose Aussicht auf Untergrombach und das Umland und wenden uns beim nächsten Bildstock geradewegs dem grasbewachsenen Weg zu. An Hecken vorbeigehend und umgeben von Gärten, Rebhängen und Trockenmauern finden wir die richtige Off-On-Balance.

Für die Seele

Auf dem Michaelsberg entdecken wir einen weiten Landblick, der unvergesslich im Gedächtnis bleibt.

*Die **Untergrombacher Kirche** ist ihren Schutzpatronen, den legendären arabischen Ärzten Cosmas und Damian, gewidmet.*

Neben Nussbäumen führt unser Weg sanft bergab und wir genießen die Leichtigkeit des Seins in herrlicher Natur, bis uns grober Schotter linker Hand wieder hinaufleitet. Beim querenden Weg wandern wir rechts weiter. Parallel zu zahlreichen Streuobstbäumen spazieren wir nun nahezu eben und erblicken im Tal die Häuser von Obergrombach. Gerade jetzt im Herbst, wenn sich das Laub von den Bäumen senkt und vereinzelte Früchte sich noch tapfer an den Ästen halten, hat das Wandern seinen ganz besonderen Reiz. Und wenn Nebelschwaden noch in den Talauen hängen und die Sonne gülden auf die Blätter scheint, hat das etwas Magisch-Sinnliches.

Bald erreichen wir den **Wanderparkplatz Heidelsheimer Kreuz** und biegen bei der zweiten Möglichkeit links ab. Gemütlich laufen wir jetzt durch den **❷ Heidenäcker Weinberg** und erfreuen uns unterwegs immer wieder an dem weitläufigen Blick auf Obergrombach und das Rebland. Der Markierung weiter folgend, wandern wir hinter den Traubenhängen neben Ackerland zur Anhöhe und folgen links der idyllischen **Kernobstallee,** die uns bald in den Forst führt. Von hier geht es nach einer kleinen Kuppe an der T-Kreuzung Römerich links. Beeindruckt betrachten wir das herbstliche Farbenspiel des Blätterdachs, das in den unterschiedlichsten Farbnuancen von Braun-, Rot- und Ockertönen in der Sonne schimmert. Einfach klasse, allein dafür lohnt es sich, sich morgens aus dem Bett zu schälen. Die Natur bietet immer wieder diese einzigartigen und besonderen Momente – wahre Kraftoasen, die wie Balsam auf die Seele wirken.

Achtung, bald zweigt halb rechts ein hübscher Waldpfad ab, dem wir dann an einer Wiese entlang folgen. Wir genießen den gemütlichen Wegabschnitt, der uns nun an einer wunderbaren Streuobstwiese mit Hecke vorbeiführt, können unseren Gedanken freien Lauf lassen und kommen so langsam ganz im Zentrum des Hier und Jetzt an. Am **Wegetreff Grund** biegen wir scharf rechts ab. Wiesen mit Obstbäumen zieren unseren Weg und vor uns tanzt der Schmetterling Admiral durch die Luft und stärkt sich hier und da vom Saft des Fallobsts. Langsam, aber sicher gelangen wir nun in das Naturschutzgebiet. Eine unsagbare Ruhe umgibt uns hier, während wir auf einen umwerfend farbenprächtigen Waldabschnitt zuwandern. Faszinierend, wir hören nur noch das Laub unter unseren Sohlen rascheln. Das ist im Herbst wunderschön. Beinahe mystisch wirken die Baumwurzeln an den steilen Lösswänden, an denen entlang wir jetzt bergab laufen. Sie bieten für viele Tiere wie Bienen, Hummeln, Sperlinge und Schwalben einen wertvollen Schutz und Lebensraum.

An der Gabelung gehen wir links und folgen einem tiefen und steilen **Hohlweg** hinab. Einfach unbeschreiblich eindrucksvoll wandern wir Meter um Meter hi-

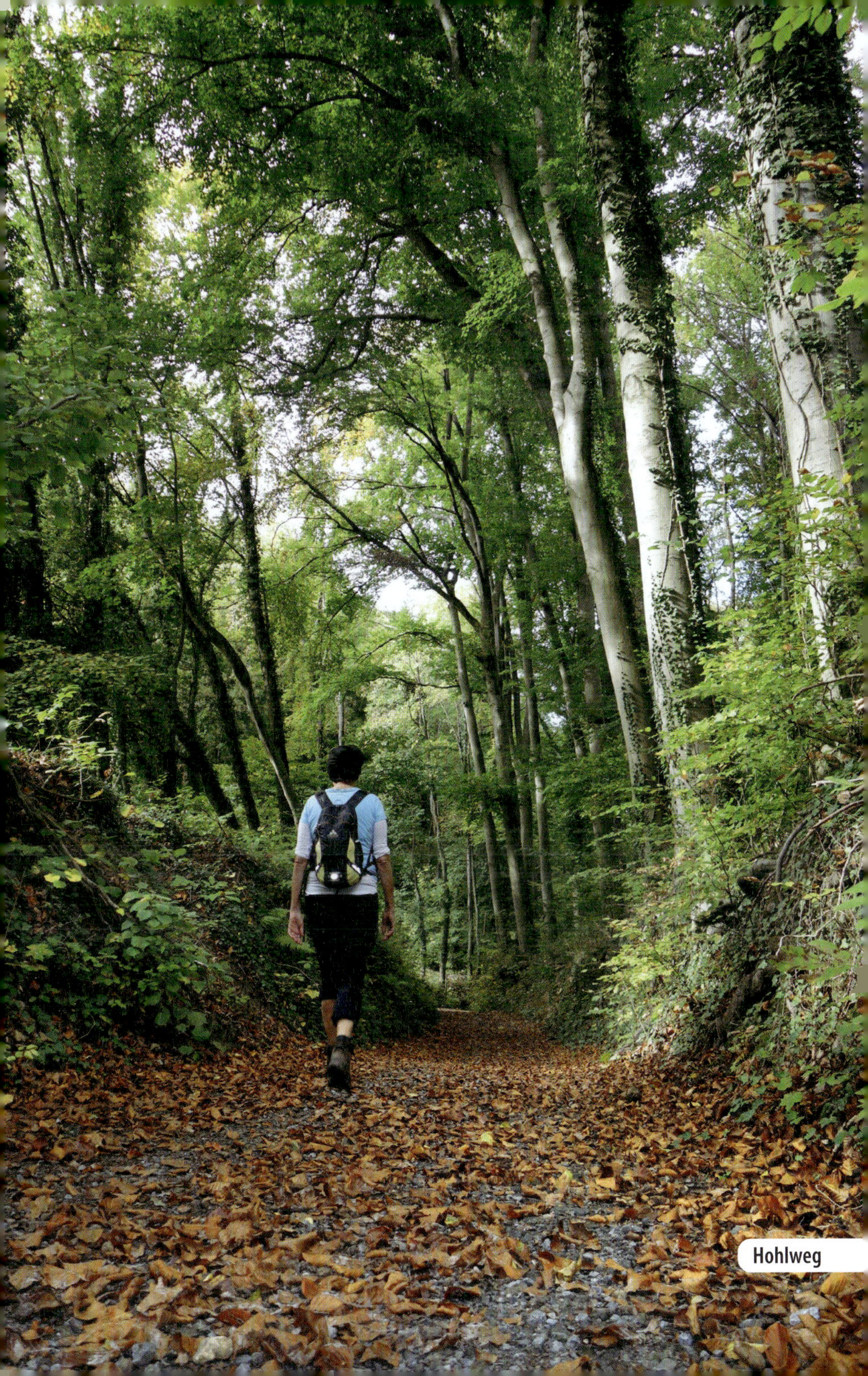
Hohlweg

nab und wundern uns, wie tief der Hohlweg sich hier abgesenkt hat. Die historische Gasse hat sich im Laufe der Jahrzehnte durch Wagenräder und Huftritte sowie Erosion tief in den Waldboden eingegraben. Sehr beeindruckt schreiten wir weiter talwärts und stellen uns vor, wie früher hier die Kutschen durchgeprescht sein müssen. Unten angekommen, gehen wir am Abzweig nach links. Der Weg führt steil bergauf. Der sportliche Aufstieg bringt uns zum Schwitzen und führt uns auf den 245 Meter hohen ❸ **Hinterberg,** von dem aus wir

Michaelsbergkapelle

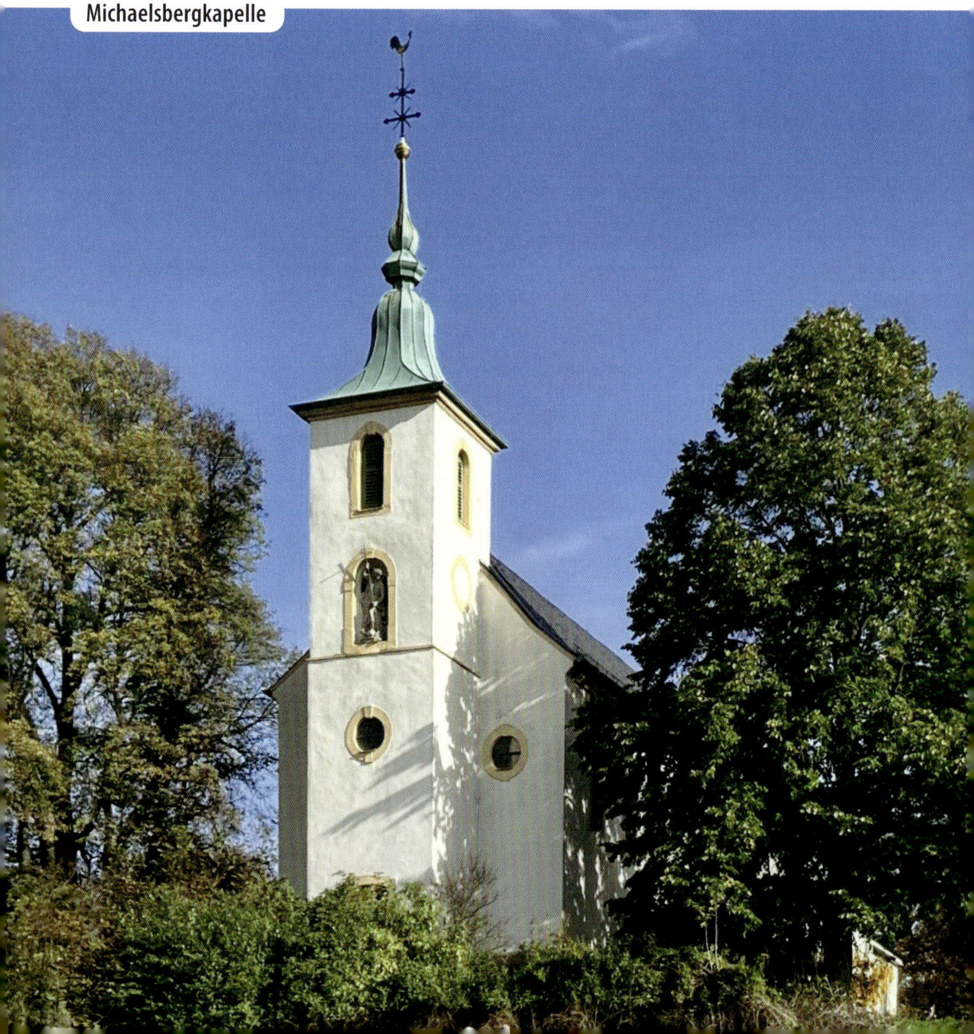

weit und wunderschön auf Bruchsal und den Odenwald schauen können. Von der Hochebene aus wandern wir genüsslich der Mittagssonne entgegen und gelangen so spielend zum Naturdenkmal 4 **Kindlesbrunnen.** Einer netten Überlieferung nach wurden einst die Babys an dieser Stelle vom Klapperstorch abgeholt, um sie zu ihren künftigen Eltern hinunter ins Dorf zu bringen. Von hier aus gehen wir vollends zum 268 Metern hohen **Michaelsberg** und der 5 **Michaelsbergkapelle** hinauf.

Nach einer ausgiebigen Erkundung der im Barockstil erbauten Kapelle, die einst als Wallfahrtsziel diente und mit ihrer ausgeprägten Deckenbemalung einen bleibenden Eindruck bei uns hinterlässt, genießen wir vom sonnenverwöhnten **Aussichtsbalkon** den gigantischen Fernblick über die Rheinebene hin zum Schwarzwald und zum Pfälzerwald und zu den sanften Hügelketten des Odenwalds. Mehrere Sitzplätze bieten uns die Möglichkeit zu einer ausgedehnten Bilderbuchpause, der Himmel zum Greifen nah. Wir genießen das wunderschöne Panorama und verschmelzen völlig mit der Zeit, sodass wir ein unsagbares Gefühl von Einheit verspüren. Stundenlang könnte man hier sitzen und die Natur und die Weite betrachten, doch so langsam stellt sich der kleine Hunger ein und wir beschließen im 6 **Café-Restaurant Michaelsberg** einzukehren. Die griechischen Spezialitäten genießen wir auf der Außenterrasse in idyllischer Lage. Direkt kommt Urlaubsfeeling auf, fehlt nur noch der griechische Bouzouki-Spieler.

Frisch gestärkt geht es nach einer intensiven Mittagspause weiter und wir wandern zum **Panoramaweg** hinab und laufen am Wegweiserpfosten geradeaus, immer wieder erfreuen wir uns an dem schönen Blick. Erst bei der nächsten Möglichkeit biegen wir links ab. Der steile Abstieg bringt uns zurück zu dem Bildstock, den wir bereits vom Anfang unserer Tour kennen. Jetzt zweigen wir rechts ab, lassen jedoch den Treppen-

Einst soll ein Drache mit gräulicher Farbe auf dem Michaelsberg sein Unwesen getrieben haben, doch dann bauten Mönche die ***Michaelsbergkapelle*** *und die Gefahr war gebannt. Wohl deshalb ist das Gotteshaus dem Erzengel Michael, dem Sieger über das Böse, geweiht.*

abstieg unbeachtet und folgen weiter dem heckenumsäumten Weg geradeaus. Erst bei der Michaelsbergstraße gehen wir links, laufen an schmucken Häusern vorbei in Richtung Kirche und gelangen so wieder auf unseren Ausgangsweg zurück, der uns bis zu unserem Parkplatz am Bahnhof durch den Ort leitet. Zur Orientierung folgen wir hier einfach unserer Markierung.

Wieder einmal neigt sich ein perfekter Wandertag dem Ende zu. Nicht nur der schönen Aussicht, sondern auch der faszinierenden Naturmomente wegen lohnt sich diese Wanderung. Sie hat eine ganz besondere Note und durchaus Wiederholungspotenzial.

Nach der Wanderung kann man sich im ***Untergrombacher Baggersee*** *in den Fluten abkühlen, also Badezeug mitnehmen.*

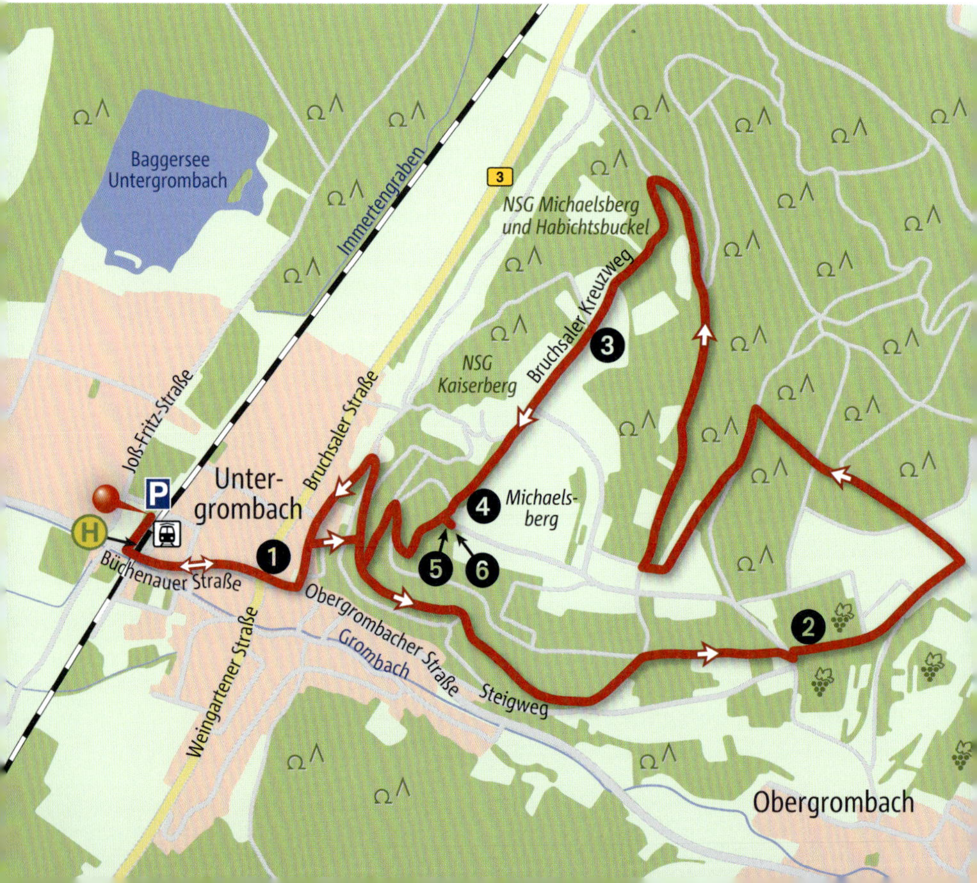

ALLES AUF EINEN BLICK

Entspannung
Abenteuer
Vielfalt

WIE & WANN

Die Wegbeschaffenheit ist durchweg sehr gut, aber der Anstieg nach dem Hohlweg relativ steil. Beste Wanderzeit ganzjährig, wenn kein Schnee liegt.

HIN & WEG

Auto: Parkplatz am S-Bahnhof, Ernst-Renz-Straße, 76646 Bruchsal-Untergrombach
ÖPNV: Bahnhof Untergrombach

ESSEN & ENTSPANNEN

6 **Café-Restaurant auf dem Michaelsberg,** Steigweg 55, 76646 Bruchsal-Untergrombach, Tel. (0 72 57) 9 31 68 81, https://cafe-michaelsberg.eatbu.com

ENTDECKEN & ERLEBEN

1 **Joß-Fritz-Brunnen**
2 **Heidenäcker Weinberg**
3 **Hinterberg**
4 **Kindlesbrunnen**
5 **Michaelsbergkapelle**

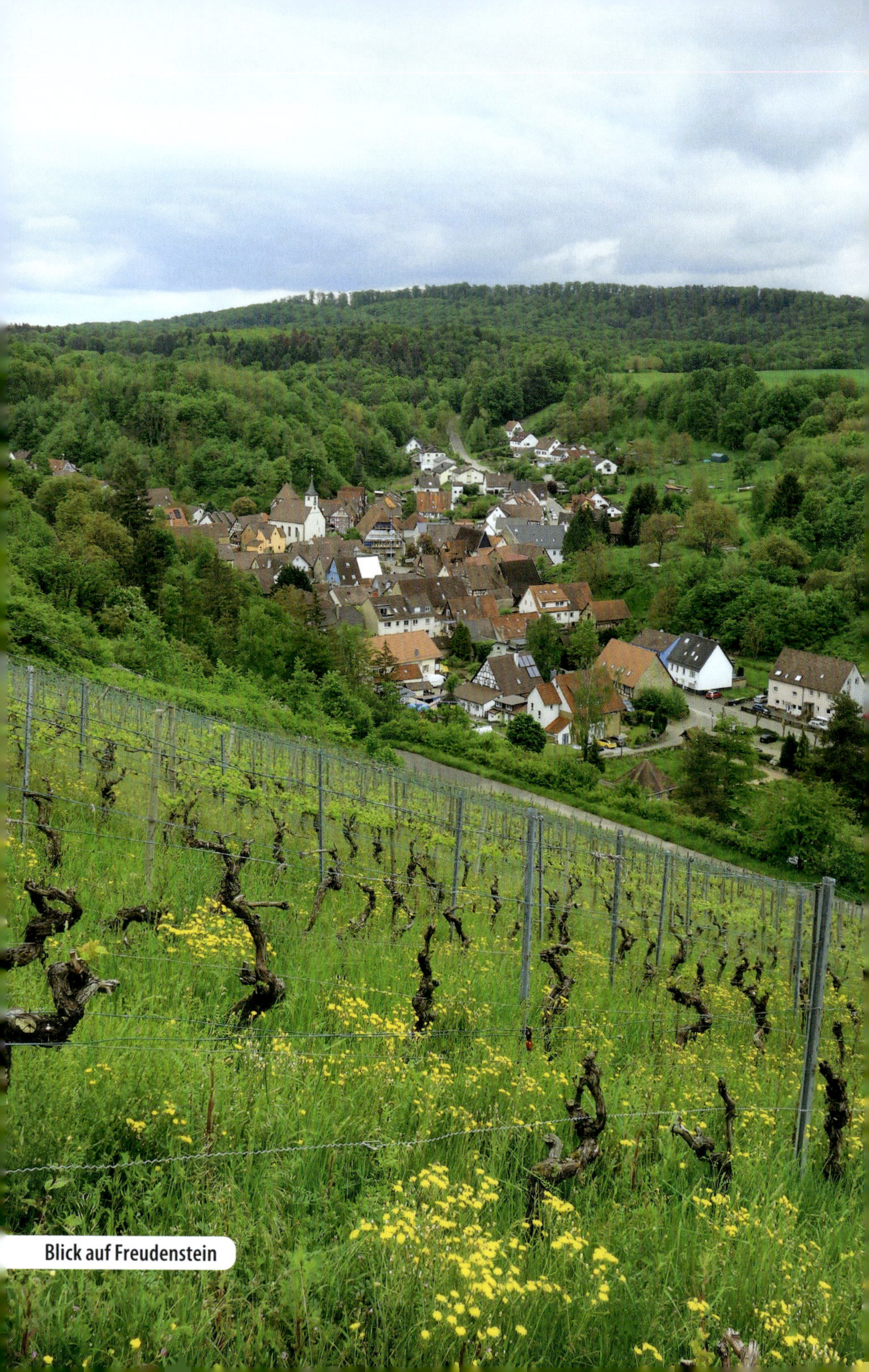

Blick auf Freudenstein

Im Weinland

Panoramarunde bei Freudenstein

Ignaz Hotz baute bereits im frühen 19. Jahrhundert die weltberühmte Knittlinger Oktav. So entstand die älteste ***Harmonikafabrik,*** *später Hohner. Im Volksmund nennt man die Mundharmonika auch „Mundharfe" oder „Goschenhobel".*

Schon die Anfahrt von Richtung Knittlingen durch das wunderschöne Weißacher Tal lässt uns schemenhaft erahnen, welch großartige Wandertour uns heute erwartet. Ringsum sanfte Hügel und weite Blicke, Weinhänge, heimelige Dörfer und ganz viel landwirtschaftlich genutzte Fläche. Ein Hauch von Heimat, gewürzt mit einem kleinen Glücksgefühl von Urlaub.

Kurz vor dem Ort Hohenklingen entdecken wir links der Straße den **Wanderparkplatz.** Voller Vorfreude schnüren wir unsere Wanderstiefel. Gleich der erste Blick schweift hinauf zu den schönen Weinbergen, er verspricht tolle Ausblicke – diese Rebhänge werden wir im Verlauf des Tages durchqueren. Für heute begleitet uns die **FH-Markierung** (blaues Schild mit weißen Pfeilen), die nicht zu übersehen ist. Jetzt kreuzen wir die Talstraße und folgen dem Fußweg an der lauschig plätschernden Weißach in Richtung des Orts.

Auf dem Trottoir steigen wir einige Meter bergan, biegen dann aber scharf rechts ab ins Naturschutzgebiet. Sogleich sind wir begeistert und genießen den schönen Anblick, umgeben von ausgedehnten Wiesen und Feldern. Nun erkennen wir auch den Weinberg in seiner vollen Länge, der wie ein mächtiger Koloss aufragt. Auf halber Hanghöhe schlängelt sich der Weg weiter durch abwechselnde Grünzonen. Bunte Wiesenblumen blühen am Wegesrand. Etliche Schmetterlinge, Bienen und Hummeln tummeln sich hier und tänzeln durch die Luft. Unser Weg gabelt sich und wir gehen bergwärts. Die Markierung im Blick wan-

Kilometer: 9
Höhenmeter: 240
Stunden: 3
RUNDWEG

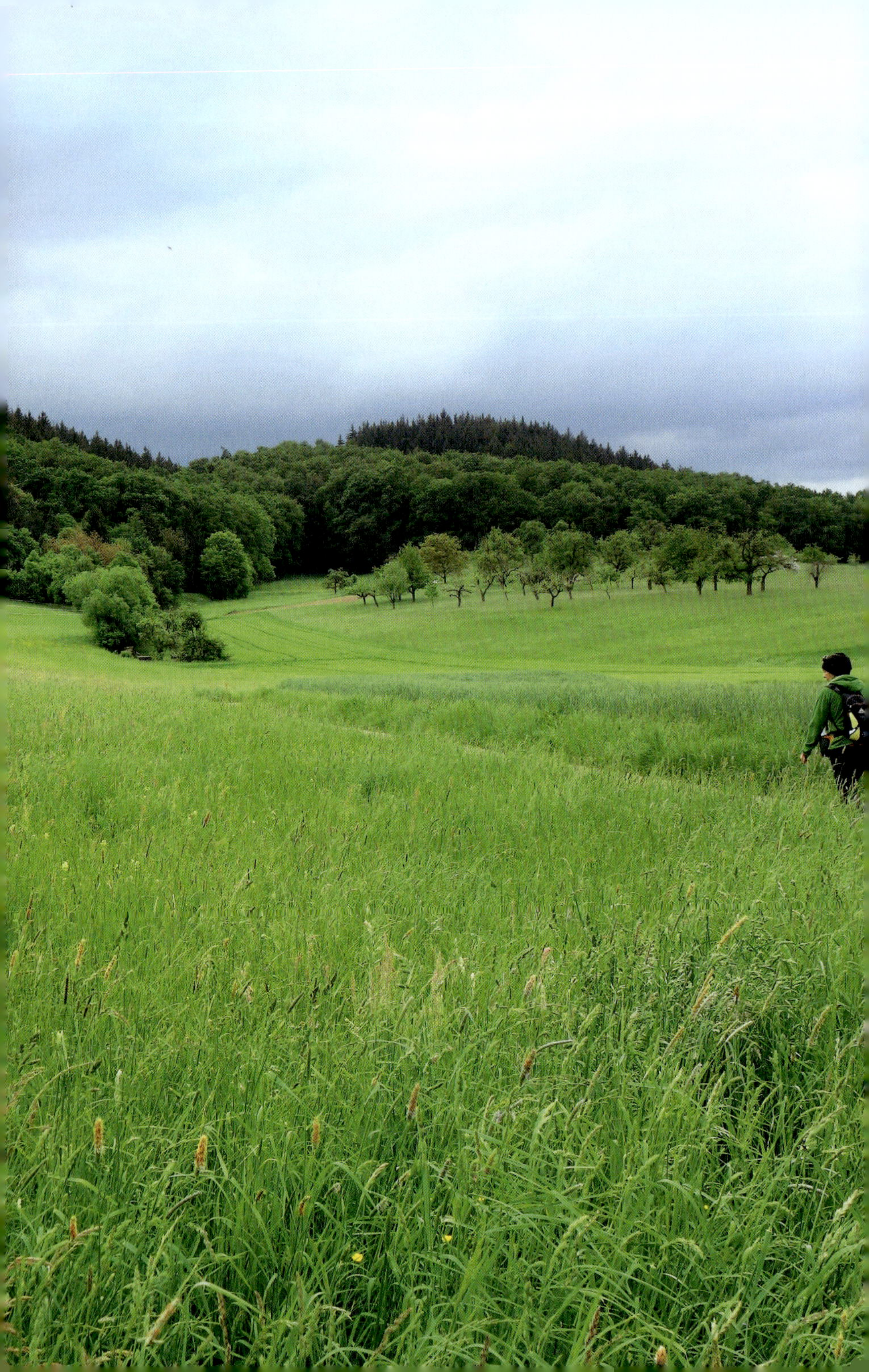

dern wir auf festem Weg links und genießen die wunderschöne Weitsicht über Streuobstwiesen und das Weißacher Tal. Unter einem altehrwürdigen Baum bietet eine Sitzbank optimale Bedingungen für eine aussichtsreiche Rast. Der Höhenweg bringt uns dann hinauf zu den Koppeln des ❶ **Buschackerhofs.** Danach biegen wir rechts ab und gehen bald links den Wald hinauf. An der Gabelung nehmen wir den rechten Weg, der uns weiter emporführt. Bald schon erreichen wir den Hohenklingener Ortsrand. Wie ein perfekter Bilderrahmen fügen sich der Weinberg und das kleine Dorf in das Landschaftsbild ein. Fasziniert von der ländlichen Idylle passieren wir am Hatzenloch ein paar Weinreben und wandern fast mühelos in Richtung Talende.

Für die Seele

Oberhalb der Reben die Aussicht genießen und abends einen gepflegten Lemberger Weißherbst trinken …

Nach einer Linkskurve ändert sich schlagartig die Blickrichtung und wir folgen dem Fahrweg hinab nach ❷ **Hohenklingen.** Zwischen betagten Häusern verlieren wir rasch an Höhe. Wenn wir es nicht besser wüssten, könnte man fast meinen, wir wären mitten im Schwarzwald, denn dieser Ort hat so ein gewisses Flair. Nun steuern wir auf die Kirche zu, bei der unser Weg rechts zur Hofstraße abgeht. Im netten ❸ **Gasthaus zum Lamm** können wir einkehren. Die Maulbronner Steige lässt uns am alten Schulhaus (1846–1958) vorbeilaufen und wieder hurtig an Höhe gewinnen. Kurz nach dem Ort passieren wir einen Steinbruch. Bald erreichen wir den Parkplatz Köbler, bei dem wir nun links abbiegen und entspannt einem angenehmen Landweg folgen.

Auf der **Hochfläche des Lerchenbergs** umgibt uns weites Land. Unser Blick schweift hinaus und in der näheren Umgebung erkennen wir den Freudensteiner Campingplatz. Schemenhaft ragt im Nordwesten der Odenwald auf und die Höhen des Strombergs werden sichtbar. Am Querweg wandern wir links. Das satte

Grün, das uns umgibt, ist wohltuend für unsere Augen und entspannt. Am Burgäcker kommen wir an ein paar Streuobstbäumen vorbei, während wir den Weg Im Kessel in Richtung Wohngebiet hinabsteigen. An Kirschbäumen entlang eines Feldwegs wandern wir halb rechts und blicken aussichtsreich über die Dächer des fachwerkgeprägten Dorfs Freudenstein. Sehr schön geht es durch ein uriges Wäldchen, durchwachsen von Hecken und Bäumen. Der lustige Gesang der Vogelschar begleitet uns. Aufgepasst, sobald die Kirche sichtbar wird, zweigt ein schmaler Wiesenpfad ab. Neben einer Mauer achten wir jetzt auf den Linksabzweig, der uns ganz in den Ort hinableitet. Auf direktem Weg gelangen wir beim ehemaligen Gasthaus Rössle zur **4 Ortsmitte.** Nach dem Dorfbrunnen, beim Burgstallbach, wenden wir uns rechts der Diefenbacher Straße zu. Übrigens soll ganz in der Nähe im 13. Jahrhundert eine Burg gestanden haben, erbaut von den Herren von Freudenstein. Es handelte sich um eine Spornburg (auf einem Felsvorsprung), die dann im Verlauf der vergangenen Jahrhunderte als Steinbruch genutzt und komplett abgetragen wurde. Heute erinnert nur noch die Burgstallstraße an diese Epoche.

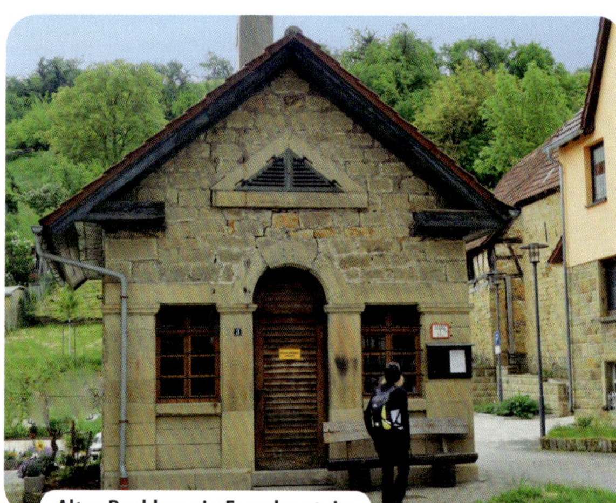

Altes Backhaus in Freudenstein

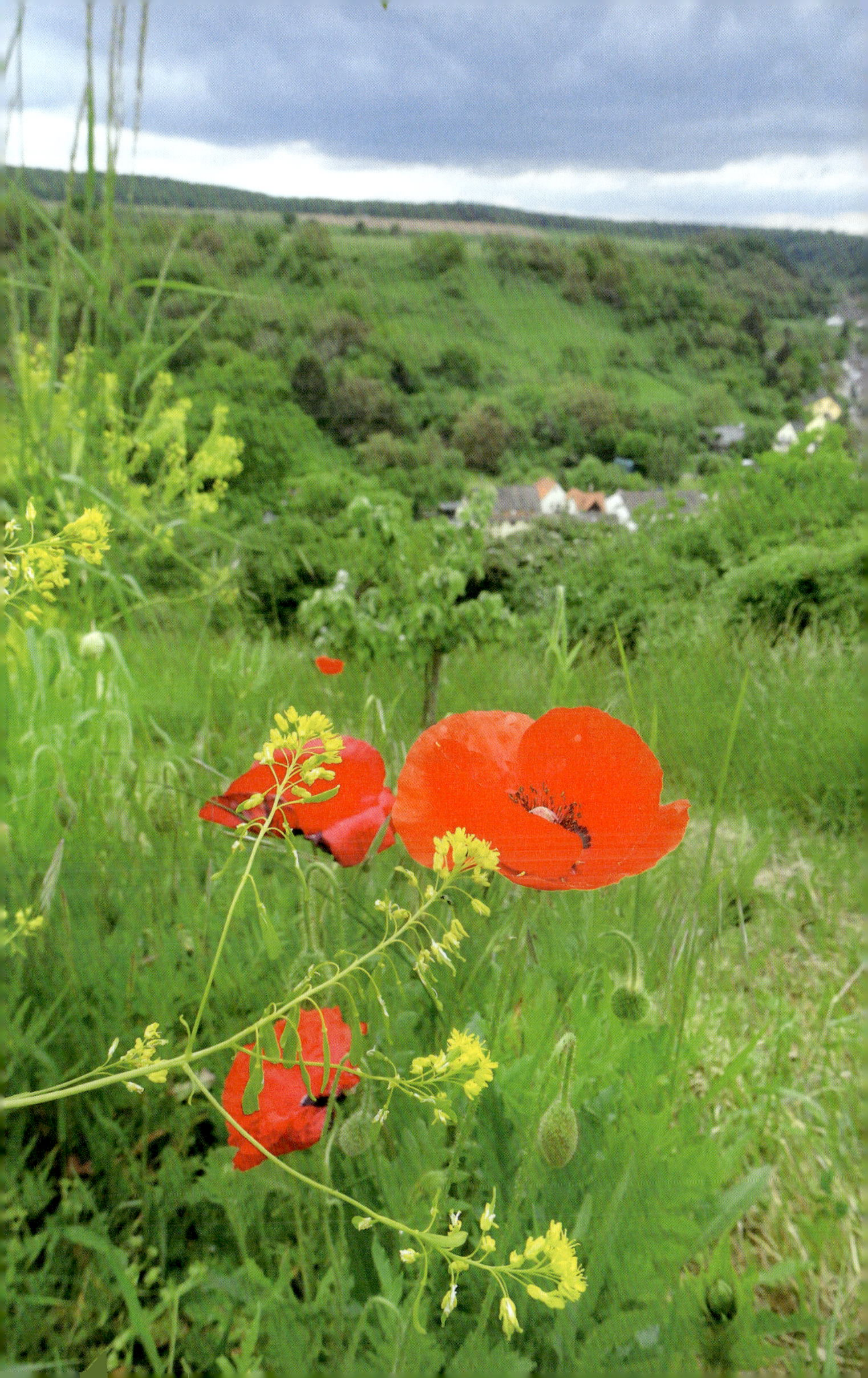

S' Häldegässle ist ein alter Verbindungsweg aus der Maulbronner Klosterzeit nach Oberderdingen.

Der Lemberger Weißherbst „Regine M." ist nach der Freudensteiner Dichterin Regine Merkle (1875–1903) benannt.

Gemächlich gehen wir die Straße entlang, die uns vorbei an einem **historischen Backhaus,** dem Rathaus, der stattlichen Kelter und der Kirche führt. Gegenüber von Hausnummer 12 schreiten wir links zwischen Häusern hinauf zum historischen ❺ **s' Häldegässle.** Der urwüchsige Weg führt teils auf Steinstufen steil hinauf und hat einen durchaus sportlichen Charakter. Entlang des Wiesenpfads blühen unzählige Wiesenkräuter wie der Spitzwegerich oder der Storchschnabel.

Wildromantisch und konzentriert steigen wir weiter nach oben, an vielen Brombeerhecken vorbei, bis wir auf einen ebenen Querweg treffen, dem wir linker Hand folgen. Wahnsinn, welch tolle Panoramasicht sich hier zeigt. Oberhalb des Weinbergs wachsen der Württemberger Trollinger und der edle **Lemberger.** Bei einer Sitzbank gestatten wir uns eine kurze Auszeit und sind tief beeindruckt von dem hübschen Aussichtsbalkon, von dem aus wir auf das emsige Treiben in Freudenstein-Hohenklingen hinabblicken. Denn an einem Samstag ist der typische Schwabe mit dem Putz- und Fegedienst oder der sogenannten Kehrwoche beschäftigt.

Der Markierung folgend führt unsere Tour an einer Picknickbank vorbei. Unterhalb einer Freifläche biegen wir scharf links ab und wenden uns gleich wie-

Freudenstein und Hohenklingen

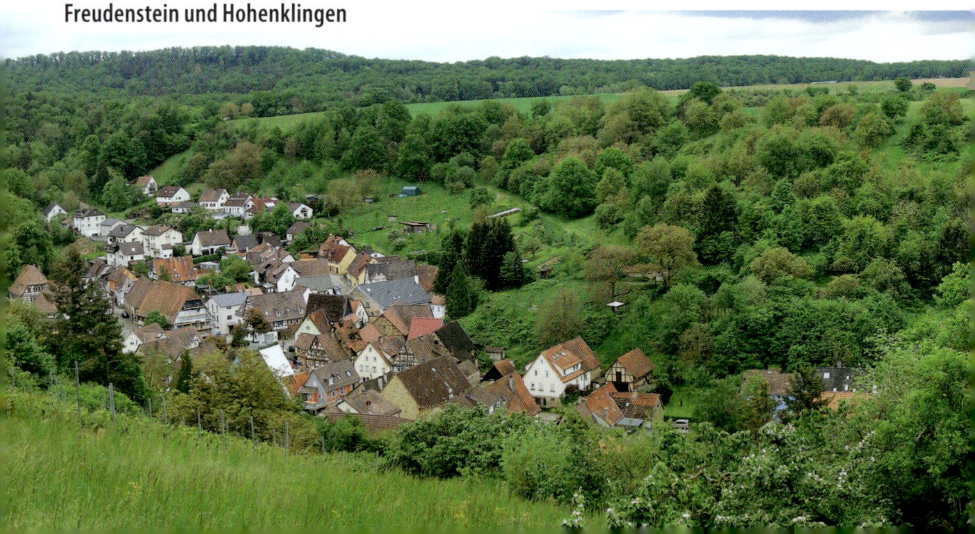

der rechts. Jetzt wandern wir mitten durch den wundervollen **6 Weinberg Hollstein.** Unterhalb eines Sendemasts leitet uns der Wiesen-Höhenweg zu einer **7 Picknickbank** mit absolutem Traumblick. Von hier oben schimmert der grüne Talteppich zu uns herauf, während wir unser Rucksackvesper genüsslich verzehren. Bei so schönen Ausblicken sind wir bester Laune und verspüren ein erfrischendes Gefühl von Freiheit und Leichtigkeit.

Mit frischem Elan machen wir uns wieder auf den Weg und erreichen kurze Zeit später bei den Hirschäckern auf 298 Metern Höhe einen **8 Aussichtspavillon** mit Übersichtstafel, bei dem wir durch das Weißacher Tal hinüber nach Knittlingen sehen und am fernen Horizont zu den Höhen des Schwarzwalds und des Pfälzerwalds blicken können, an klaren Tagen, versteht sich. Die Tour führt nun scharf links bergab; umrahmt von Weinreben verlieren wir rasch an Höhe. Während wir eine kleine Schutzhütte passieren, genießen wir noch einmal die abwechslungsreiche Gegend, die den Reiz dieser heutigen Wanderung ausmacht. Nach einer Schlaufe durch einen kurzen Waldabschnitt laufen wir unterhalb eines Wingerts (Weinbergs) weiter hinab. Von hier aus erkennen wir den Pavillon, wo wir zuvor die grandiose Aussicht genossen

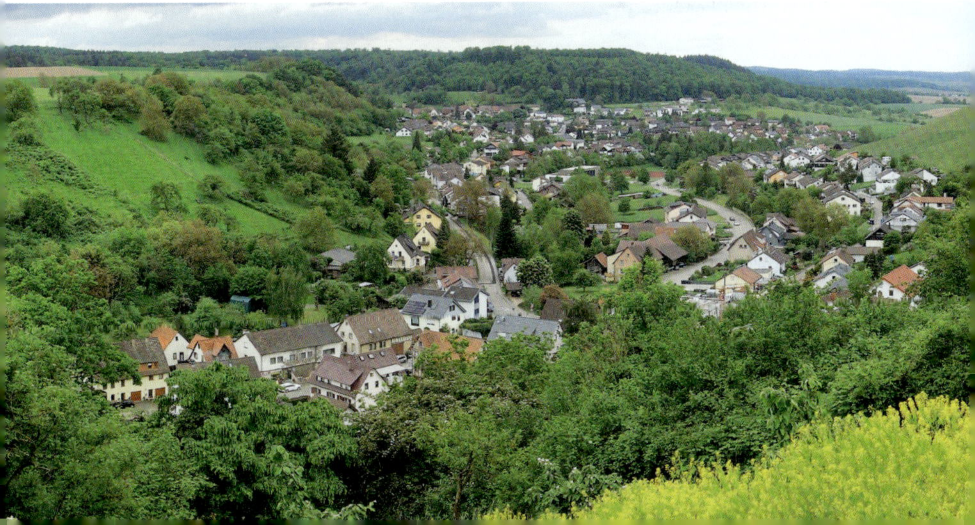

haben. Gemütlich folgen wir jetzt unserem Weg und können unsere Wanderung ganz gemächlich ausklingen lassen, mit hübschem Blick ins sanfte Wiesental, mit Obstbäumen und Wald. Kurz nach einem Wasserrückhaltebecken geht es gleich wieder rechts und wenige Minuten darauf sind wir an unserem Auto angelangt.

Total begeistert und entzückt vom heutigen Tag ziehen wir eine kurze Bilanz: Wir finden diese Wanderung äußerst empfehlenswert, gerade für Erholung suchende Städter bietet sie eine Wohlfühlgarantie. Übrigens: Auf dem **Campingplatz Freudenstein** lässt es sich wunderbar übernachten, zum Beispiel im Campingfass – eine Reservierung ist aber unbedingt erforderlich.

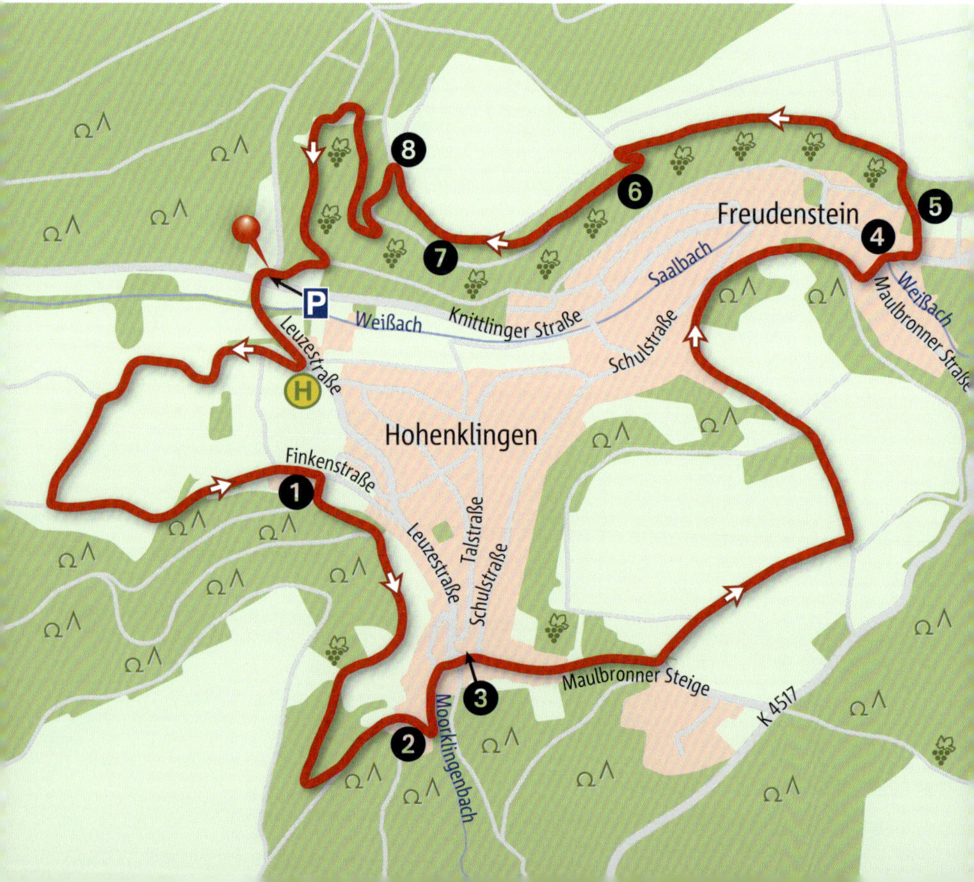

ALLES AUF EINEN BLICK

Entspannung 👟👟👟👟👟
Abenteuer 👟👟👟👟👟
Vielfalt 👟👟👟👟👟

WIE & WANN

Der Anstieg über s' Häldegässle ist etwas steil, wird aber mit einer Traumaussicht belohnt. Sonst leicht zu gehen. Beste Wanderzeit von März bis Dezember.

HIN & WEG

Auto: Wanderparkplatz links vor dem Ort Hohenklingen, Knittlinger Straße, 75438 Knittlingen
ÖPNV: Haltestelle Knittlingen-Hohenklingen Wette

ESSEN & ENTSPANNEN

3 **Gasthaus zum Lamm,** Maulbronner Steige 3, 75438 Knittlingen-Hohenklingen, Tel. (0 70 43) 69 38

ENTDECKEN & ERLEBEN

1 **Buschackerhof**
2 **Hohenklingen**
4 **Freudenstein Ortsmitte**
5 **s' Häldegässle**
6 **Weinberg Hollstein**
7 **Picknickbank mit Traumblick**
8 **Aussichtspavillon**

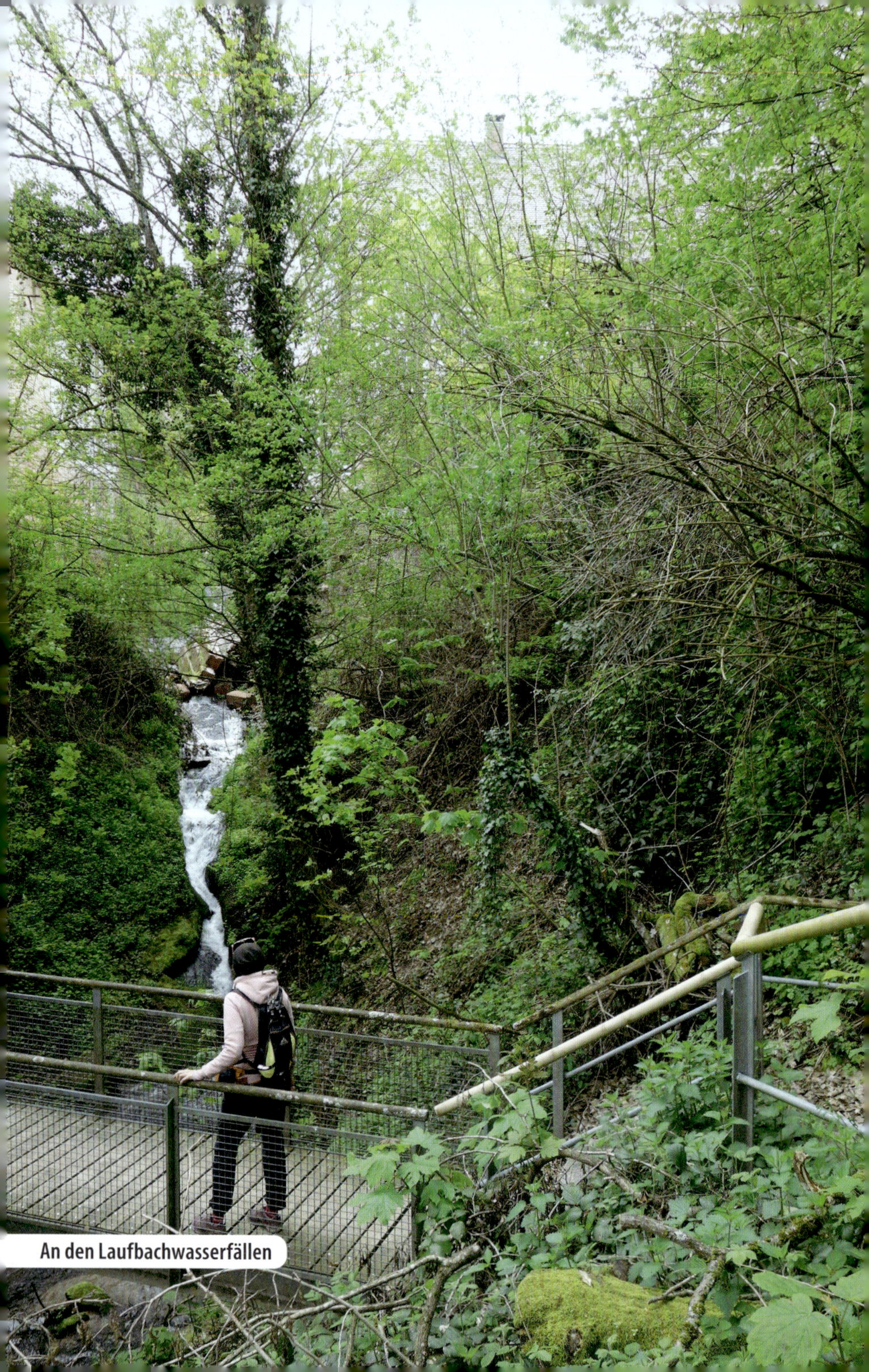

An den Laufbachwasserfällen

Rundumblick

Zu den Laufbachwasserfällen

Diese Wanderung verdient das Prädikat Traumrunde, denn sie hat durchaus großes Potenzial. Die Panoramarunde verspricht wechselnde Stimmungsbilder von malerisch bis wildromantisch, etwas magisch und märchenhaft, aber auch ländlich und dann wieder schroff. Wir erhaschen faszinierende Weitblicke hinüber zu den Schwarzwälder Bergen, ins ländliche Loffenau bis zu den Vogesen. An den Laufbachwasserfällen genießen wir die erfrischende Kühle und freuen uns an dem facettenreichen Perspektivwechsel, den wir immer wieder mit unserer Fotokamera festhalten. Diese Tour ist ein echter Geheimtipp, ideal für eine kleine, aber feine Auszeit, eingebettet in ein idyllisches und abwechslungsreiches Landschaftspanorama.

Gleich zu Beginn führt die Panoramarunde zum ***Aussichtspunkt Bergle*** *hinauf und gibt einen Prachtblick auf Loffenau preis.*

Wir stellen unser Fahrzeug am Parkplatz beim **Kurpark** in Loffenau ab und gehen von dort den Kändelweg in Richtung Marktplatz, wo wir uns links der Unteren Dorfstraße zuwenden. Die Tour führt uns mit der **grün-weißen Markierung** an herrlichen Fachwerkhäusern vorbei, wie dem schnuckeligen altehrwürdigen **❶ Restaurant Alte Zunft,** in das wir am Ende der Tour einkehren. Bald leitet uns die Route halb rechts empor. Gleich schon verlassen wir den lieblichen Ort und erfreuen uns hinter den Obstbaumwiesen an einem weiten Blick. Was für eine schöne Gegend! Wir sind völlig hingerissen von der ländlichen Idylle und schalten in den Wohlfühlmodus. Ohne Mühe gelangen wir zur Kreuzung Kreuzstich und gehen rechts hinauf bis zum **❷ Aussichtspunkt Bergle** auf 340 Metern Höhe. Der Fern-

Kilometer: 6,9
Höhenmeter: 260
Stunden: 2,5
RUNDWEG

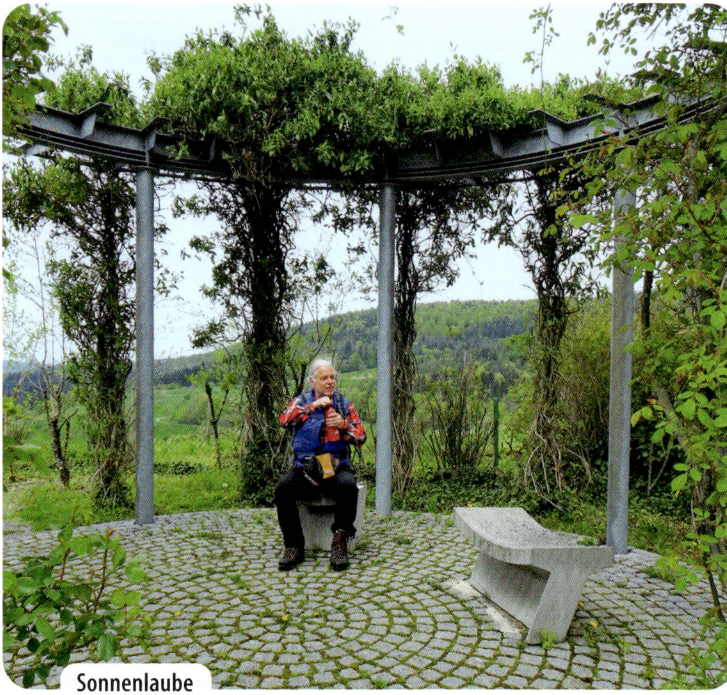

Sonnenlaube

blick auf die Schwarzwaldberge und das gegenüberliegende Tal begeistert. Solche Momente belohnen für alle Anstrengungen, die man beim Wandern so auf sich nimmt.

Kurz nach der Kuppe führt ein hübscher Pfad links und wir lassen uns von den vielen Grüntönen der Schwarzwaldbäume bezaubern. Auch die kleinen Gärten sind liebevoll angelegt und bieten ein abwechslungsreiches Bild. In gemütlichem Tempo folgen wir voller Erwartung der Markierung, die uns talwärts bringt, und beim Ortsrand führt uns ein kleiner Pfad zu den ❸ **Laufbachwasserfällen** hinab. Beeindruckend, wie gewaltig das Wasser unter der Brücke tosend ins Tal fließt. Was für ein Naturschauspiel!

Stufen bringen uns auf der anderen Seite wieder bergwärts. Unser Weg führt uns an einer Mauer ent-

*Die **Laufbachfälle** befinden sich in einer kleinen, wildromantischen Schlucht. Sie stürzen in mehreren Stufen etwa 50 Meter in die Tiefe.*

lang und bald erreichen wir wieder Loffenau. Der Laufbachweg führt nun nach links und wir folgen einem Bergweg in Kehren zur sogenannten ❹ **Sonnenlaube** hinauf. Dieser Aussichtspunkt in 335 Metern Höhe auf dem Pfarrberg bietet mit seiner Rankbegrünung, die sich im Sommer in ein hübsches und Schatten spendendes Blütendach verwandelt, nicht nur einen unverwechselbaren An- und Ausblick, sondern dient auch als perfekter Rastplatz für Ruhesuchende oder müde Wanderer. Von hier aus blicken wir zur sandsteinernen Heilig-Kreuz-Kirche und zur Teufelsmühle mit Aussichtsturm, die auf dem Hausberg von Loffenau in 908 Metern Höhe thront und ein Wanderheim beherbergt.

Für die Seele

Der Panoramaweitblick über Loffenau bis zu den Baden-Badener Hausbergen wirkt entspannend.

Die stilisierte Sonnenlaube auf dem Pfarrberg ist das Wegzeichenlogo für die ***Panoramarunde Loffenau.***

Nun folgen wir dem Reiterweg durch ein Wohngebiet bis zum Waldrand. Dort steigen wir auf einem romantischen Wiesenweg weiter bergan, bis halb links ein Waldpfad zu einem **Grillplatz** leitet. Ein angenehmer Duft von Gegrilltem steigt uns in die Nase, hier nutzen heute ein paar Leute den Grillplatz. Da läuft einem fast das Wasser im Munde zusammen. Wir biegen kurz nach dem Rastplatz halb rechts in den Naturpfad ein und gelangen bald zum **Grenzstein am Roten Rain.** Wir genießen die angenehme Atmosphäre hier im Wald und kommen mit Leichtigkeit in einen Zustand von Ruhe und Gelassenheit. Noch behalten wir unsere Richtung bei und treffen dann auf einen Forstweg, der uns in einer großen Kehre den Zimmerleiweg hinunter zur Landstraße führt. Während wir die Fahrbahn überqueren, stellen wir erneut fest, wie sagenhaft schön es hier ist. Der grandiose Blick über die Tannen im Schwarzwälder Tal und die tolle ländliche Idylle begeistern uns. Wir können bis zur Waldschneise des Kaltenbronner Skihangs blicken.

Entlang einer Grünfläche gehen wir hinauf, bis uns die Markierung auf einen traumhaften Wiesen-

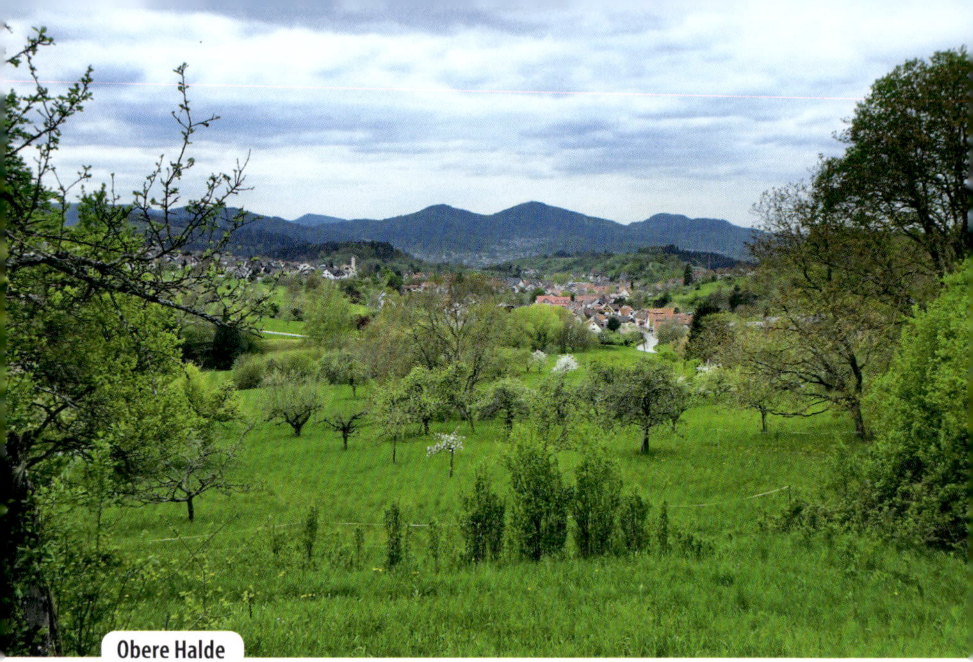

Obere Halde

pfad lenkt, der sich malerisch und wildromantisch oberhalb des Orts dahinschlängelt. In der **oberen Halde** breitet sich eine weite Hügellandschaft vor uns aus und rahmt ästhetisch das sanfte Hochtal ein. An einer Sitzbank unter einer **stattlichen Eiche** gönnen wir uns eine kleine Auszeit und genießen das fantastische Panorama, das sich hier von seiner schönsten Seite zeigt. Das sind pure Streicheleinheiten für die Seele, besonders wenn es hier gerade überall in den leuchtendsten Farben blüht, kann man herrlich Energie tanken. Leichten Fußes setzen wir unseren Weg fort und vernehmen schon bald immer deutlicher das sanfte Plätschern des Laufbachs, der sich fast wie im Bilderbuch hinunter ins Tal windet. Abermals zeigt die Tour sich von einer neuen, wunderbaren Seite. Wie entspannend sich doch das besinnliche Plätschern auf uns auswirkt. Wir sind sofort viel gelassener und definitiv im Wohlfühlmodus angelangt. Erneut kreuzen wir den **5 Laufbach** und wandern dann in Ortsrandlage links hoch zum Waldrand, wo unser Weg rechts weitergeht. Noch einmal läuft die Panoramarunde zur Höchstform auf, denn an klaren Tagen schweift unser Fernblick bis zu den Vogesen. Einfach traumhaft.

Im weiteren Verlauf überqueren wir einen kleinen Wildbach. Vor einem Haus führt unsere Route dann links hinauf bis zu einem festen Weg; dort laufen wir rechts zum Bocksteinweg. Blühende Besenginster säumen den Weg und einige Sitzbänke laden zur Verschnaufpause in Aussichtslage ein. Bald führt die Tour in den Forst und wir achten auf den Pfad in den **Märchenwald,** der übrigens vom hiesigen Kindergarten angelegt wurde. Echt nett gemacht. Dieser Waldabschnitt hat tatsächlich einen magisch-verwunschenen Touch und wirkt mit seinen moosübersäten Baumstümpfen fast mystisch. Wir überqueren auf einer kleinen Holzbrücke den **Igelbach** und folgen dem wurzeligen Pfad bergauf. Weiter geht es rechts und dann kommen wir am **Waldkindergarten** und am **6 Reiterstüble** vorbei, das indische Küche serviert. Unterhalb des Tennisplatzes laufen wir linksseitig an einem Obst- und Gartenbaubetrieb vorbei und biegen bei der zweiten Gelegenheit links ab. Bald schon führt ein

Am Igelbach

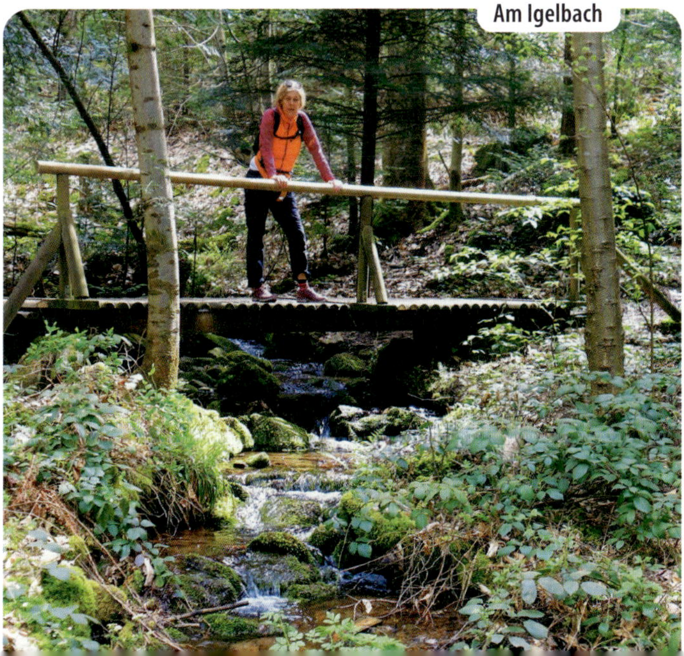

Pfad nach rechts und bringt uns zur Lautenbacher Straße. Rechts versetzt geht es in hübscher Ortsrandlage auf einem Feldweg entlang, der uns gemütlich talwärts nach Loffenau zurückbringt. Jetzt achten wir auf unsere Markierung, die uns von der Ringstraße über die Reifenrotstraße und Igelbachstraße kurzweilig zum Kurpark zurückleitet.

Von diesem schönen Wandertag nehmen wir ein erfrischendes Gefühl von Entschleunigung mit und auch sehr malerische Eindrücke, die sich tief in unser Gedächtnis einprägen. Unsere Wanderung lassen wir bei einer Einkehr in der **Alten Zunft** ausklingen, der guten alten badischen Dorfstube von anno 1855. Hier haben frisch zubereitete Speisen oberste Priorität.

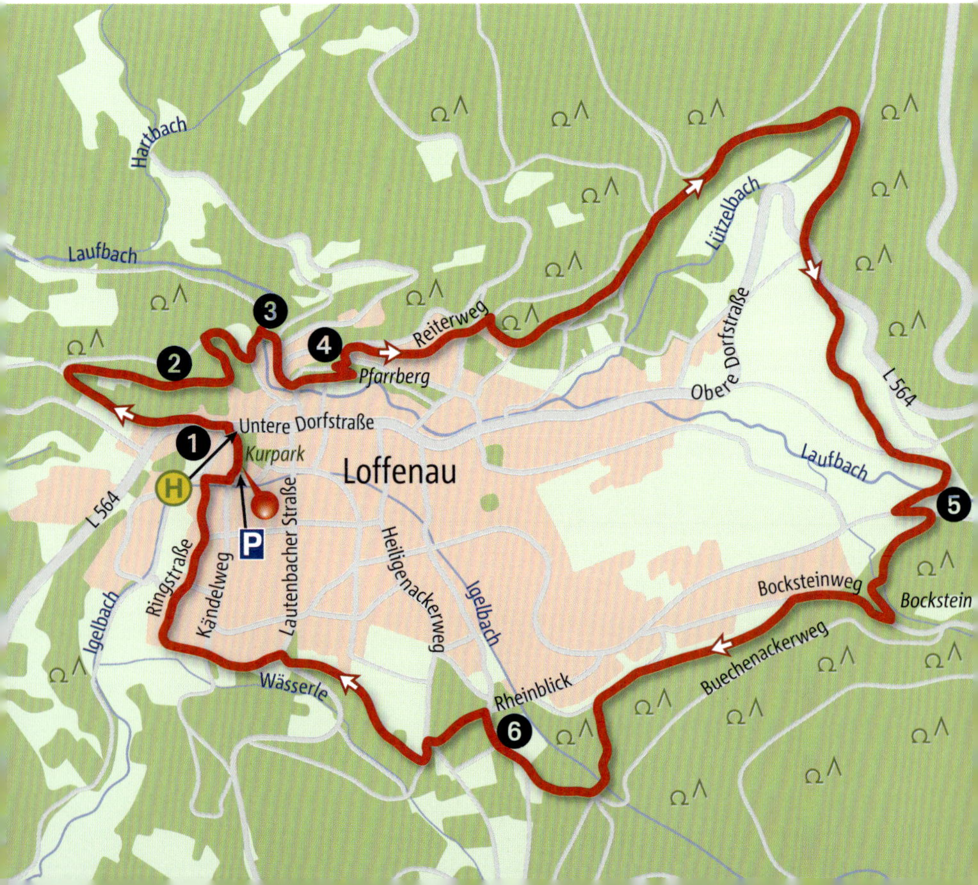

ALLES AUF EINEN BLICK

Entspannung 5/5
Abenteuer 4/5
Vielfalt 5/5

WIE & WANN

Die Wege sind problemlos wanderbar, weisen aber durchaus so manche Steigung auf. Beste Wanderzeit von März bis Dezember.

HIN & WEG

Auto: Parkplatz am Kurpark, Kändelweg, 76597 Loffenau
ÖPNV: Haltestelle Loffenau Marktplatz

ESSEN & ENTSPANNEN

1 **Gasthaus Alte Zunft,** Untere Dorfstraße 51, 76597 Loffenau, Tel. (01 74) 2 09 11 28, www.zunftstube-loffenau.de
6 **Reiterstüble Bollywood Spice,** Weg zum Dachsfelsen 1, 76597 Loffenau, Tel. (0 70 83) 7 41 14 00, www.bollywood-spice-loffenau.de

ENTDECKEN & ERLEBEN

2 **Aussichtspunkt Bergle**
3 **Laufbachwasserfälle**
4 **Sonnenlaube**
5 **Laufbach**

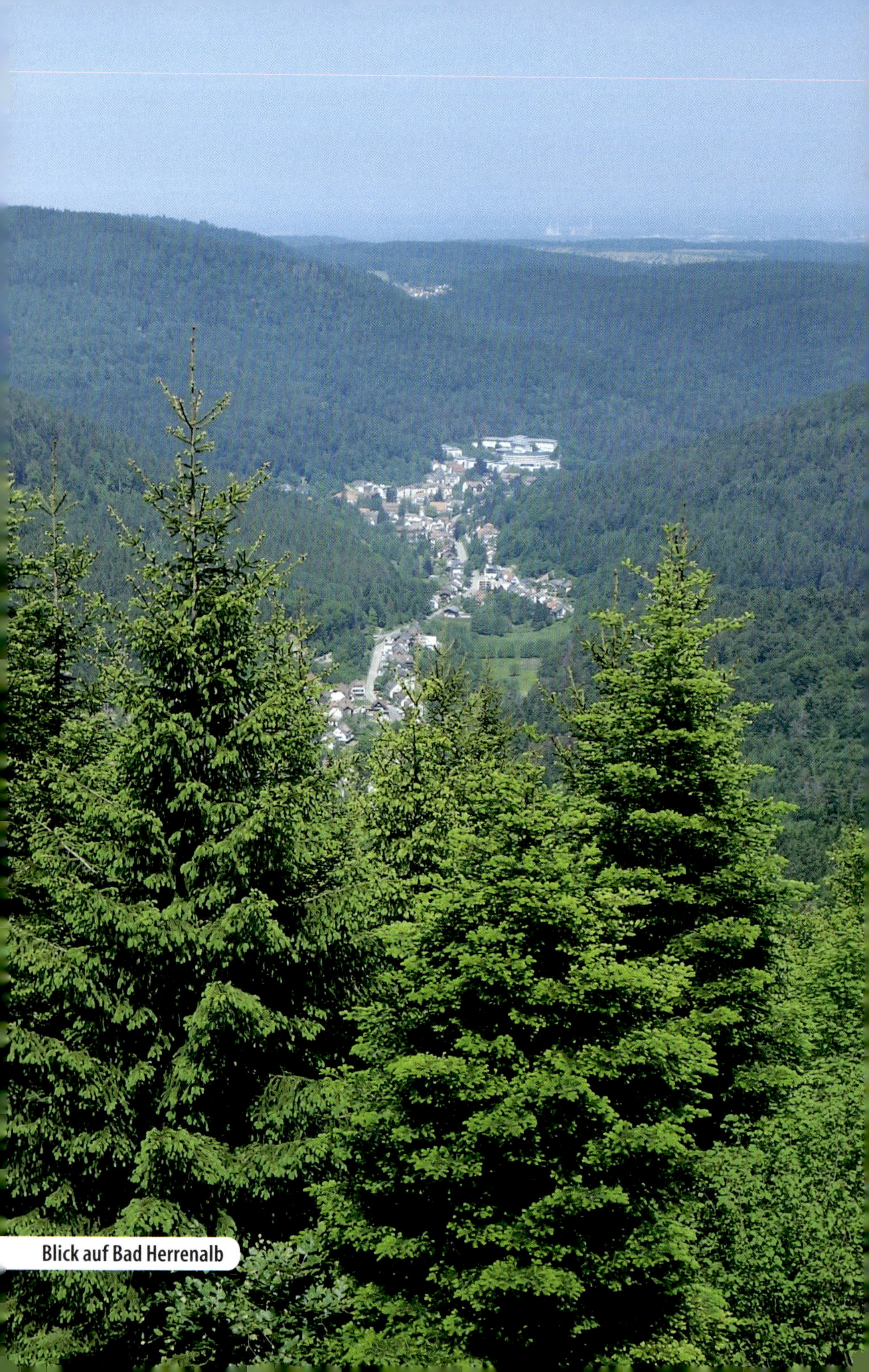

Blick auf Bad Herrenalb

Tälerblick

AugenBlick-Runde Bad Herrenalb

Die AugenBlick-Runde eignet sich bestens, um zur Entspannung das Handy mal für ein paar Stunden auszuschalten und aus dem Alltag abzutauchen, der uns mit seinem Überangebot an Informationen ständig ablenkt. Gönnen wir uns für den Augenblick dieser Wanderung Zeit, uns auf unser Körper-Geist-Seele-Befinden zu konzentrieren, um wieder ganzheitlich im Hier und Jetzt anzukommen. Wenn wir mit der Natur interagieren, schöpfen wir in dieser herrlich schönen Schwarzwälder Gegend um Bad Herrenalb Kraft und Energie, atmen die gute Höhenluft und können uns ganz auf die schöne Naturoase und die tolle Atmosphäre einlassen. Die famose Fernsicht ist ein zusätzliches Highlight. Entrückt vom Alltag finden wir hier absolute Ruhe und aktive Entschleunigung. Die grünen ausgedehnten Wälder, angereichert mit erdig-harzigen Düften, die wir heute durchstreifen, entpuppen sich als wahre Energiekrafttankstelle.

Von Bad Herrenalb aus fahren wir bis zum Talende des **Oberen Gaistals** hinauf und können bereits jetzt die faszinierende Landschaft genießen. Oberhalb des **Skilifts** starten wir rechts der ❶ **Talwiesenschänke** unsere **AugenBlick-Runde,** in der wir am Ende unsere Tour gemütlich ausklingen lassen wollen. Achtung, die AugenBlick-Ausschilderung ist nur an wichtigen Kreuzungspunkten markiert, ansonsten folgen wir den Rautenschildern in verschiedenen Farben (werden im Text benannt). Nach nur wenigen Schritten gehen wir am Hülsgraben links ins Wasserschutzgebiet und folgen der **gelben**

Kilometer: 15,9
Höhenmeter: 420
Stunden: 5
RUNDWEG

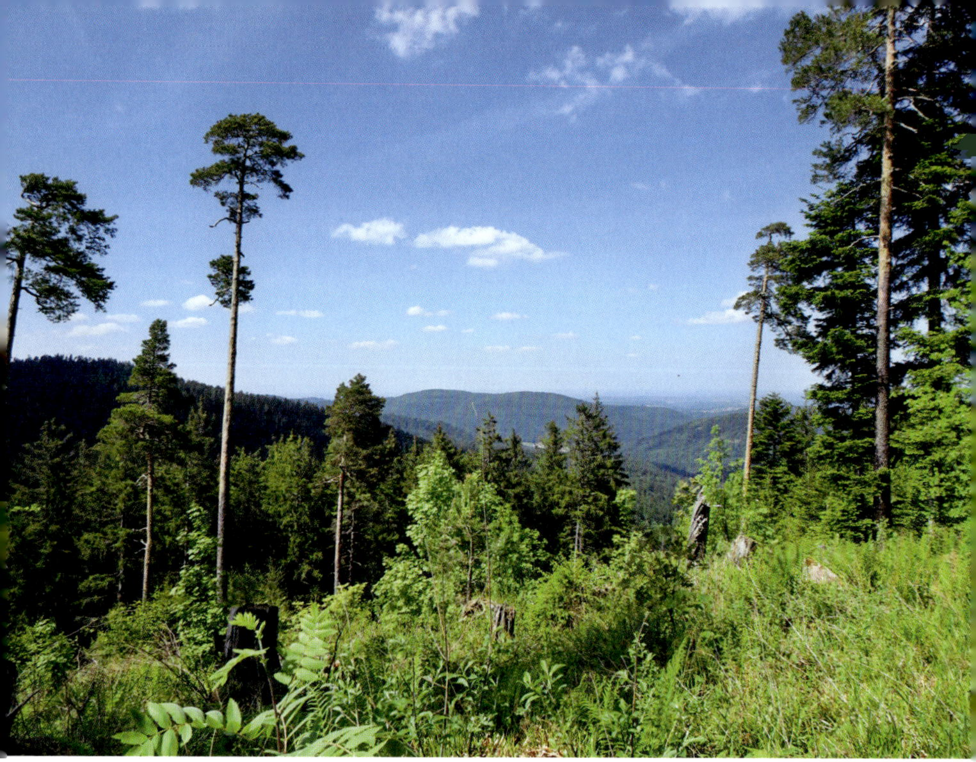

Raute. Umgeben von Wald steigen wir beständig bergauf und haben uns schon nach kurzer Zeit warm gelaufen. Durch teils lichten Wald erspähen wir immer mal wieder Bad Herrenalb, das unten im Tal liegt. In weiter Ferne ist Karlsruhe schemenhaft sichtbar. Im Nadelwald duftet es harzig-frisch und der Wind säuselt durch die Wipfel, während wir um das tief eingeschnittene Hirschgrasloch wandern. Moosbewachsene Buntsandsteine und Baumstämme auf dem Weg verleihen dem Wald etwas Mystisch-Märchenhaftes.

Eine Steinsitzbank aus dem Jahr 1819 gilt es zu entdecken, kurz darauf erreichen wir die **Schutzhütte** am **❷ Weithäusleplatz,** die auf 822 Metern Höhe liegt. Eine kurze Verschnaufpause können wir auf einer der zahlreichen Bänke einlegen. Nun biegen wir scharf rechts ab und folgen der **roten Raute** entlang des Hahnenfalzwegs. Unsere Steigung lässt langsam nach. Steine knirschen unter unseren Sohlen. Fast scheint der Himmel zum Greifen nah, während wir so zwischen Tannen und Fichten entspannt dahinwandern. In einer Linkskurve erreichen wir eine tolle Aussichtsloge, bei der zwei Himmelsliegen platziert sind. Hier erhaschen wir wieder einen genialen Blick ins Tal, nur dieses Mal von viel weiter oben. Beim Weitergehen genießen wir die kurzweilige Strecke, hängen unseren Gedanken nach und sind dann auch schon am ❸ **Aussichtspavillon Schweizerkopfhütte** angelangt. Tief fällt der Blick hinab ins liebliche Gaistal und hinüber zum Grenzert- und Langmartskopf. Vom famosen Panorama beflügelt, folgen wir dem fantastischen Höhenweg.

Für die Seele

Weite erfahren und Fernblicke, so weit das Auge reicht – wir sind zu Gast im Nordschwarzwald.

Sobald sich der Forst wieder öffnet, entdecken wir linksseitig die hölzerne ❹ **Aussichtskanzel Kurzhüttensteigle.** Der einmalige Dreitälerblick auf das Alb-, Murg- und Rheintal besticht und ganz am fernen Horizont ragt sogar stolz der Pfälzerwald auf. Schon bemerkenswert, wie weit der Blick von hier oben reicht. Wieder auf unserem Forstweg zurück, wählen wir an der Gabelung am Hinteren Steigle den steinigen Pfad. Wir gehen konzentriert und achtsam durch den dichten Tannenwald. Zwischen den Steinbrocken wachsen

Nicht wundern, wenn auf dem Höhenweg zahlreiche Wanderer mit großen Rucksäcken unterwegs sind: Wir gehen einen Abschnitt des legendären ***Westwegs,*** *der auf 285 Kilometern durch den Schwarzwald leitet.*

Schweizerkopfhütte

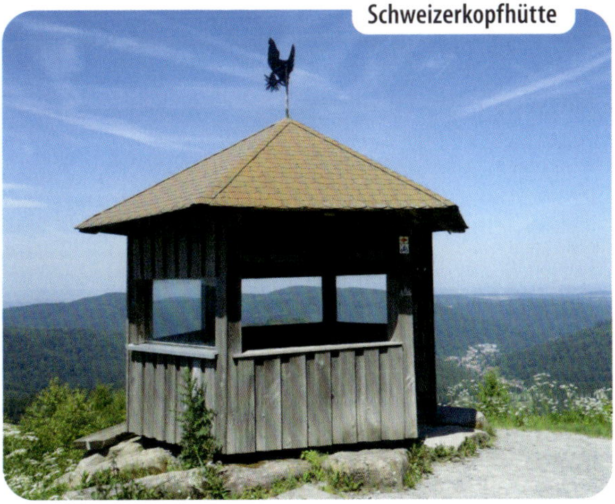

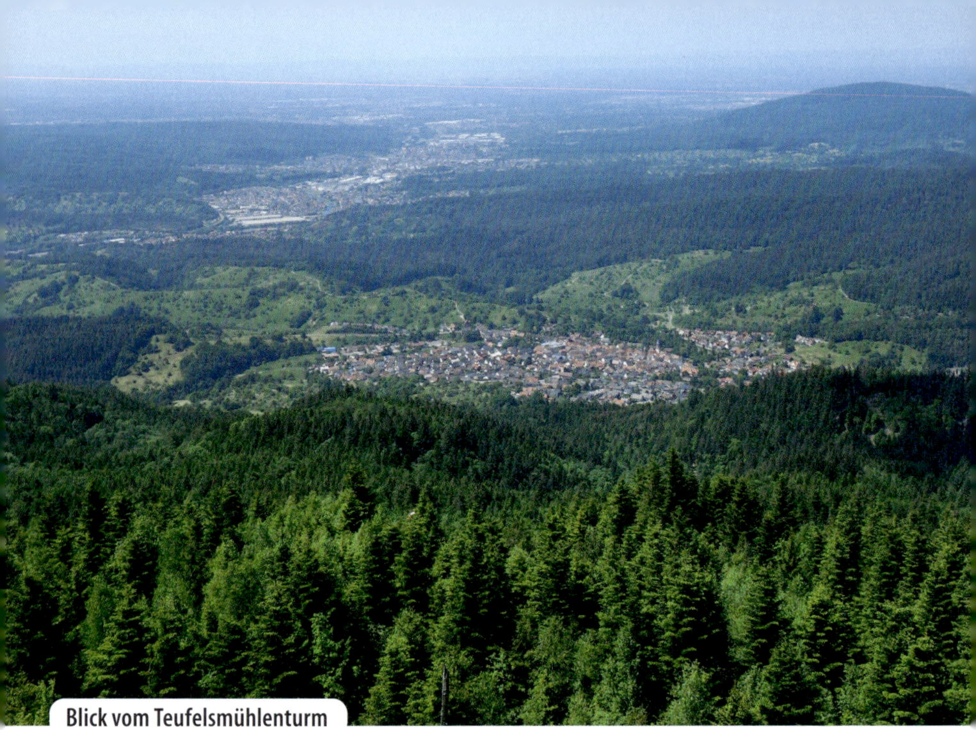

Blick vom Teufelsmühlenturm

jede Menge Heidelbeerbüsche. Leider sind die Beeren noch nicht reif, aber die vielen grasgrünen Früchte versprechen dieses Jahr eine reiche Ernte. Der Traumpfad bringt uns zur **5 Hahnenfalzhütte** auf 876 Metern Höhe. Achtung, den folgenden Abschnitt werden wir später wieder zurückwandern, denn bei der Hütte beginnt dann unser Abstieg für den Rückweg.

An einem Brunnen können wir uns etwas erfrischen und dann folgen wir der **gelben Raute,** die nun wieder unseren Weg markiert. Der mäßige Anstieg führt uns auf eine Kuppe, dort folgen wir dem Oberen Axtlohweg und verlassen das Wasserschutzgebiet. An einer weiteren steinernen Sitzbank behalten wir die Richtung bei und laufen teils aussichtsreich neben einem Heidelbeermeer. Der lange, gerade Abschnitt bringt uns in einen fast meditativen Zustand, in dem wir eine Art innere Einkehr erfahren können, wenn wir uns darauf einlassen. Während wir beständig an Höhe verlieren, gelangen wir zu einer lang gezogenen Rechtskurve und achten auf den romantischen Pfad, der direkt zum Grenzertparkplatz leitet. Übrigens befindet sich hier die **Heinz-Deininger-Sternwarte.** Von dort aus gehen wir jetzt mit der **blauen Raute** zum etwa 300 Meter entfernten Höhenrücken der **6 Teufelsmühle,** wir befinden uns jetzt auf 900 Metern Höhe. Etwas versetzt des Wegs gelangen wir zum sandsteinernen **Aussichtsturm.** Wir steigen die 74 Stufen zur Plattform hinauf und genießen den tollen Blick. Diese Aussicht zählt zu den schönsten im Nordschwarzwald. In der Tiefe erblicken wir Loffenau, links Gernsbach. Der Blick schweift weit durchs Mugtal bis Rastatt und zum quer verlaufenden Rheintal, rechts liegt Karlsruhe. Über Gernsbach ragt der Baden-Badener Hausberg Merkur auf. Am fernen Horizont ist auch die Hügelkette der nördlichen Vogesen sichtbar. Bei diesem atemberaubenden Ausblick zu einigen der schönsten

*Vom **Höhenweg** und dem **Teufelsmühlenturm** bestechen Fernblicke ungeahnter Weite.*

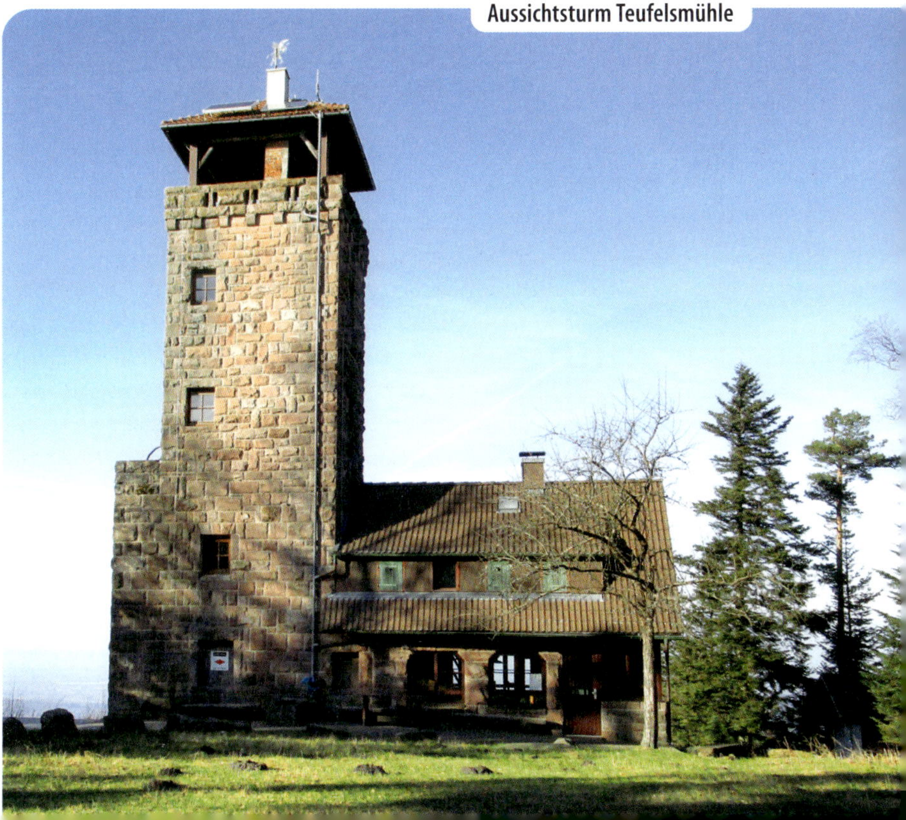

Aussichtsturm Teufelsmühle

Bergspitzen des Nordschwarzwalds geht einem das Wanderherz auf.

Nach der Besichtigung des Turms spazieren wir zum 7 **Höhengasthaus Teufelsmühle,** das jedoch nur samstags und sonntags geöffnet hat. Gleich nach dem Gasthaus folgen wir dem steinigen Pfad, der uns kurzweilig durch den Wald führt. Wanderstiefel mit griffigen Sohlen sind hier von Vorteil. Große Steine und alte verwitterte Grenzsteine säumen unseren Weg, während wir gut gelaunt den Höhenrücken entlangspazieren. Bald durchlaufen wir ein liebliches Birkenwäldchen, der Boden ist sandig weich und wir saugen die Natur in uns auf, die das Wandern in dieser Gegend so reizvoll macht. Auf dem **Langmartskopf** biegen wir links ab und erreichen wieder die zweite steinerne Sitzbank, an der wir auf dem Hinweg schon vorbeigekommen sind. Hier gehen wir jetzt rechts und der uns bekannte Weg zur **Hahnenfalzhütte** führt uns zum finalen Abstieg.

An der Hütte angekommen, machen wir eine ausgiebige Vesperpause, denn hier laden in reizvoller Naturkulisse mehrere Rastbänke zum Verweilen ein. Da schmeckt es doch gleich doppelt lecker. An diesem herrlichen Flecken Erde könnten wir Stunden verbringen, Kraft tanken und einfach der Seele ihren Freiraum geben. Doch langsam sollten wir aufbrechen, denn der Abstieg erfordert noch einmal volle Konzentration. Die **blaue Raute** weist uns den Weg und führt uns auf den markierten Waldpfad, übersät mit teils rutschigen Steinen und von Wurzeln durchzogen. Wir steigen achtsam hinab und üben uns bewusst im konzentrierten Gehen, indem wir uns ganz auf unsere Schritte fokussieren. Das macht den Kopf frei von wilden Gedankensprüngen und bringt uns ins Jetzt und Hier.

Ein faszinierendes Meer aus Steinen breitet sich in wilder Ordnung vor uns aus. Wir streifen eine weitere Steinsitzbank und einen Quellbach. Den schwierigs-

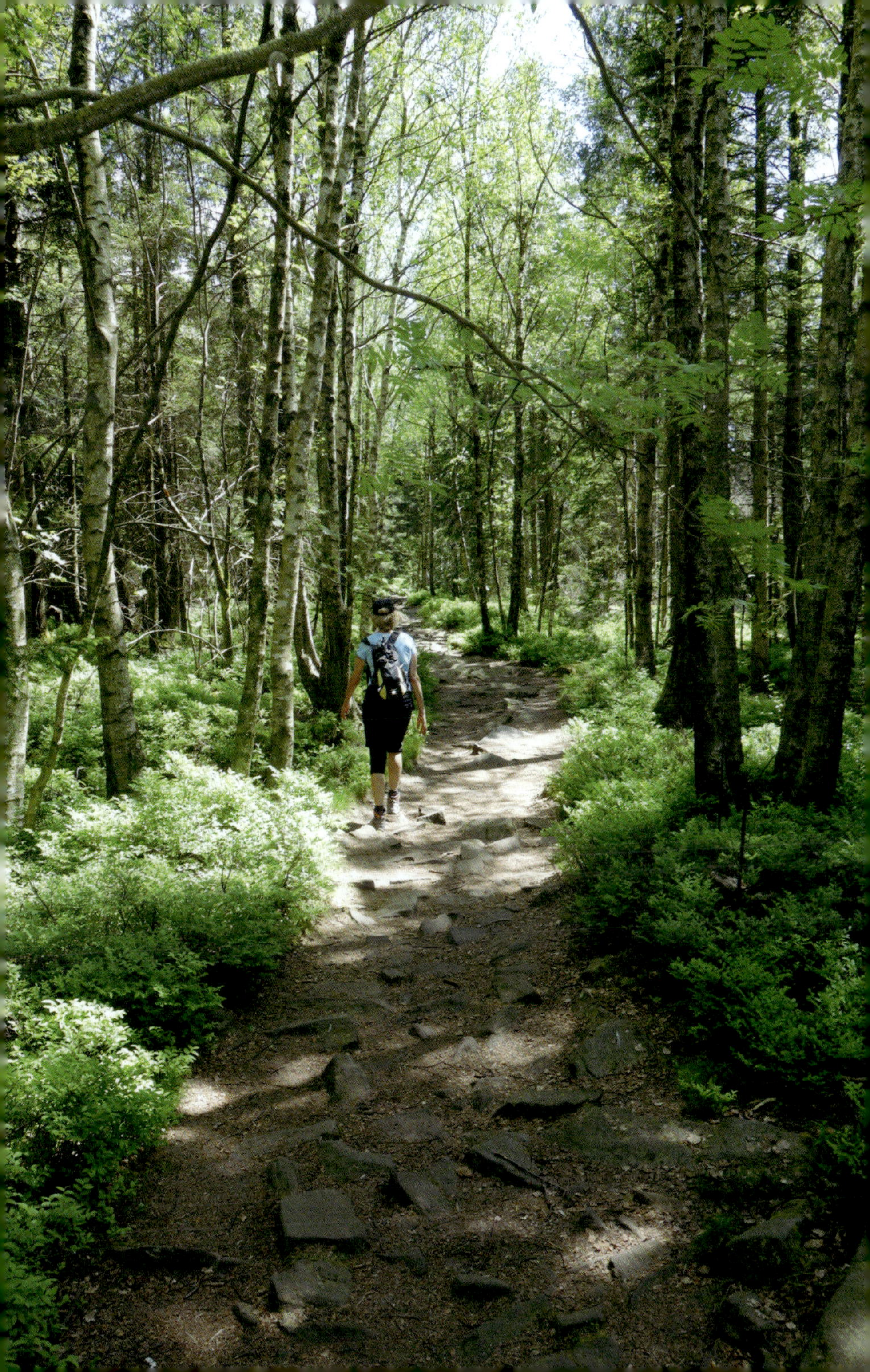

ten Abschnitt haben wir geschafft. Nun geht es beständig weiter talwärts zum **Axtloh,** wo wir der Markierung folgend die Richtung beibehalten. Während wir die letzten Meter erwandern, genießen wir noch einmal die natürliche friedliche Stille, bevor wir unseren Ausgangspunkt wieder erreichen. Schön war's, aber auch etwas anstrengend, doch die Wanderung hat sich auf alle Fälle gelohnt: tolle Aussichten, wunderschöne Pfade, hübsche Waldromantik. An einem sonnigen Tag die Kraft der Natur zu spüren ist pure Lebensenergie.

Mit freiem Kopf und bestens gelaunt erfreuen wir uns in der Skihütte **Talwiesenschänke** an leckeren Maultaschen mit Zwiebelsößle und Kartoffelsalat.

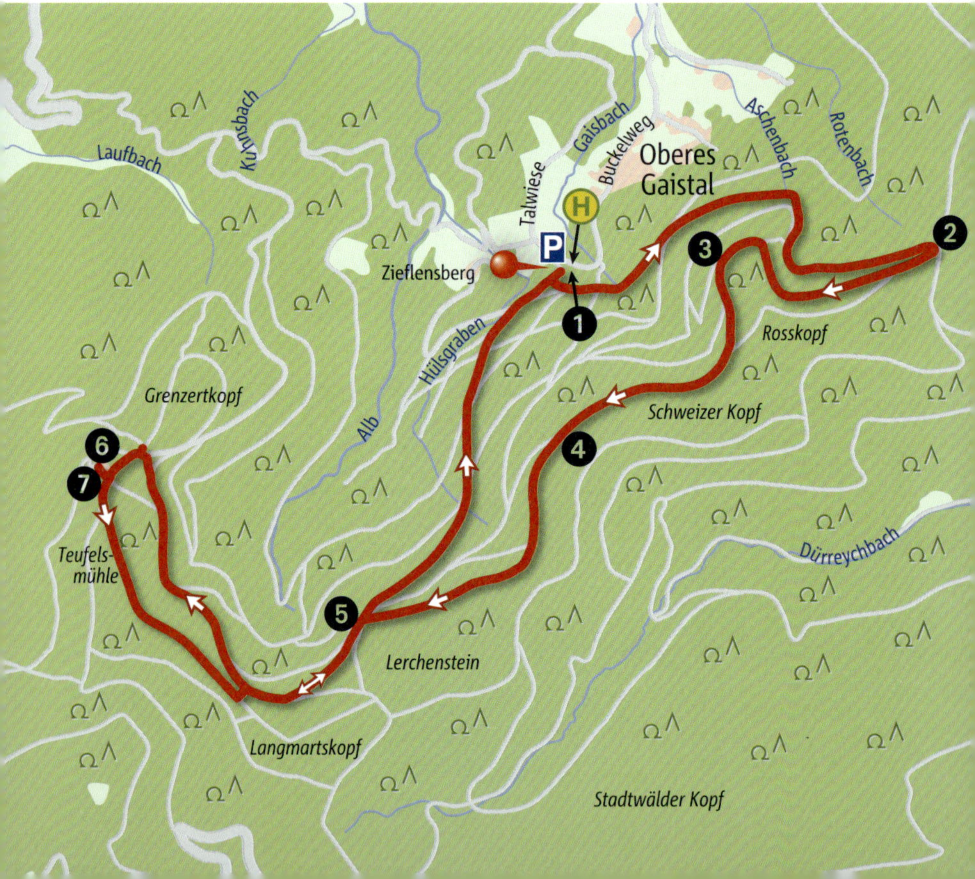

ALLES AUF EINEN BLICK

Entspannung 4/5
Abenteuer 5/5
Vielfalt 3/5

WIE & WANN

Der Weg ist sehr abwechslungsreich – Forstwege, Asphalt und romantische Pfade –, erfordert aber festes Schuhwerk. Beste Wanderzeit von April bis November.

HIN & WEG

Auto: Wanderparkplatz neben dem Gasthaus und Skiheim Talwiesenschänke, Talwiese, 76332 Bad Herrenalb
ÖPNV: Haltestelle Bad Herrenalb Gaistal Talwiese

ESSEN & ENTSPANNEN

1. **Skiheim Talwiesenschänke,** Talwiese 50, 76332 Bad Herrenalb, Tel. (0 70 83) 34 15, www.talwiesenschaenke.de
7. **Höhengasthaus Teufelsmühle,** Teufelsmühle 1, 76597 Loffenau, Tel. (01 76) 41 09 99 69

ENTDECKEN & ERLEBEN

2. **Weithäusleplatz**
3. **Aussichtspavillon Schweizerkopfhütte**
4. **Aussichtskanzel Kurzhüttensteigle**
5. **Hahnenfalzhütte**
6. **Teufelsmühle mit Aussichtsturm**

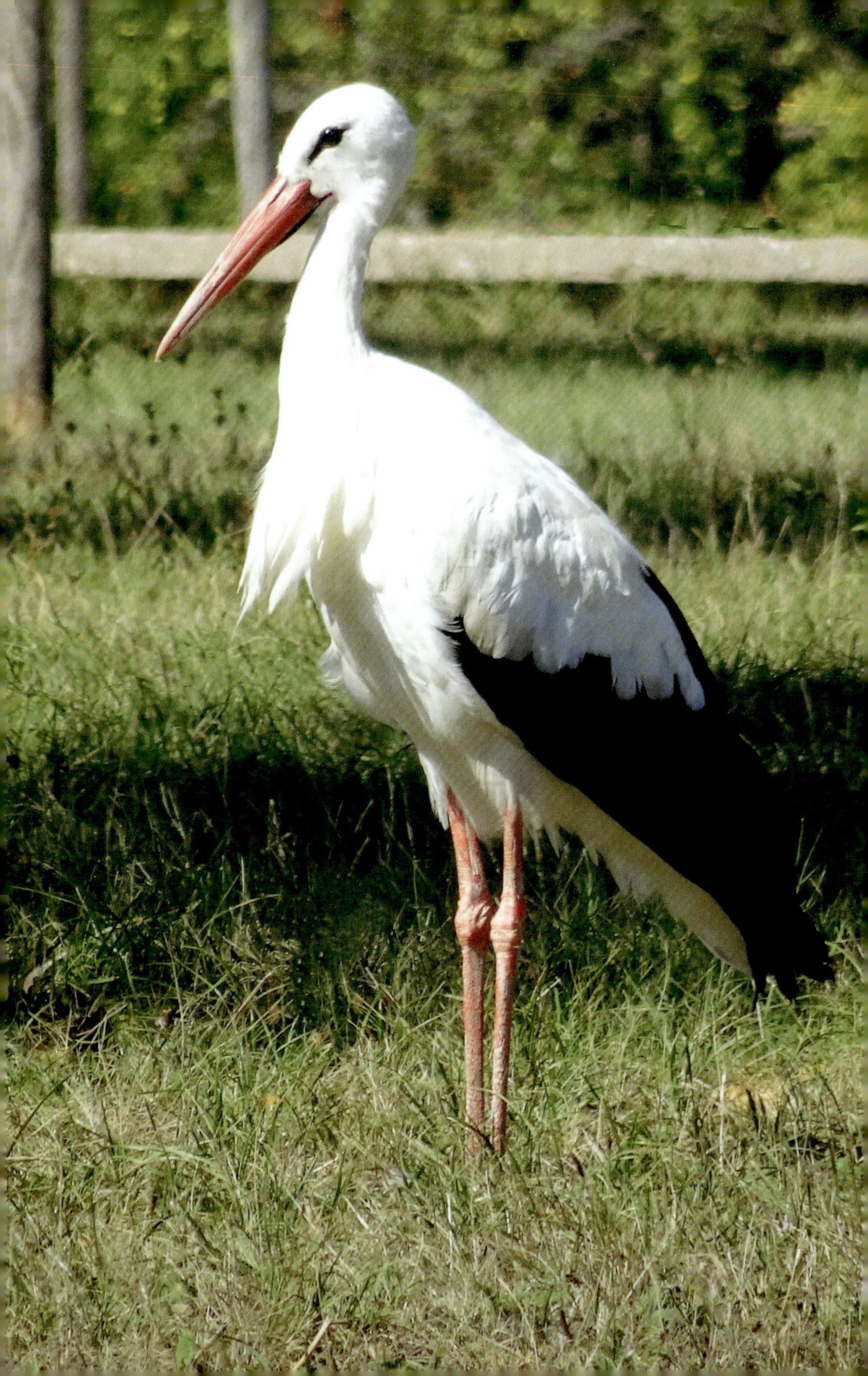

Storchenbesuch

Großer Bellheimer

Unsere heutige Tour führt uns in die Pfalz, in den gemütlichen Ort Bellheim, der auch Gemüsegarten Deutschlands genannt wird: Hier bietet das milde, niederschlagsarme Klima optimale Bedingungen für Kartoffeln, Lauch, Salat und Zwiebeln, für leckeren Spargel, schmackhaftes Bellheimer Bier und ein gutes Tröpfchen Pfälzer Wein. Aber auch Tabak soll hier bestens gedeihen. Wenn im Frühling und Sommer die Queichwiesen geflutet werden, ist das ein einzigartiges Naturerlebnis, vor allem wenn dort Störche zu Besuch sind, die nach Nahrung suchen. Dieses Gebiet bietet nicht nur seltenen Pflanzen und Tieren einen Lebens- und Schutzraum, sondern zählt mit einem ausgeklügelten Bewässerungssystem, das bereits vor 500 Jahren angelegt wurde, um die nährstoffarmen Queichniederungen bewirtschaften zu können, zum Immateriellen Kulturerbe der UNESCO.

Die Brauerei Bellheimer braut mit Wasser aus eigener Tiefenquelle, Malz, Hopfen und Pfälzer Braugerste. Die Brauerei sagt: „Es ist ein Lord!", deshalb ziert ein schwarzer Zylinder das ***Bellheimer Logo,*** *wie auch die Wegemarkierung.*

Unsere heutige Wanderrunde Großer Bellheimer beginnt im Norden Bellheims, genau zwischen dem **Schützenhaus** und dem **Walderlebnisspielplatz** mit Bouleplatz. Von dort aus schreiten wir geradewegs in den Wald. Gleich schon tauchen wir in herrlichen Mischwald ein, der gerade jetzt – Anfang April – so richtig an Grünnuancen zulegt. Der Frühling lässt sich nicht mehr aufhalten, überall bricht er hervor. Das bringt unser Wanderherz so richtig in Schwung. Begleitet von chorartigem Vogelgesang lassen wir den Alltag hinter uns. An den Bäumen entdecken wir die **rote Markierung mit schwarzem Zylinder,** die uns zur Wegfindung dient.

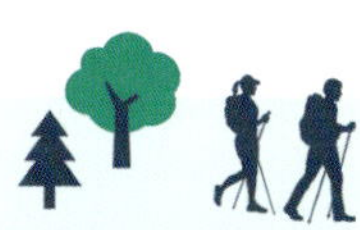

Kilometer: 9,2
Höhenmeter: 10
Stunden: 2,5
RUNDWEG

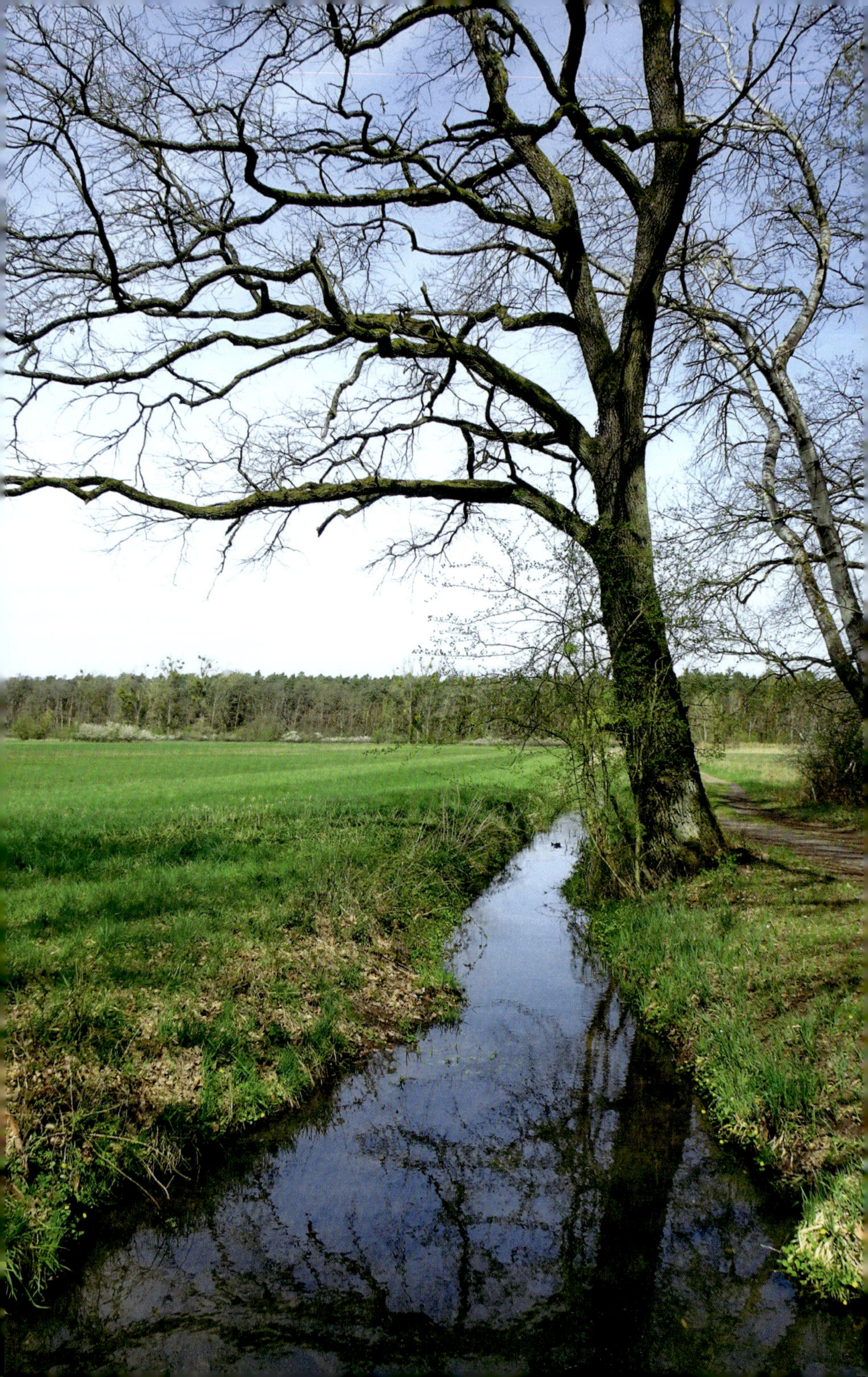

Auf dem breiten Waldweg wandern wir völlig entspannt geradeaus, bis der Wald sich linkseitig ins ❶ **Sollach-Wiesental** öffnet. Dort verweilen wir etwas und genießen den Ausblick bis zum Pfälzerwald. Ach, wie schön – das saftig grüne Gras des Wiesentals tut nicht nur unserer Seele gut, sondern entspannt auch unsere Augen, die über den langen Winter hindurch so lange künstlichem Licht ausgesetzt waren. Am Wassergraben biegen wir rechts ab und bleiben im Wald.

Für die Seele

Bei den Queichwiesen kann man mit etwas Glück Störche beobachten und vollkommen entspannen.

Am Wegesrand sehen wir die ersten Walderdbeeren, allerdings sind sie noch blass. Es fehlt jetzt noch die wärmende Sonne, um die Reifung voranzutreiben. Überall zwitschert und raschelt es. An der nächsten Wegkreuzung halten wir uns links und entdecken an einer stattlichen Eiche das Schild „Neuhaus". Uns fällt auf, dass der Wald überall mit Gräben durchzogen ist. Ob das wohl der Bewässerung dient? Kurze Zeit später erreichen wir am ❷ **Walterplatz** eine Picknickbank, bei der wir halb rechts den Stichweg zur ❸ **Aussichtsplattform für Elwetritsche** einschlagen. Die Plattform ist problemlos begehbar. Vor uns fließt die Sollach ruhig und bedächtig durch den Wald. Hier soll einst das Schloss Friedrichsbühl des Kurfürsten Friedrich II. von der Pfalz gestanden haben, wohl Mitte des 16. Jahrhunderts erbaut. Leider fiel es dem Dreißigjährigen Krieg zum Opfer, nur ein gravierter Gedenkstein ist übrig.

*Die **Elwetrische** ist ein mythenumwobenes Fabelwesen, eine Art Vogel, sie soll eine Kreuzung aus Huhn, Gans, Ente, Elfe und Kobold sein.*

Nach einigen Minuten der Andacht laufen wir den Stichweg zurück und wenden uns beim Rastplatz nach rechts. Gemütlichen Schrittes überqueren wir wenige Meter darauf die **Sollach.** Bald schon führt uns ein Linksabzweig zu dem Forstweg, der neben einem Graben durch den Bellheimer Wald leitet. Als Orientierung dient immer wieder unser Wegzeichen. Uns fasziniert die Artenvielfalt dieses Mischwalds, der stets neue Facetten seiner Naturschönheit zeigt. Beständig

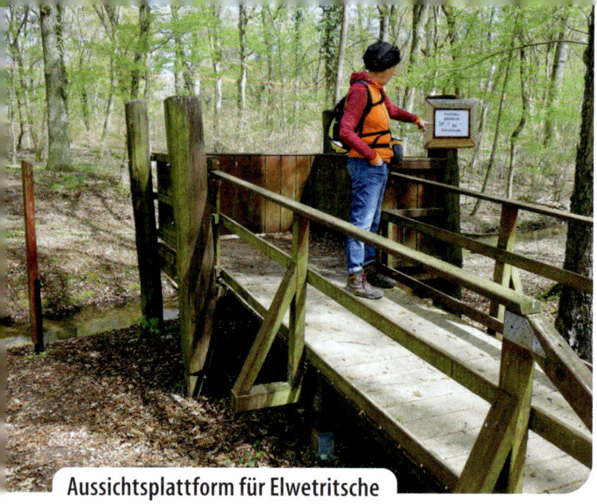

Aussichtsplattform für Elwetritsche

behalten wir die Wanderrichtung bei und ignorieren sämtliche Querwege. Langsam stellt sich uns die Frage, ob wohl der Hauptdarsteller des Films „Der große Bellheim“ – kein Geringerer als Mario Adorf – auch schon hier gewandert ist und so der Film möglicherweise Namensgeber der Tour wurde. Oder ist das eine Mär?

Herrlich, wie schön still es hier ist, ein wunderbares Gefühl der Entschleunigung überkommt uns, während wir durch den Herrenwald gehen, der uns immer neue Seiten zeigt. Achtung, an einer vierfachen Kreuzung etwa 200 Meter von einer Straße entfernt, wandern wir nach rechts. Erste Schmetterlinge flattern durch die Lüfte. Wir erspähen einen Zitronenfalter. Dieser Schmetterling gilt als besonders winterhart. Er hat ein körpereigenes Frostschutzmittel, einfach genial. Stark frequentierte Vogelnistkästen hängen in den Bäumen. Wir laufen immer geradeaus und gelangen zur **4 Reiterstation Zeiskam,** wo wir im **5 Reiterstübchen** einkehren können. Das am Wald gelegene Gasthaus bietet regionale Gerichte, die mit viel Liebe zubereitet werden.

Für einige Meter folgen wir dem Radweg neben der Straße und überqueren kurz darauf die Fahrbahn. Von dort aus geht es am Rand der **6 Queichwiesen** weiter, dort sind mit etwas Glück Störche anzutreffen. Die Wanderung entpuppt sich als ein echter Geheimtipp für stressgeplagte Großstädter, um einmal so richtig loszulassen, aufzutanken und die Ruhe zu genießen. Bald leitet der Große Bellheimer wieder in den Forst und wir schreiten entspannt der Mittagssonne entgegen. Plötzlich vernehmen wir ein schnelles Staccato-Klopfen, das uns sagen will, dass hier in der Nähe ein

Specht sein Revier abgrenzt, um etwaige Rivalen fernzuhalten. Zudem dient das Klopfen als Lockruf für die Weibchen. Hinter der Lichtung Scheidgraben biegen wir links ab und verlassen den Wald. Entspannt wandern wir in Richtung Straße, umgeben von grünen Wiesen, die von gelb blühendem Löwenzahn übersät sind. Löwenzahn hat enorme Heilkräfte, vor allem auf Leber und Galle und für die Nieren. Seine Blätter eignen sich optimal für einen Wildkräutersalat. Auch als Tee oder Suppe kann man ihn genießen – ein echter Allrounder.

Zu bestimmten Terminen wird der Bach für 2 bis 4 Tage gestaut, bis das Wasser knöcheltief auf den ***Queichwiesen*** *steht. Das sichert der Landwirtschaft einen stabilen Heu-Ertrag und fördert bei Pflanzen und Tieren eine große Artenvielfalt.*

Auf einem Schild wird ausführlich das **Bewässerungssystem** erklärt, das hier vor 500 Jahren errichtet wurde. Beeindruckend, wie man mittels geflutetem Wasser den nährstoffarmen Boden für die Landwirtschaft nutzbar machte, unsere Vorfahren waren echt clever. Jetzt folgen wir dem Rad- und Fußweg nach rechts und kommen am Waldfriedhof vorbei. Links der Fahrbahn schreiten wir wieder in den Wald hinein, bald zweigt ein Waldweg links ab, der uns hinter eine Schranke leitet. Genüsslich legen wir Meter um Meter

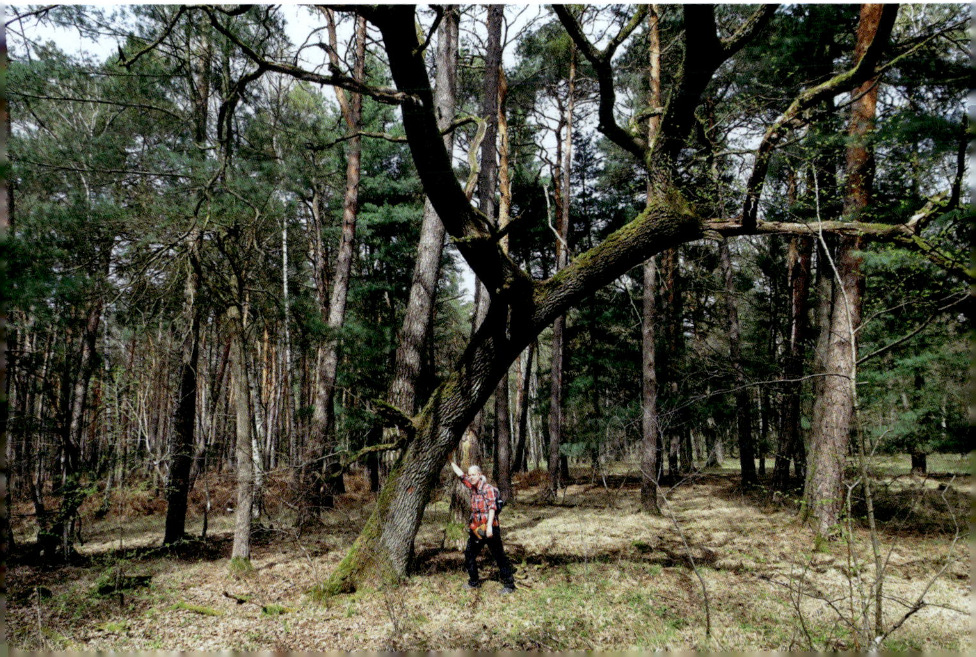

zurück, erfreuen uns der Ruhe und Stille, die uns umgibt, wenden uns an der dritten Kreuzung nach rechts und gelangen so direkt an den **Bellheimer Ortsrand.**

Vor den Häusern schwenken wir nach links und passieren ein Kriegsgräberdenkmal und einen Walderlebnisspielplatz. So kommen wir bald wieder an unserem Ausgangspunkt, dem **7 Schützenhaus Voulas Taverne,** das griechische Küche anbietet. Hier lassen wir unseren Wandertag beschwingt bei Gyros mit Zaziki und einem leckeren Ouzo ausklingen.

Eine wirklich schöne Runde, ideal zur Eröffnung der Wandersaison oder aber, um einfach Kraft zu tanken und für ein paar Stündchen aus dem schnöden Alltagstrott auszusteigen.

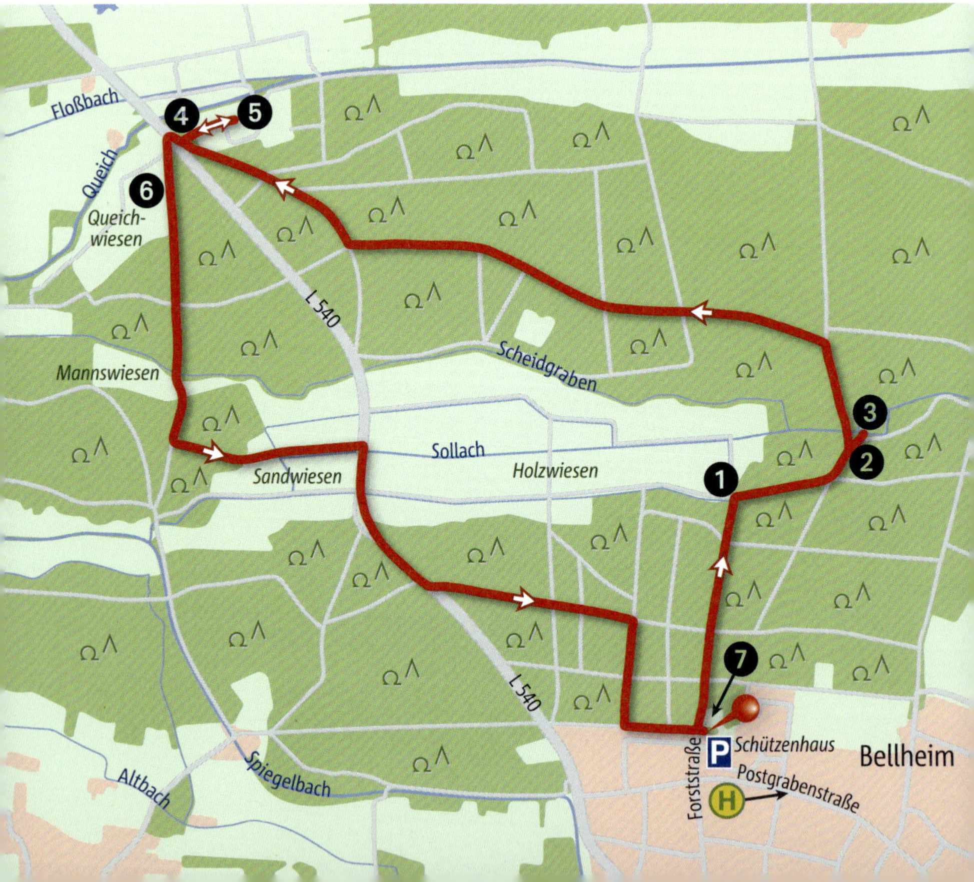

ALLES AUF EINEN BLICK

Entspannung ●●●●○
Abenteuer ●●●●○
Vielfalt ●●●○○

WIE & WANN
Die Wege sind breit und eben, die Route ist ganzjährig begehbar.

HIN & WEG
Auto: Parkplatz beim Schützenhaus, Ende Fortstraße, 76756 Bellheim
ÖPNV: Haltestelle Bellheim Senioren-Zentrum

ESSEN & ENTSPANNEN
5 **Gasthaus Zum Reiterstübchen,** Heinrich-Butz-Weg, 67378 Zeiskam, Tel. (0 63 47) 62 38, www.reiterstuebchen-zeiskam.eu
7 **Schützenhaus Voulas Taverne,** Am Stockweg 1, 76756 Bellheim, Tel. (01 76) 41 81 48 46, www.voulas-taverne.de

ENTDECKEN & ERLEBEN
1 **Sollach-Wiesental**
2 **Walterplatz**
3 **Aussichtsplattform für Elwetritsche**
4 **Reiterstation Zeiskam**
6 **Queichwiesen**

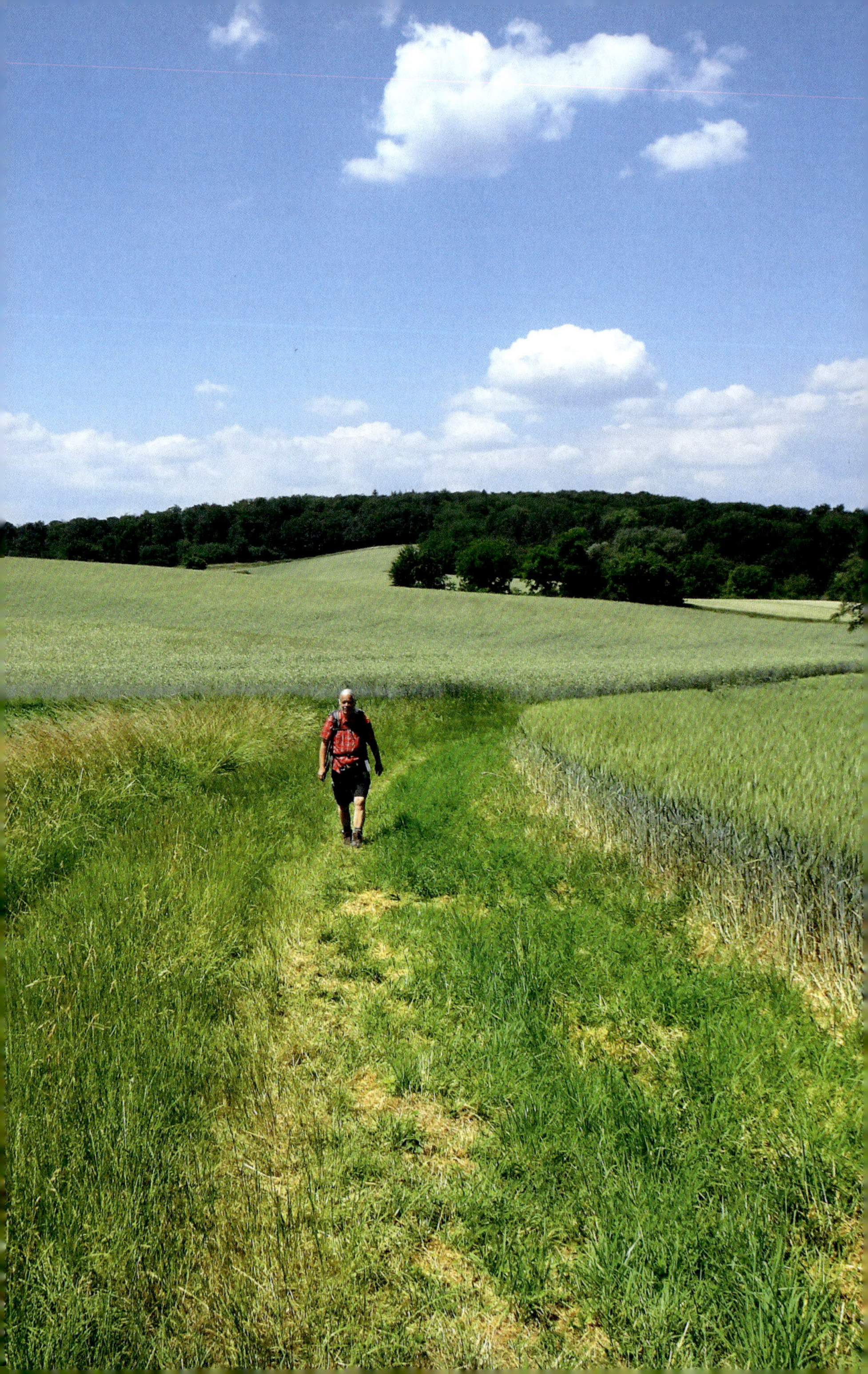

Ländliche Idylle

Weingarten und Sallenbusch

Heute brechen wir auf zu einer idyllischen Stippvisite durch eine hübsche ländliche Gegend, die uns ein Gefühl von Heimat vermittelt. Dabei wandern wir an Feldern, Wiesen und Wäldern entlang, streifen Weinberge, erhaschen wunderschöne Blicke in die Landschaft und genießen unsere freie Zeit genau dort, wo wir die Leichtigkeit des Seins empfinden können.

Wir starten unsere Tour in Weingarten am Parkplatz im Steingaßweg, gegenüber vom Friedhof. Hier sehen wir schon die **grün-weiße WG1-Ausschilderung,** die uns heute Orientierung gibt. Wir folgen ihr in Richtung Katzenberg. Bei den Streuobstwiesen blicken wir zu einem hübschen Weinberg und sind gleich bester Wanderstimmung. Der sanfte Anstieg führt uns an bezaubernden Hobbygärten vorbei und immer wieder erfreuen wir uns an der Fernsicht über die Rheinebene nach Karlsruhe und zum Pfälzerwald. Am Katzenberg behalten wir die Richtung bei und gehen dann auf grobem Schotter links durch eine Art Blätterdachwald, der uns viel Schatten spendet – gerade an heißen Sommertagen ist das eine Wohltat. Nach dem Wäldchen schweift unser Blick hinüber ins Flachland und wir erkennen den **Weingartener Baggersee,** der wunderschön in der Ferne glitzert. Von irgendwoher grüßt ein Gockel mit seinem Kikeriki, da kommt Freude auf, denn eine solche Begrüßung ist in der heutigen Zeit eher selten geworden, auch auf dem Land. Nachdem wir im Tal angekommen sind, laufen wir rechts und biegen am Wald scharf links auf einen Pfad ab.

Kilometer: 14,4
Höhenmeter: 300
Stunden: 5
RUNDWEG

Verrückt, so übergroße, hochgewachsene Walderdbeeren haben wir noch nie gesehen, Wahnsinn. Nun folgen wir dem schmalen Pfad am Berghang hinauf und gelangen zum tief eingeschnittenen ❶ **Grenzgraben.** Rechts wandern wir bergwärts und ein weiteres Blätterdach wölbt sich über uns, was erfrischend auf uns wirkt, da es heute bereits in den frühen Morgenstunden schon ziemlich warm ist. Während wir an der mächtigen Schlucht der **Ungeheuerklamm** entlanggehen, fasziniert uns der Anblick des von Vegetation überwucherten Grabens. Bald erreichen wir die 1982 erbaute ❷ **Hansädeles-Loch-Hütte,** gerade zum richtigen Zeitpunkt, denn in einen unserer Wanderschuhe haben sich ein paar Steine verirrt. Nachdem der Schuh entleert ist, geht es munter weiter und wir schwenken vor der Hütte nach links. Waldkräuter wie Farne, Günsel, Brennnessel, Schafgarbe und Klette wachsen überall und zusammen mit den herumliegenden moosübersäten Baumstämmen, dem Kletterefeu und den herunterhängenden Lianen lassen sie den Wald wie einen Urwald wirken. Wir bleiben auf dem breiten

Wiesenpfad am Bickenstiel

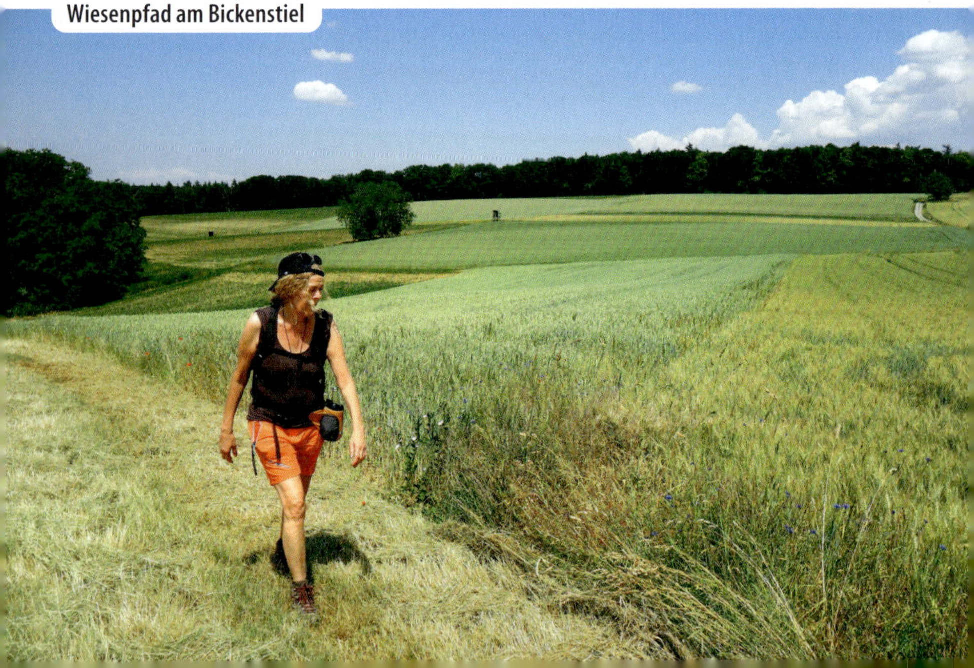

Weg, bis wir einen alten Baumstamm erreichen. Weiter oben öffnet sich der Wald und die Landschaft ändert sich prompt. Der Weg verläuft geradeaus weiter, den kreuzenden Wirtschaftsweg lassen wir unbeachtet. Wir folgen einem Wiesenfeldweg, der uns an Streuobstbäumen sowie an Weizen- und Roggenfeldern vorbeiführt. Inmitten von Wiesen, Wäldern und Feldern in dieser wundervollen Gegend fühlen wir uns dem Herrgott ein Stückchen näher, weil wir hier den Atem der Natur unvermittelt erleben. Warum in die Ferne schweifen, wenn wir im Land so schöne Flecken haben, kommt uns in den Sinn. Auf der **Anhöhe Bickenstiel** finden wir unter einem alten Birnbaum eine Sitzgelegenheit und genießen einen 180-Grad-Blick auf die Badische Toskana. Zwischen den Feldern blühen roter Klatschmohn und blaue Kornblumen einfach wunderschön.

Für die Seele

Die Weitblicke am Katzenberg, vom Quellberg und Kirchberg erfreuen unsere Wanderseele.

Nach der kleinen Pause schreiten wir in den Höheforst und auf dem Waldpfad erwartet uns angenehme Kühle. Bei einer Schranke biegen wir rechts ab und erreichen den Spielplatz bei der **❸ Höheforst-Hütte.** Vor einem Weinberg zweigen wir links ab und erfreuen uns des Blicks auf die Bergkette des Nordschwarzwalds, die wir als Silhouette am fernen Horizont erkennen. Bald schon geht es rechts weiter. Während wir über den **Quellberg** laufen, verpassen wir vor lauter Begeisterung beinahe unsere Abzweigung nach links, sehen sie dann aber doch noch rechtzeitig. Erleichtert wandern wir an landwirtschaftlich genutzten Flächen vorbei und wenden uns nach einem Wasserspeicher entlang eines Zauns rechts. Bestens gelaunt und völlig im Einklang mit der Welt erreichen wir kurz darauf die **❹ Siedlung Sallenbusch** mit ihren Pferdekoppeln und dem Flair eines kleinen Dorfs.

Im Ort biegen wir in die zweite Straße links ab. Hier lädt das **❺ Backhaus Sallenbusch** zur Einkehr ein,

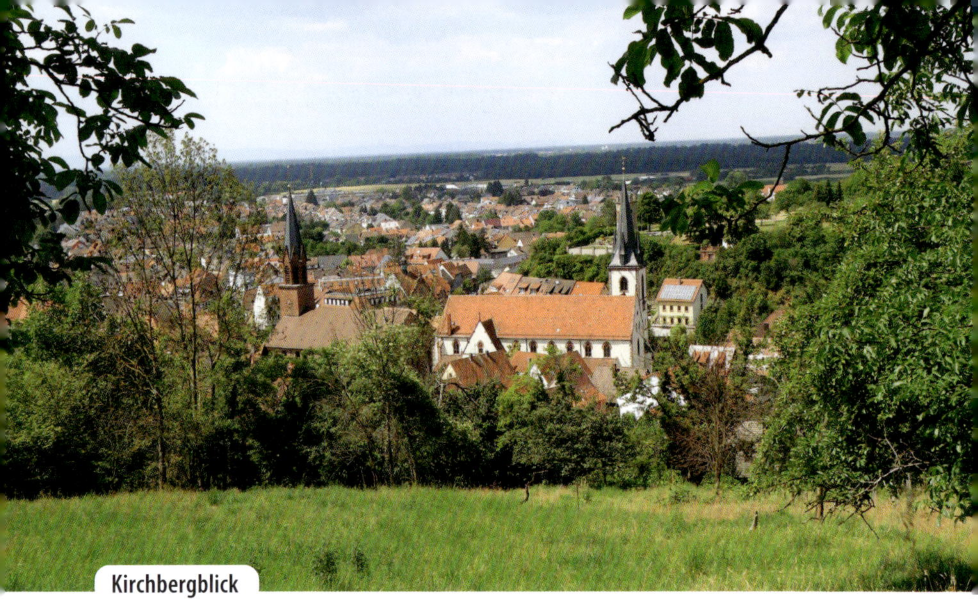

Kirchbergblick

aber da das leckere Flammbrot erst ab 17 Uhr gereicht wird, beschließen wir, zum Abschluss unseres Wandertags noch mal hierherzukommen. Wir verlassen die Siedlung, biegen rechts ab und wandern am Fahrweg entlang den sogenannten Brettenergrund hinab. Wir hängen unseren Gedanken nach und gelangen zügig und relaxt ins **6 Walzbachtal.** Nun queren wir die Landstraße und folgen dem Radweg nach rechts. In der Senke geht es dann links weiter und wir überschreiten „Am Lettenbuckel" den Damm des **7 Schloßbergsees,** durch den der Walzbach strömt. Am Waldrand halten wir uns rechts und folgen kurz darauf dem schmalen Steinweg, der Richtung **Weingarten** führt.

Im badischen Dialekt sagt man zu einem ***Weingarten*** *oder kleinen Weinberg „Wingert".*

Friedlich gehen wir neben dem plätschernden Bach weiter, bis uns die Markierung links hinauf in Richtung Wald leitet. Jetzt biegen wir rechts ab und passieren ein kleines **Wildgehege** mit Rehen. Ein Stück weiter weiden Ziegen und wir kommen an einem Mini-Vogelpark mit kleinem Spielplatz vorbei. Ach, wie nett es hier ist. Weiter führt unser Weg durch einen alten Friedhof, Überreste uralter Grabsteine sind erhalten. Von hier oben haben wir einen famosen Blick über die Dächer von Weingarten. Nach einem alten Rundbogen achten wir hinter Hausnummer 6 auf die Treppengasse, die in der Folge in einen ausgewaschenen Bergpfad mündet, der kräftig in die Waden geht, denn er führt steil bergauf. Uns kullert der ein oder andere Schweißtropfen die Stirn herunter. Oben angelangt, fällt unser erster Blick auf das griechisch-italienisch geführte **Schützenhaus,** das sich nicht ohne Grund **8 Restaurant Panorama** nennt. Denn von hier aus ist der Blick noch beeindruckender und reicht viel weiter, super, da hat sich der Aufstieg wirklich gelohnt.

Links über die Kirchbergstraße erreichen wir den Spielplatz Burg Schmalenstein, der mehrere Sitzmöglichkeiten bietet. Hier können Kinder Ritter oder Burgfräulein spielen, nette Idee. Wir folgen dem Verlauf der Höhenstraße auf die Kuppe und gehen dort rechts. Inzwischen ist es schon ziemlich heiß, die Sonne hat ihre volle Strahlkraft entfaltet. Zum Glück haben wir genügend Flüssigkeit dabei. Vom 235 Meter hohen **9 Kirchberg** erfreuen wir uns an einem ungehinderten Fernblick, denn hier können wir durch ein exorbitantes Aussichtsfenster über Wälder und Naturoasen blicken und wir erkennen zu unseren Füßen in der weitläufigen Rheinebene große Schornsteine, Windräder und übermächtige Industriegebäude. Ein zugleich faszinierender und bizarrer Anblick. Weiter geht es. Wir wandern an Weinreben vorbei, die von der Weinkultur Weingartens erzählen. An einer **Himmelsliege** bietet sich noch einmal die Möglichkeit einer

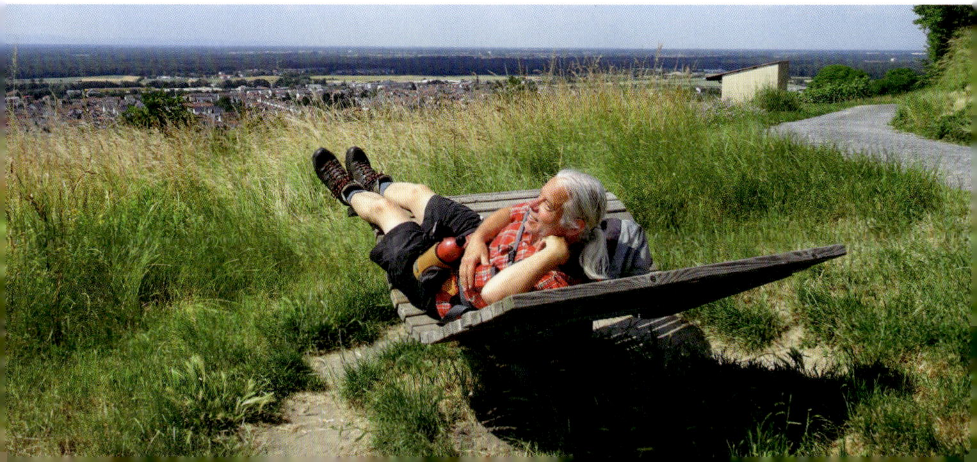

kleinen Pause, denn von hier aus können wir das schöne Panorama erneut genießen. Beim **Wingerthäusle** biegen wir rechts ab und ein Fußweg bringt uns wieder zur Kirchbergstraße, der wir jetzt bergab folgen.

Die Markierung leitet uns direkt zum **Weingartener Marktplatz,** bei dem sich uns gleich mehrere Gasthäuser zur Einkehr anbieten, wie das Gasthaus **⑩ Zum Goldenen Löwen, ⑪ zur Krone** und **⑫ Walk'sches Haus.** Auf einer Brücke setzen wir über den Walzbach, genießen den schönen Ortskern mit seinen Fachwerkbauten, queren links eine Fußgängerampel, die uns auf die andere Straßenseite bringt, und gelangen über Steintreppen auf den **⑬ Wartturm.** Der Turm wurde im Jahre 1589 als Spähturm errichtet und diente als Geleitschutz zur Sicherung der Handelswege. Das Museum im Turm vermittelt viel Wissenswertes über Weingarten und die Historie des Turms. Übrigens kann man das Museum an Sonn- und Feiertagen kostenlos besuchen.

Walk'sches Haus

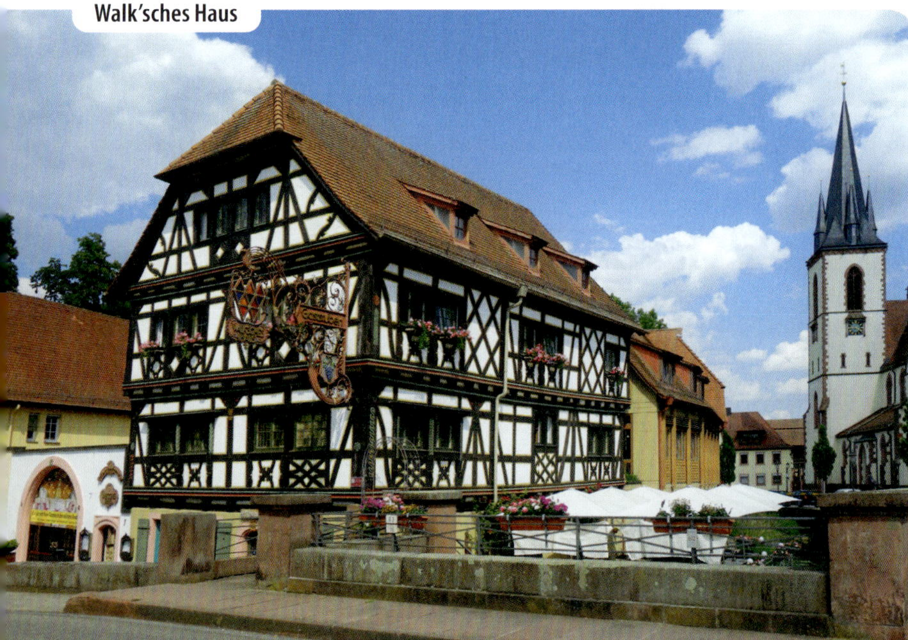

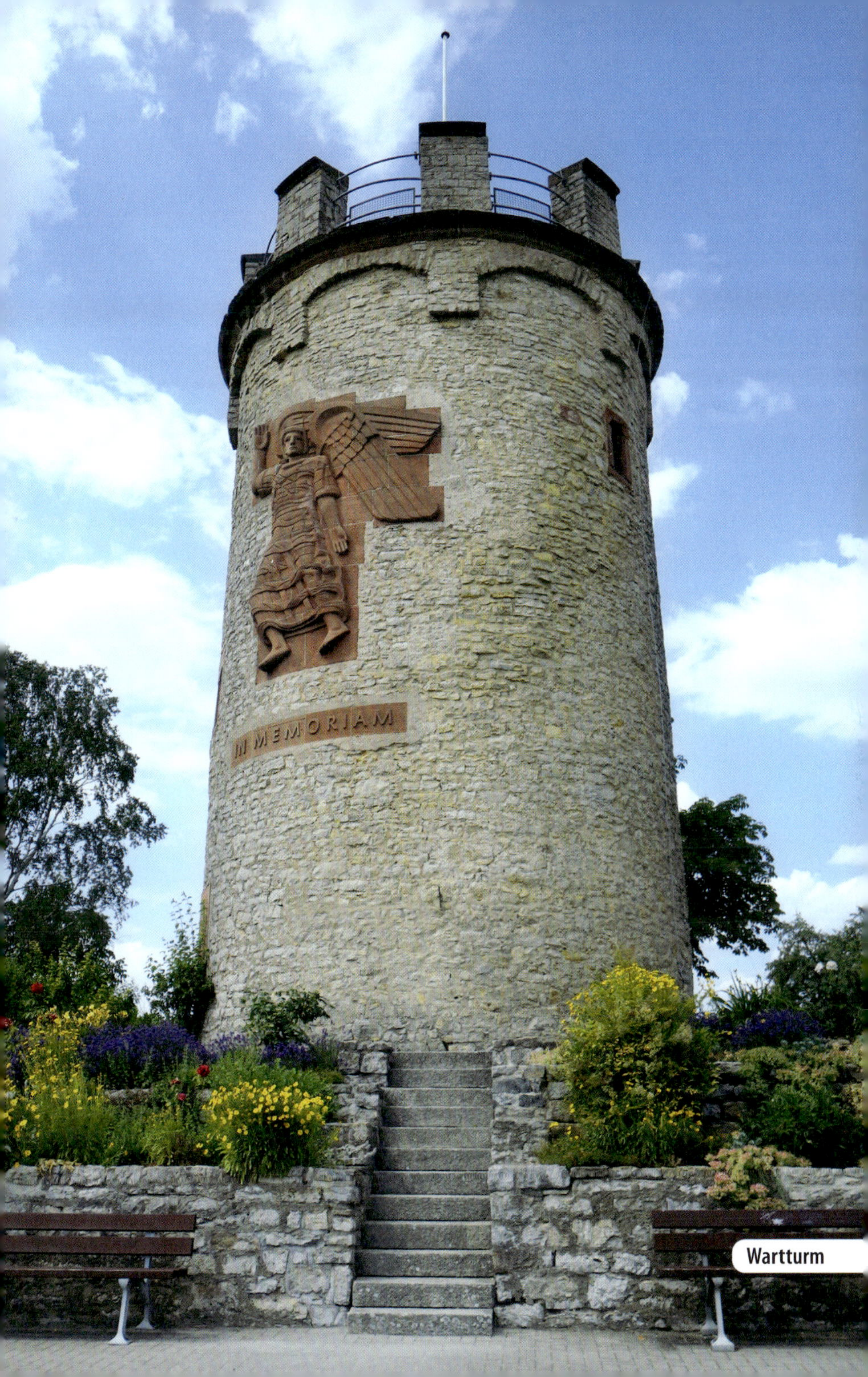

Wartturm

Da heute leider Freitag ist, stehen wir vor verschlossener Tür – egal, denn auch von hier aus haben wir einen prachtvollen Blick über das liebliche Weingarten.

Mit dem Turm im Rücken und der Ausschilderung im Blick wandern wir zu unserem Auto zurück. Jetzt noch schnell andere Schuhe an und wir lassen die wunderschöne Wanderung im Biergarten des **Backhauses Sallenbusch.** Hier lassen wir den schönen Ausflugstag so richtig urgemütlich ausklingen, bei Sonnenschein und einem leckeren Flammbrot und saurem Radler.

Schön war's. Eins ist sicher: Weingarten, wir kommen wieder.

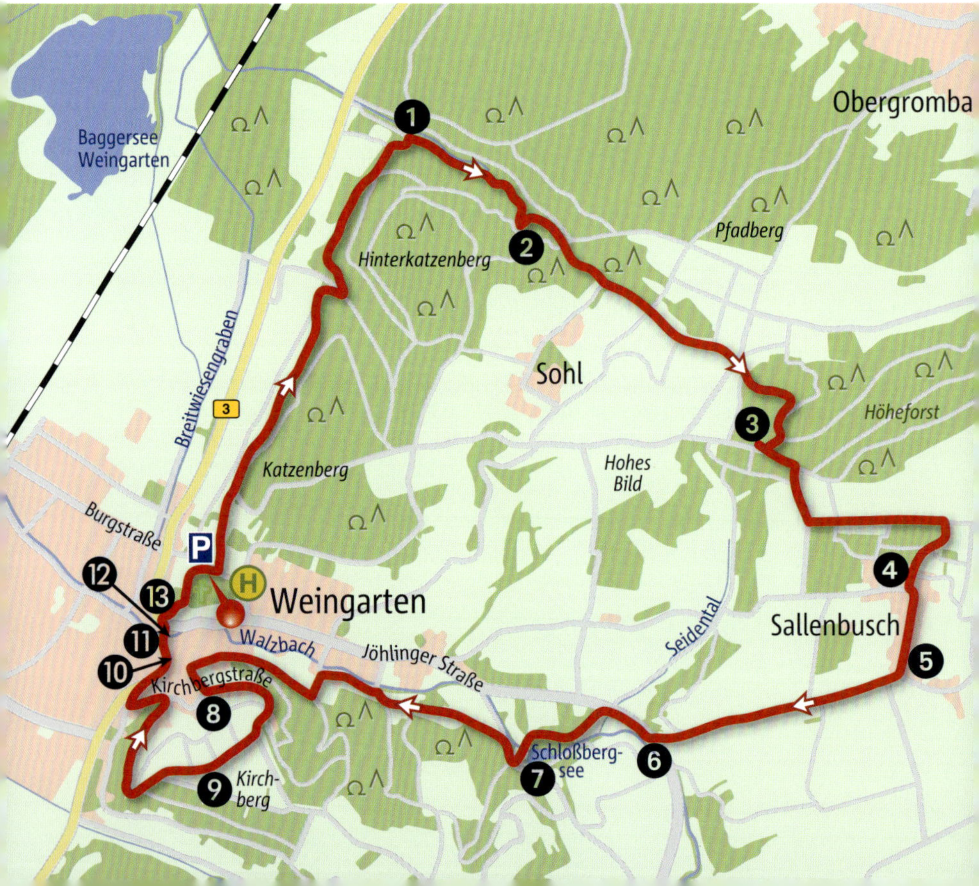

ALLES AUF EINEN BLICK

Entspannung ●●●●○
Abenteuer ●●●●●
Vielfalt ●●●●●

WIE & WANN

Die Wegbeschaffenheit ist durchweg sehr gut, Pfade, Wald- und Wiesenwege, aber auch asphaltierte Abschnitte. Beste Wanderzeit von März bis November.

HIN & WEG

Auto: Parkplatz am Friedhof, Steigweg, 76356 Weingarten (Baden)
ÖPNV: Haltestelle Weingarten Liverdunplatz

ESSEN & ENTSPANNEN

5 **Backhaus Sallenbusch,** Sallenbusch Siedlung 3, 76356 Weingarten (Baden), Tel. (0 72 44) 60 79 79, www.backhaus-sallenbusch.de
8 **Restaurant Panorama im Schützenhaus,** Kirchbergstraße 30, 76356 Weingarten (Baden), Tel. (0 72 44) 82 93, www.panorama-schuetzenhaus.de
10 **Gasthaus Zum Goldenen Löwen,** Marktplatz 15, 76356 Weingarten (Baden), Tel. (0 72 44) 22 82, www.zum-goldenen-loewen-weingarten.de
11 **Gasthaus zur Krone,** Marktplatz 6, 76356 Weingarten (Baden), Tel. (0 72 44) 94 73 80, www.krone-weingarten.de
12 **Walk'sches Haus,** Marktplatz 7, 76356 Weingarten (Baden), Tel. (0 72 44) 7 03 70, www.walksches-haus.de

ENTDECKEN & ERLEBEN

1 **Grenzgraben**
2 **Hansädeles-Loch-Hütte**
3 **Höheforst-Hütte**
4 **Siedlung Sallenbusch**
6 **Walzbachtal**
7 **Schloßbergsee**
9 **Kirchberg**
13 **Wartturm**

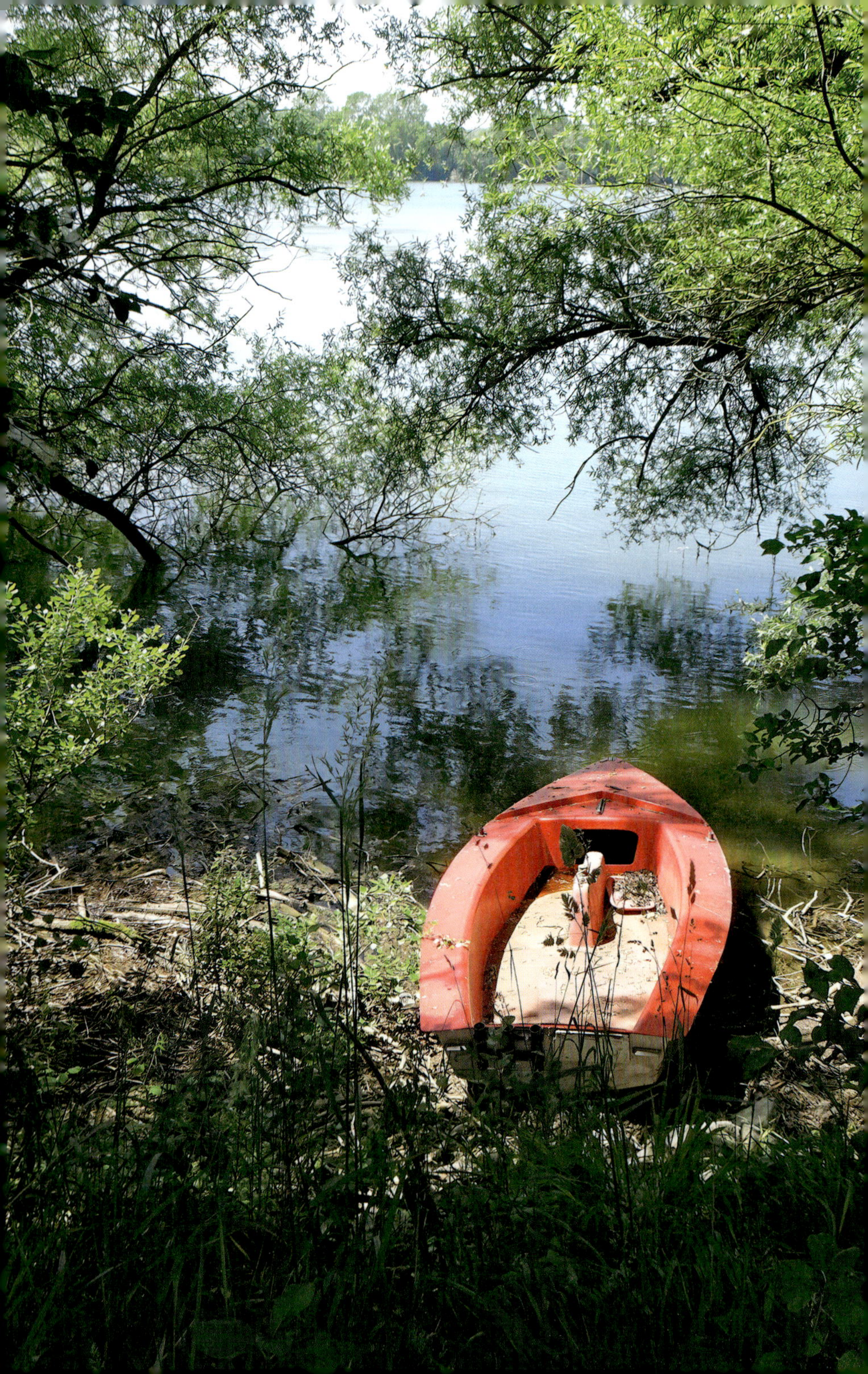

Frankreich-Trip

Traumtour in der PAMINA-Region

Die heutige Tour steht ganz unter dem Motto „Grenzerfahrungen“, denn sie führt uns ins benachbarte Elsass. Heute inspizieren wir mal die andere Rheinseite und setzen bei Plittersdorf mit der Rheinfähre über nach Seltz in Frankreich. Mal schauen, ob die Wege dort genauso gut beschildert sind? Uns erwartet eine umwerfende Wald- und Seenlandschaft und französisch-elsässischer Charme, den wir am Ende der Tour bei einem leckeren Flammkuchen erleben.

*Die **PAMINA-Region** erstreckt sich grenzüberschreitend zwischen Karlsruher Raum, Kraichgau, Nordschwarzwald, Elsass, Vogesen und Pfälzerwald. PAMINA setzt sich aus den Anfangsbuchstaben von Palatinat, Mittlerer Oberrhein und Nord Alsace zusammen.*

Am Parkplatz rechts neben der Fähre an einem Campingplatz beginnen wir unsere Wanderung. Wir folgen dem **türkisfarbenen Ring** mit der Aufschrift „Circuit pédestre: Les curiosités au bord des eaux“. Diese Markierung führt uns am Campingplatzzaun entlang. Nach ganz kurzer Zeit ist schon der Rhein in seiner ganzen Pracht sichtbar. Große und kleinere Frachtschiffe schippern ihr kostbares Gut hin und her. Eine sanfte Brise weht über den Fluss, während wir der Strömung flussabwärts folgen. Oh, wie erfrischend, wir schnuppern die gute Luft am Fluss, bis wir die Ufernähe wieder verlassen. Der Weg führt uns jetzt zwischen dem Campingplatz und der **1 Kies- und Sandgrube Epple** unter einem Förderband hindurch und an Werkshallen vorbei, bis wir eine grüne Naturoase erreichen. Wind rauscht sanft durch das Blattwerk der Bäume und über unseren Köpfen ziehen Schwalben ihre Kreise, wie schön. An der Weggabelung gehen wir auf einem ziemlich breiten, sandigen und steinigen Weg nach rechts und haben zu unserer Lin-

Kilometer: 8,4
Höhenmeter: 10
Stunden: 3
RUNDWEG

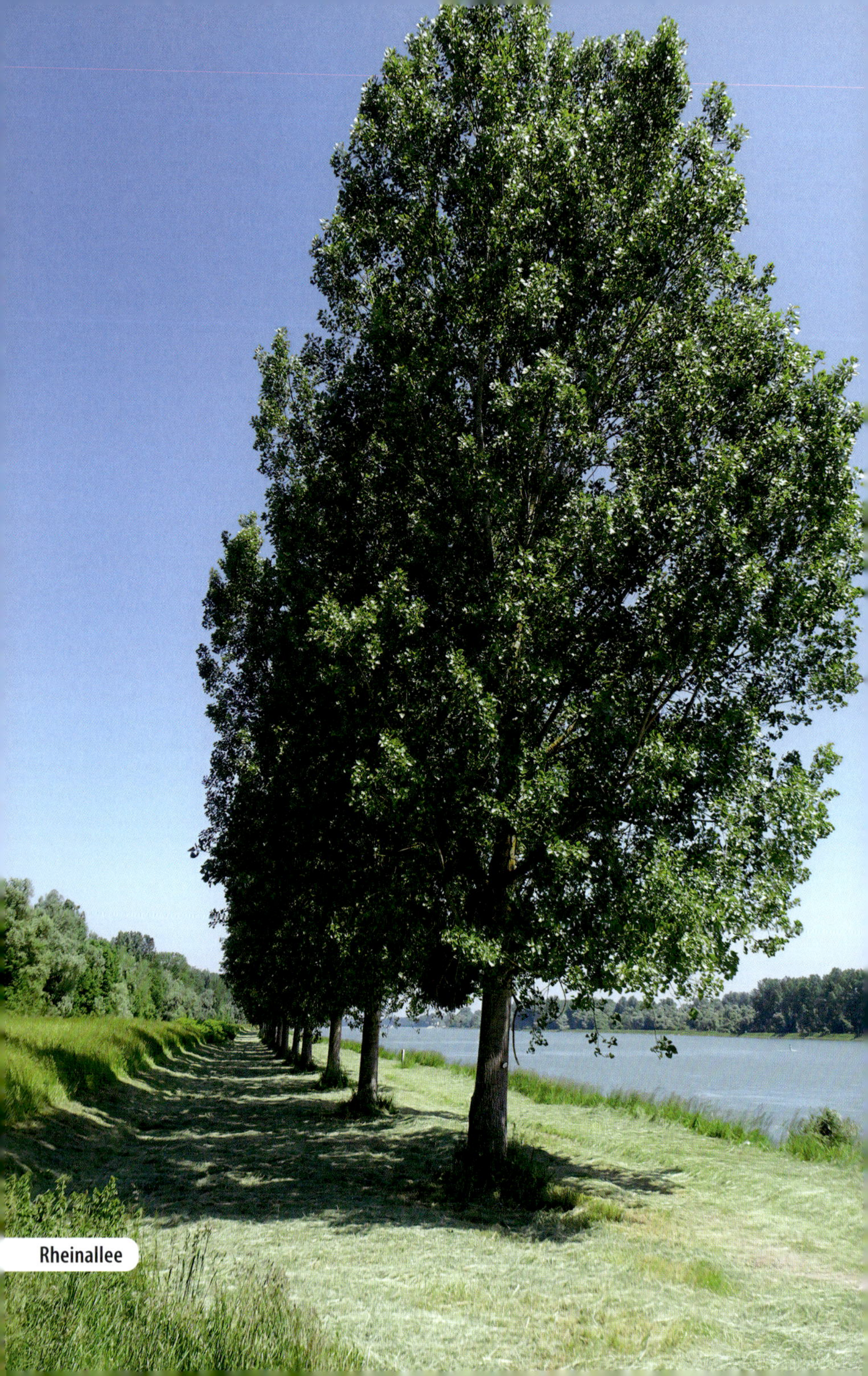

Rheinallee

ken einen See und zu unserer Rechten den ❷ **Seltzer Hafen.**

Eine einzigartige Ruhe umgibt uns, während wir die Markierung verlassen und halb links in das **Naturschutzgebiet Delta de la Sauer** eintauchen. An der Gabelung dreier Wege entscheiden wir uns für den hübscheren mittleren Weg und genießen den folgenden schönen Abschnitt mit allen Sinnen. Die angenehme, ruhige Stimmung, die von diesem wunderbaren Flecken Erde ausgeht, überträgt sich sofort auf uns. Nach dem Waldabschnitt steigen wir auf den Damm hinauf. In erhabener Lage wandern wir für gut einen halben Kilometer neben dem Rhein her und beobachten erneut das emsige Treiben auf dem Wasser. Achtung, aufgepasst, hinter einer Schranke führt uns dann ein Pfad scharf links. Bald wandern wir neben einer großen Wiesenlichtung und siehe da, unsere Markierung taucht wieder auf. Unser kleiner Abstecher hat sich gelohnt. Wir erreichen den Strand des ❸ **Munchhausen Sees.** Spontan ziehen wir die Schuhe aus und kühlen unsere Füße. Eine kleine Auszeit in dieser Bucht ist zu empfehlen, denn von hier

Für die Seele

Vive la France – auch vis-à-vis in Frankreich kann man sehr schön wandern und elsässisch schlemmen.

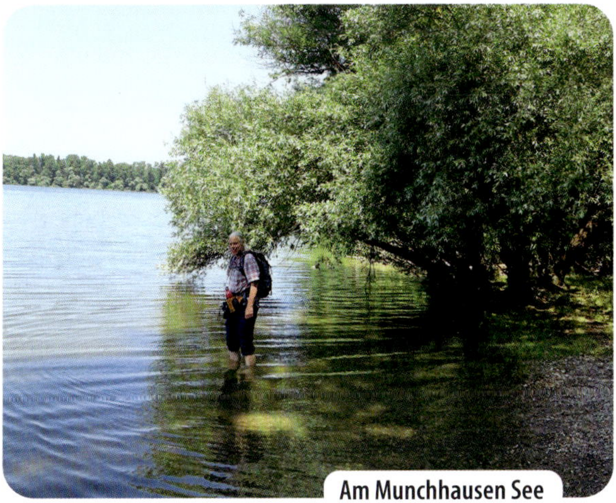

Am Munchhausen See

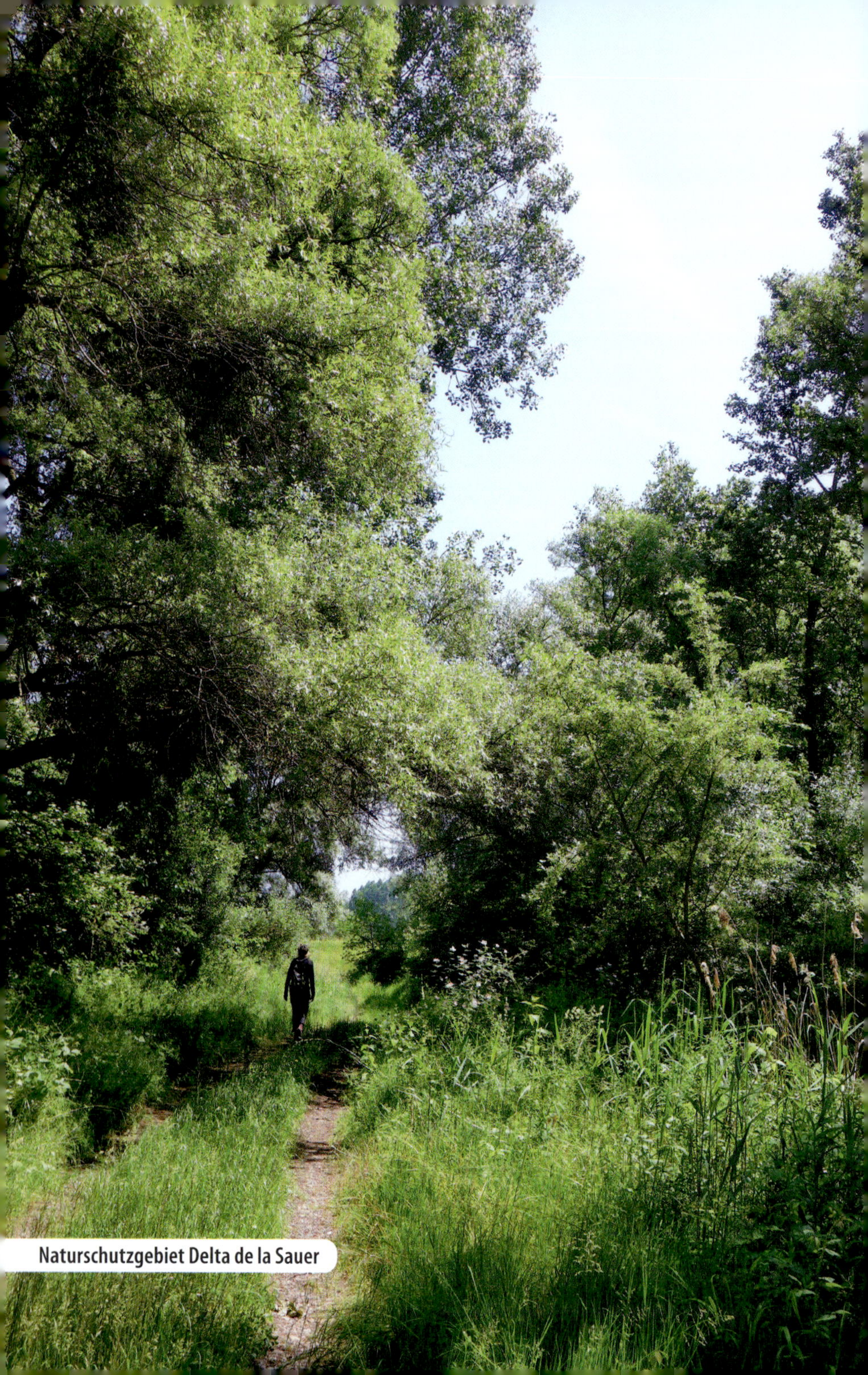

Naturschutzgebiet Delta de la Sauer

aus hat man einen wunderschönen Blick über das Wasser. Während wir nach kurzer Pause weiter dem breiten Wanderweg folgen, wärmt uns die Mittagssonne den Rücken. Links und rechts des Wegs bewundern wir eine wilde Botanik. An zwei Stellen rauscht das Wasser unter uns hindurch und bahnt sich den Weg auf die andere Seite. Die Kraft der Natur zeigt sich uns in voller Pracht. Schon verrückt, aus mehreren gefällten Baumstümpfen wachsen neue Triebe, hier zeigt sich, wie einfallsreich die Schöpfung sein kann.

Gleich am Ende des Sees gehen wir den querenden Weg nach rechts und erblicken vor uns die Kirche von Munchhausen. Ein Pfad führt uns links in die **Grosswoerth-Wiesen.** Diese Wiesenlandschaft mit ihrer vielfältigen Pflanzenwelt ist auch ideal, um seltene Vogelarten zu beobachten. An der T-Kreuzung halten wir uns nun links, während uns ein leichter Luftzug durch die Haare weht. So weit das Auge blickt, Gras und Grün, gespickt mit ein paar bunten Blumen. Unsere Tour führt uns dem Forst entgegen und bald kommt der See wieder in unser Blickfeld. Rechts sehen wir die ornithologische Station, die **❹ Vogelwarte Munchhausen.** Hier werden unter anderem die Migrationsrouten und Populationen von Zugvögeln wissenschaftlich untersucht. Wer tiefer in die Materie einsteigen möchte, kann eine Gruppenführung buchen.

Nun unbedingt aufpassen, denn kurz vor dem Ende der langen Linkskurve verlassen wir das Seeufer und wenden uns dem Pfad rechts hinter einer Schranke zu. Leichten Fußes kommen wir so in das Gebiet des **Huberwiesen-Koepfel** und erkennen bald wieder den **Epplesee** vor uns. Wir folgen dem Uferweg geradeaus. Am fernen Horizont ragen die Hügelketten des Schwarzwalds auf, welch hübsche Mittelgebirgsidylle. Am gegenüberliegenden Ufer sehen wir wieder die Kies- und Sandgrube. Mehrere traumhafte Landzungen laden uns zum Verweilen ein. Wir entscheiden uns für eine kurze Pause und beobachten Libellen, Schwäne und Wildenten. Hoppla, was war denn das? Ein Fisch springt aus dem Wasser und schnappt nach Luft. Entspannt beobachten wir das Wasser und nach einigen Minuten der Entschleunigung machen wir uns wieder auf den Weg und schreiten munter weiter, bis wir einen kurzen Stopp am Picknickplatz am **5 botanischen Garten „Jardin botanique curiosités au bord du rhin"** einlegen. Hier können wir zahlreiche Baumarten bewundern. Anschließend gehen wir links weiter, überqueren eine Straße und folgen links dem Fuß- und Radweg. Unterwegs kommen wir an der **6 Bar La Buvette** vorbei, wo wir einen leckeren Flammkuchen und die elsässische Gastfreundschaft genießen können. Genüsslich lassen wir die wunderbare Wanderung beim Essen noch einmal Revue passieren. Es war ein entspannter Wandertag im schönen Seltz, in fabelhafter Natur mit Erfrischung am Rhein und an den Baggerseen, was könnte es an so einem sonnigen Tag Schöneres geben?

Am Campingplatz entlang gehen wir gut gesättigt, zufrieden und gechillt Richtung Parkplatz, vorher müssen wir unbedingt noch ein Schild fotografieren:

Auberge du Rhin

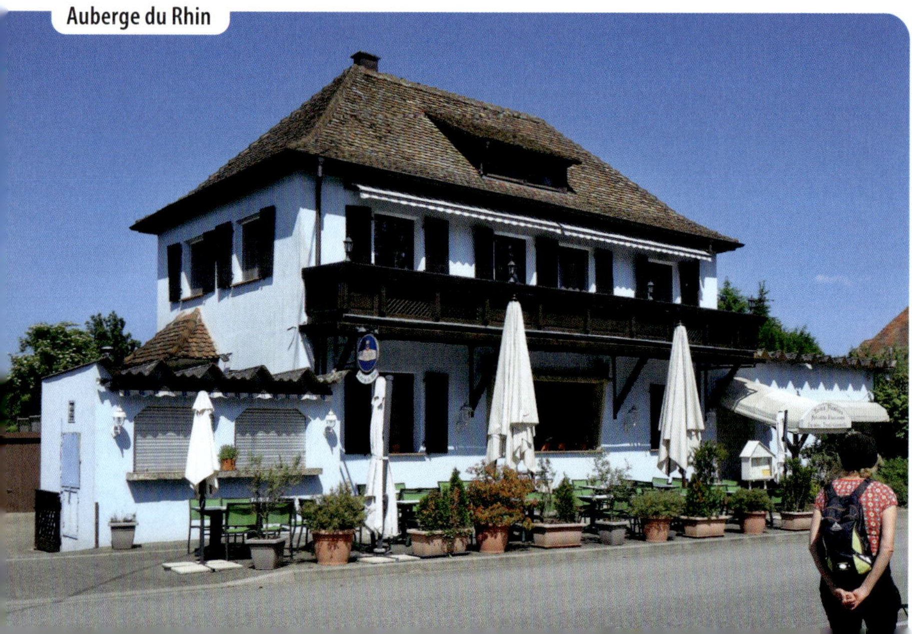

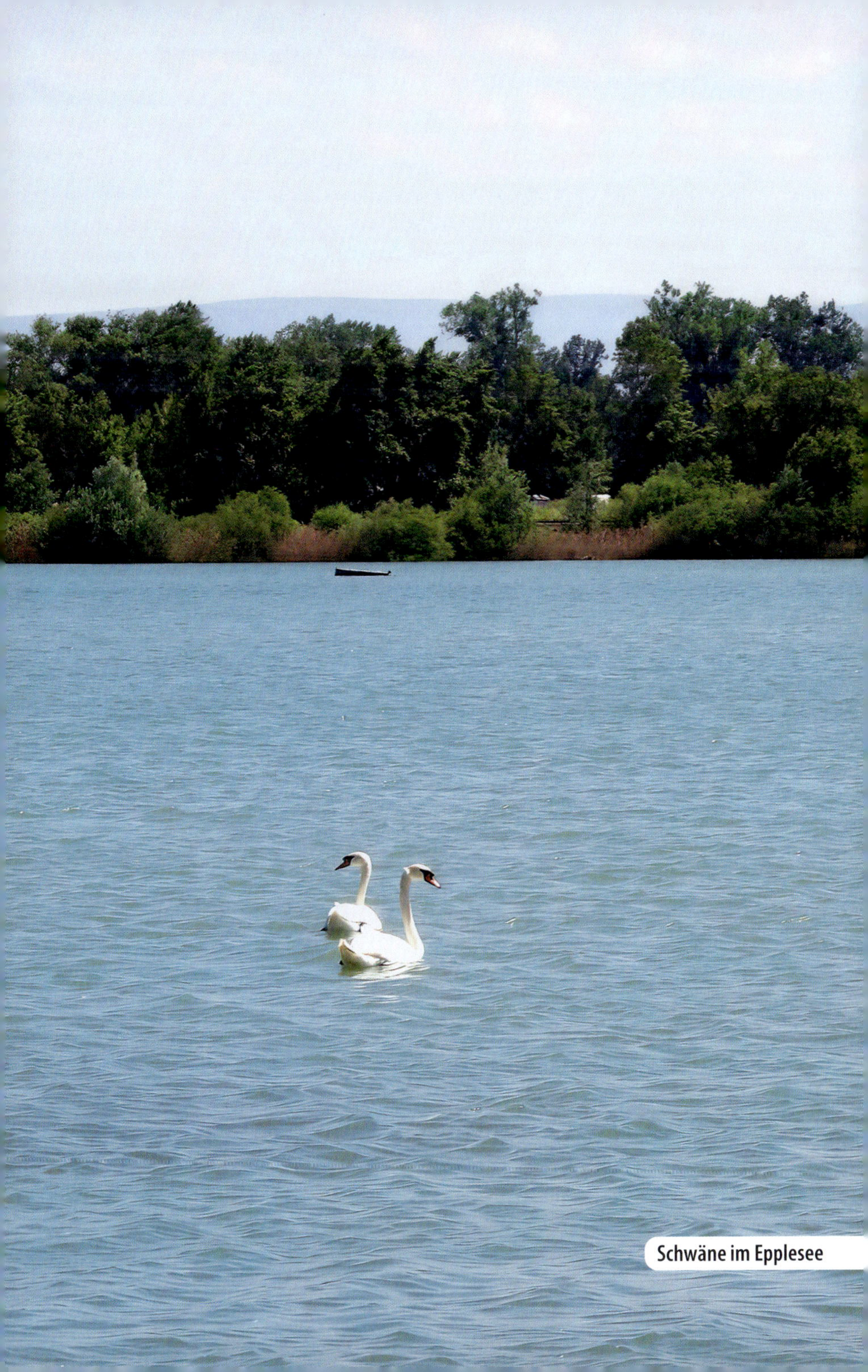

Schwäne im Epplesee

„Allemagne 500 m". Am Ende der Straße laufen wir rechts versetzt über den Damm zum **7 Gasthaus Auberge du Rhin.** Auch dort ist eine Einkehr möglich, es sieht urgemütlich aus. In unmittelbarer Nähe liegt der Fährhafen, doch bevor wir wieder auf die andere Seite wechseln, müssen wir noch unser Auto vom Parkplatz abholen, das wir auch in Plittersdorf hätten stehen lassen können, um die Fähre zu Fuß zu nehmen. Für einen längeren Aufenthalt bieten sich eine oder zwei Übernachtungen auf dem hiesigen Campingplatz an.

Au revoir, uns hat es super gefallen, wir kommen wieder – beim nächsten Mal mit einem Zelt oder einem Camper.

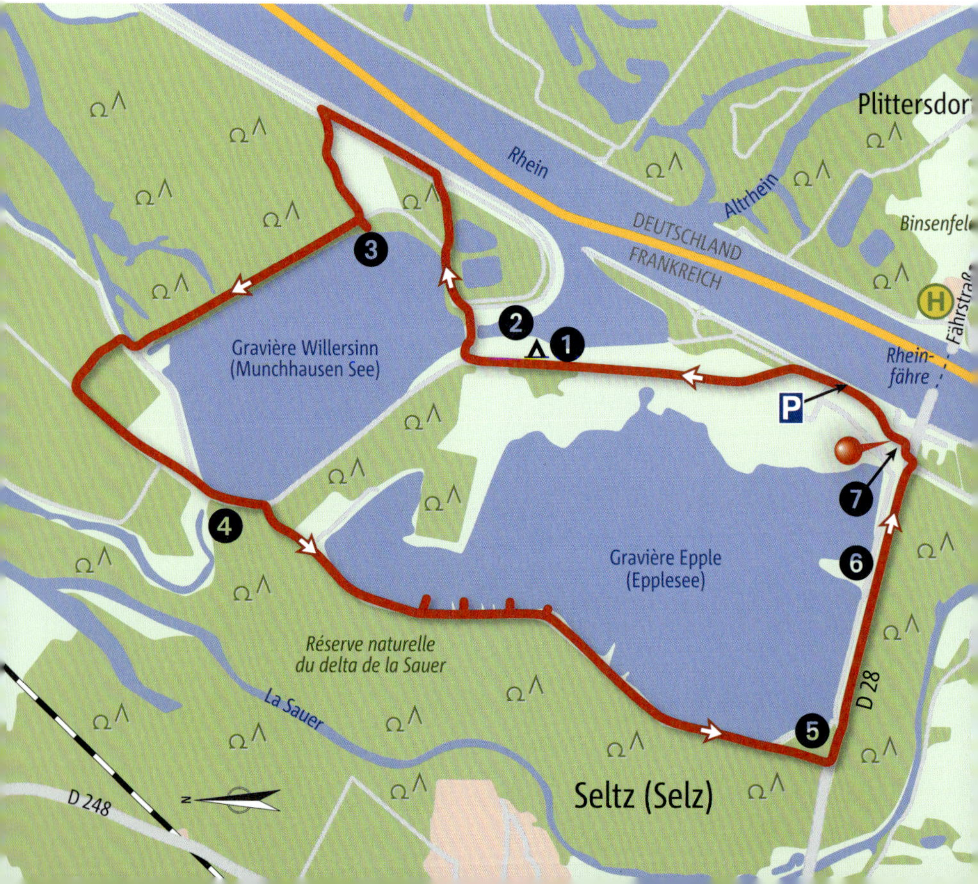

ALLES AUF EINEN BLICK

Entspannung
Abenteuer
Vielfalt

WIE & WANN

Die Wege sind durchweg sehr gut und meist breit. Beste Wanderzeit ganzjährig.

HIN & WEG

Auto: Parkplatz rechts der Autofähre, Rue Annexe du Rhin, 67470 Seltz, Frankreich
ÖPNV: Haltestelle Rastatt Plittersdorf Fähre, dann mit der Fähre übersetzen

ESSEN & ENTSPANNEN

6 **Bar La Buvette,** Au Salmengrund, 67470 Seltz (Frankreich), Tel. +33 6 80 15 08 43
7 **Gasthaus Auberge du Rhin,** 7 Rue Annexe du Rhin, 67470 Seltz (Frankreich), Tel. +33 3 88 86 51 18, www.aubergedurhin.com

ENTDECKEN & ERLEBEN

1 **Kies- und Sandgrube Epple**
2 **Seltzer Hafen**
3 **Munchhausen See**
4 **Vogelwarte Munchhausen**
5 **Botanischer Garten „Jardin botanique curiosités au bord du rhin“**

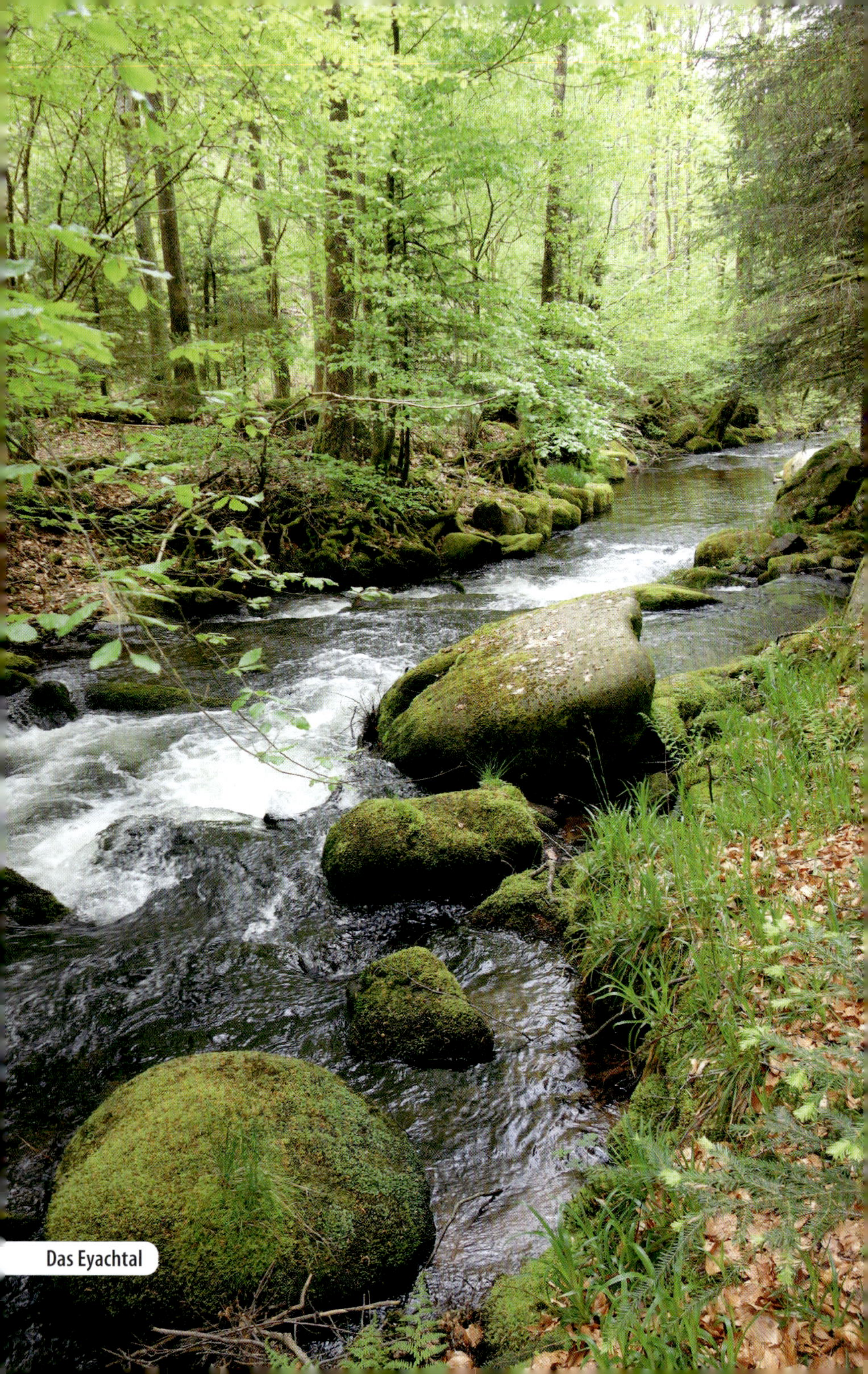

Das Eyachtal

Wildromantisch

Ins Tal der Lehmänner

Heute tauchen wir ein in eine fast unberührte und sagenhafte Landschaft. Diese himmlische Tour bietet alles, was das Wanderherz begehrt. Stille, einsame Waldabschnitte, wildromantische, wurzelige Pfade, ursprüngliche Bachtäler, sportliche Anstiege und wunderschöne Weitblicke – und das in einer fast intakten Naturkulisse.

Wir starten die Tour im netten **Kurort Dobel** am Parkplatz des Kurhauses und sehen sofort das **Westwegportal Sonnentor,** das wir durchwandern. Wir gehen oberhalb am Kurgarten vorbei und folgen der roten Raute zum **❶ Aussichtsturm** auf 718 Metern Höhe, von dem wir einen prachtvollen Blick Richtung Karlsruhe erhaschen. Bei der **Karl-Bäuerle-Hütte** biegen wir rechts ab und wenden uns kurz darauf beim Westweg-Gedenkstein halb links dem Waldweg zu. Beständig verlieren wir nun an Höhe, während wir uns in die herrliche Ruhe des Walds versenken. Sanft und gemächlich spazieren wir den Waldweg hinunter und genießen die positive Energie des Schwarzwalds, die uns hier umgibt.

Während wir Meter um Meter weiter hinablaufen, begleitet uns ein harmonisches Vogelkonzert. Wir streifen einige bunt bemalte Sitzbänke in EU-Länderfarben und treffen kurz nach der **Ziegelhütte** auf eine Lichtung mit einer schönen Holzhütte. Hier biegen wir nach der Zypresse beim Wegeverzweig „Im Pflanzengarten“ links in den Kreuzrainweg ab und folgen nun der **blauen Raute.** An Kastanienbäumen entlang führt

Kilometer: 13,7
Höhenmeter: 350
Stunden: 4,5
RUNDWEG

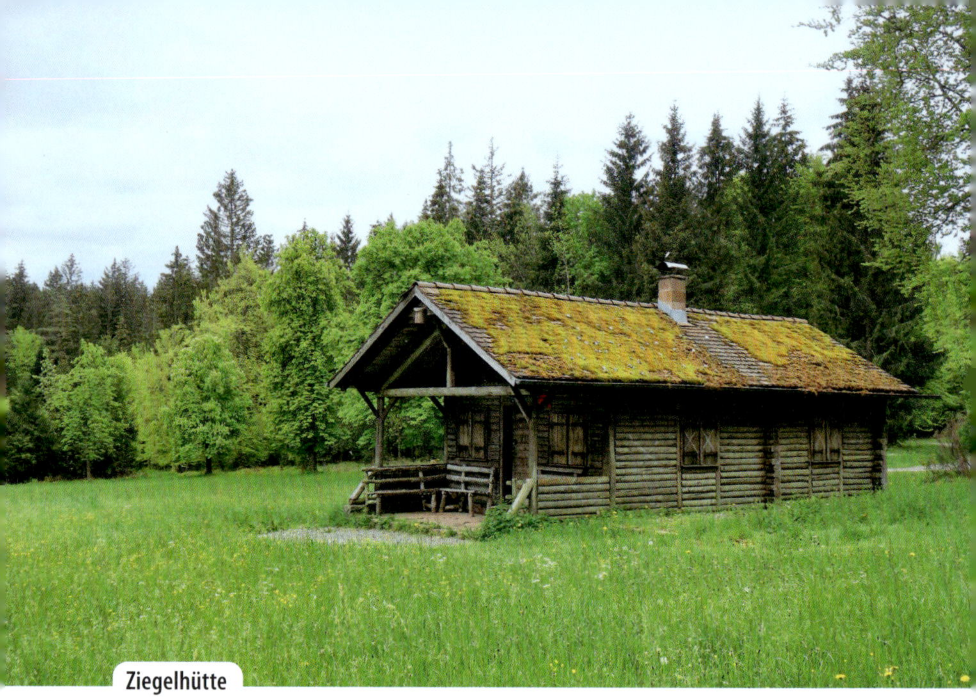

Ziegelhütte

unser Weg talwärts zum Oberen Mannenbachweg, wo wir auf die Kreuzung **Mannenbachquelle** treffen und rechts bergauf gehen. Über grobe Steine steigen wir aufwärts, gelangen auf einen Forstweg und wandern halb links auf dem Saumpfad weiter. Hier lohnt es sich, eine kurze Pause einzulegen und den Wegabschnitt mit allen Sinnen zu erfassen. Augen schließen, tief ein- und ausatmen und lauschen. Wir achten bewusst auf das Raunen der Blätter und Tannenwipfel, die sich leicht im Wind hin und her wiegen, die Vögel, das Knacken der Äste. Das macht den Kopf frei und schult unsere bewusste Präsenz in diesem Augenblick.

Jetzt sind wir bestens geerdet und gemächlich geht es weiter auf dem schmalen Waldpfad. Unterwegs kommt uns in den Sinn, wie wichtig und erhaltenswert das Ökosystem Wald für uns Menschen ist. Ein wahrer Garten Eden, so ein Wald – nicht nur Tannen, Buchen, Eichen, sondern auch Ginster, Himbeeren, Farne, Heidelbeeren und viele Heilkräuter wachsen am Wegesrand. Während wir den romantischen Pfad entlanglaufen, üben wir uns im konzentrierten Gehen, denn der wurzelige Waldboden fordert unsere Aufmerksamkeit. Beim dritten querenden Forstweg spazieren wir links und dann an der Lichtung mit hübscher Blumenwiese rechts in den **Lehmannsweg.** Wir laufen bergab und unser Blick wandert zu den dunklen Tannenwipfeln hinauf, die uns wiederholt begeistern. Der Talgrund rückt allmählich immer näher und schon können wir das kräftige Gluckern der **Eyach** vernehmen. Wir spazieren rechts, passieren einen kleinen Froschtümpel und erreichen kurze Zeit später die **2 Lehmannshof-Brücke,** unter der der Wildbach rauscht. Diese Brücke überqueren wir und sind jetzt mitten in dem wunderschönen Naturschutzgebiet. Bei der großen Lichtung können wir eine Vesperpause einlegen, entweder auf einer der vielen Rastbänke oder in der **3 Lehmannshof-Hütte,** wenn wir Glück haben und dort noch Platz ist.

Für die Seele

An der Eyach legen wir imaginär all unsere Sorgen und Ängste ins Wasser und lassen sie davonfließen.

Vor uns entdecken wir zwei alte steinerne Bauwerke, die wahrscheinlich einst zum Lehmannshof gehör-

Ehemaliger Lehmannshof

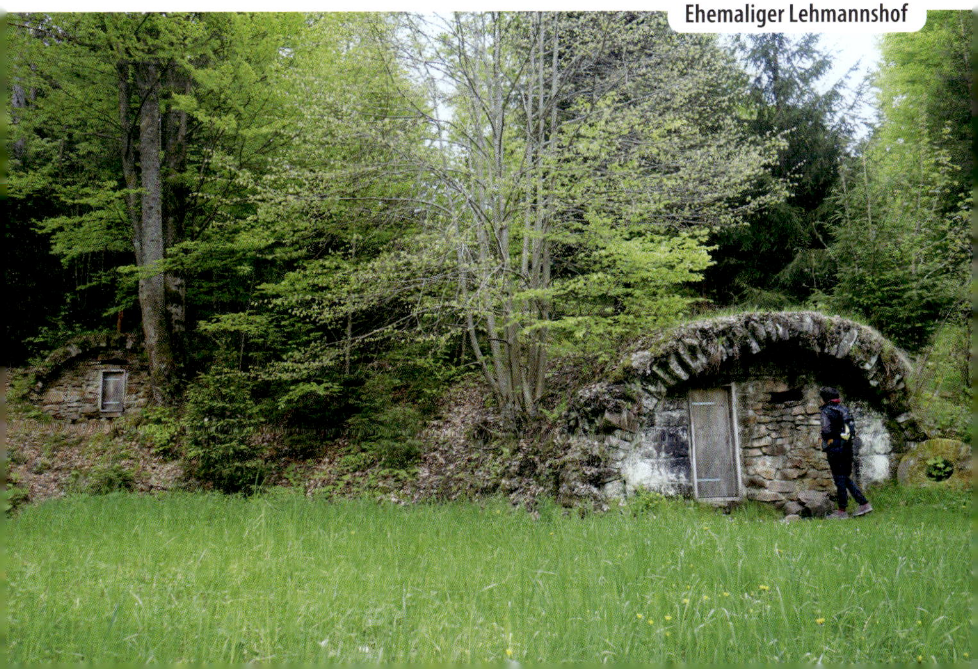

ten. Wir genießen die tolle Atmosphäre dieses wunderschönen Fleckens und könnten noch stundenlang hier verharren, gehen aber dann doch bald weiter und folgen der Baumallee und dem wiesengesäumten **Wasserwegle,** der uns tiefer ins Naturschutzgebiet leitet. Zu unserer Linken gurgelt die Eyach, der wir der Strömung hinabfolgen. Abermals führt uns ein wildromantischer Pfad den Fluss entlang und das Wasserwegle macht seinem Namen alle Ehre, ständig kommen wir in Ufernähe und nutzen die genialen Fotomomente. Wir sind von diesem einzigartigen Weg völlig begeistert, der uns immer weiter aus dem Tal der Lehmänner herausführt. Welch immense Urkraft das Wasser hat, ist einfach fantastisch, wir können alle belastenden Gedanken und Gefühle in unserer Vorstellung ganz einfach mit der Eyach hinwegfließen lassen und auf diese Weise viel innere Klärung erfahren – einen Versuch ist es auf jeden Fall wert.

*Das **Eyachtal** bietet tiefe Stille und Ruhe, ist also genau der richtige Ort für Erholungsuchende. Ins hintere Eyachtal dürfen keine Autos und Motorräder fahren.*

Auf den teils steinigen, wurzeligen und feuchten Wegabschnitten ist aufmerksames Gehen angesagt. Dieser Weg ist so schön und ursprünglich, dass sich das Naturerlebnis in Worten kaum wiedergeben lässt. Neben uns wachsen Heidelbeerbüsche und Wildkräuter, alte modrige und moosbewachsene Bäume liegen quer über dem Bachbett, das Wasser umspielt die Steine und gluckert wild vor sich hin – ein unbeschreibliches Gefühl von Freiheit und Klarheit stellt sich ein. Dann weitet sich das Tal zu einer Lichtung und die wilde Landschaft voller Urkraft wird jetzt zu einem sanften **Wiesental.** Bald werden wir an beiden Seiten von Wasser umspielt, links rauscht der rauere Wildbach und rechts fließt vom Berg ein Rinnsal herab, das sich zu einem kleinen lieblichen Bachlauf entwickelt. Diesen Wegabschnitt sollte man bewusst erleben und genießen. Bei einer kleinen Pause kann man die Natur so richtig erfassen. Ein wunderschöner Flecken Erde, an dem die Welt noch stillzustehen scheint, weit entfernt vom Lärm und Getöse des Alltags.

Wir können uns kaum von diesem Paradies losreißen, doch langsam wird es Zeit und wir wandern über die Holzbrücke auf die andere Uferseite. Total gelöst und in bester Stimmung leitet uns der Weg talwärts. Wir passieren eine Wehranlage, eine Pferdekoppel und erreichen schon bald die Häuser der **Lehensägmühle.** Von dort aus folgen wir dem Eyachtalweg, der uns zum **4 Gasthaus Eyachmühle** bringt, das sich zur Einkehr anbietet. Die blaue Raute führt uns vor einem Trafohäuschen nach links. Neben uns strömt das Mannenbächle zu Tal, rasch lässt uns der Eyachtraufweg an Höhe gewinnen. Den durchaus sportlichen Anstieg untermalt das wilde Rauschen des Bachlaufs. Moosgrüne Steine liegen in wilder Ordnung im Wasser umher. Sollte es wirklich Waldgeister, Feen und Kobolde geben, wäre hier sicher ein idealer Lebensraum für sie. Unsere Markierung weist uns weiter hinauf zur Kreuzung Mannenbachquelle. Dort wenden wir uns nach rechts. Wir überqueren eine **steinerne Furt** beziehungsweise den Rest einer ehemaligen Steinbrücke. Dann öffnet sich der Wald rechts zu einer

Auf dem Wasserwegle

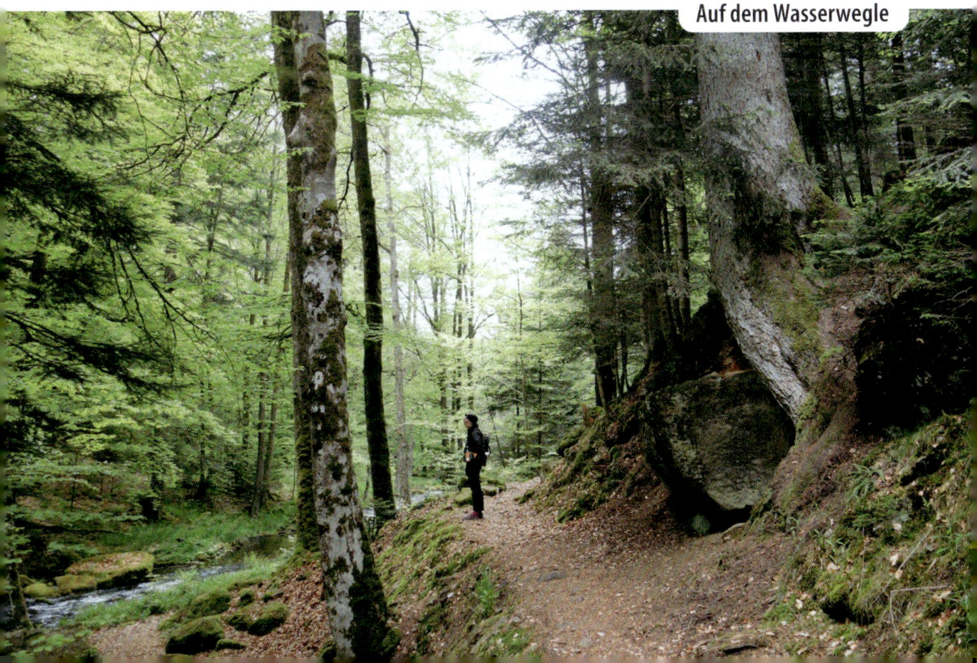

großen Lichtung mit schönen Wiesenblumen. Beim **Kreuzrain** behalten wir die Richtung bei. Ein letztes Mal erfreuen wir uns an einem grandiosen Rundumblick, bevor sich unsere Tour dem Ende neigt, denn inzwischen sind wir bereits wieder auf dem Dobel angekommen. Beim Endspurt gelangen wir über den Oberen Kreuzwasen und die Wildbader Straße zum **Kurhaus** zurück. Dort können wir die Tour im **5 Dobel's Stüble** bei einer Tasse Cappuccino ausklingen lassen.

Einmal mehr stellen wir fest: So ein Tag in der Natur setzt unendlich viel positive Energie in uns frei, von der wir im Alltag profitieren und die unser Immunsystem stärkt, quasi eine Win-win-Situation für Körper, Geist und Seele.

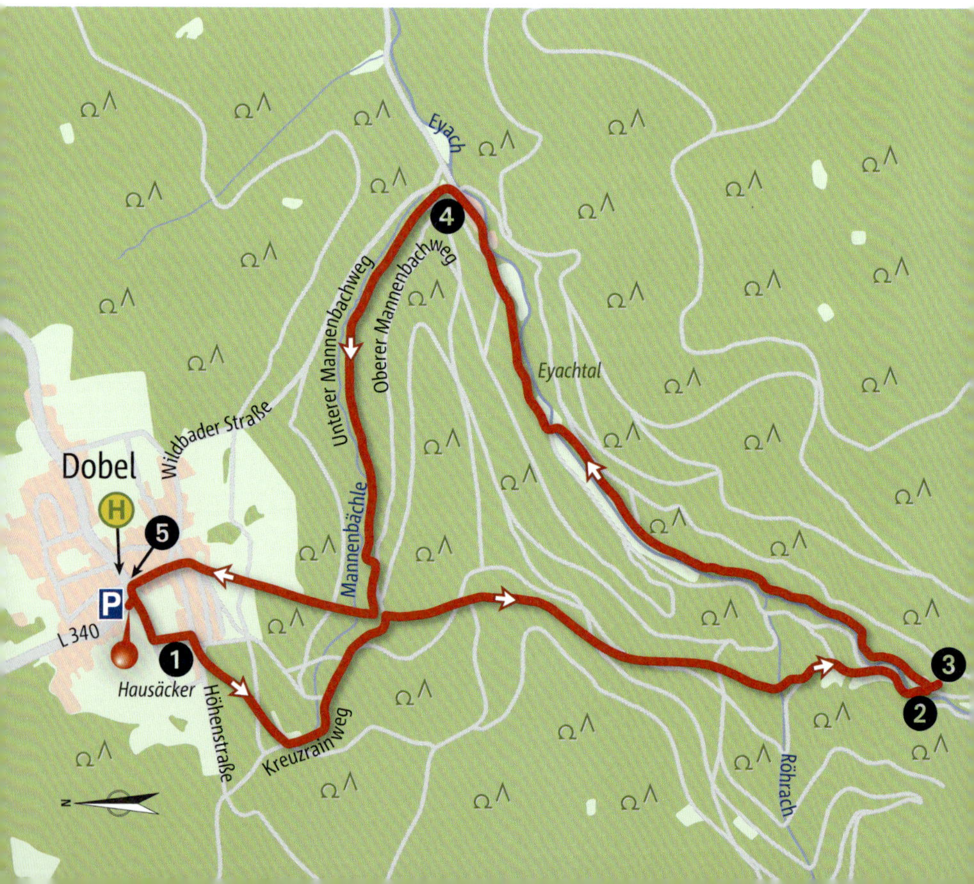

ALLES AUF EINEN BLICK

Entspannung
Abenteuer
Vielfalt

WIE & WANN

Der Abstieg ins Eyachtal erfordert konzentriertes Gehen und das Wasserwegle kann bei nassem Wetter etwas matschig sein. Beste Wanderzeit von April bis November.

HIN & WEG

Auto: Parkplatz am Kurhaus Dobel, Neue Herrenalber Straße, 75335 Dobel
ÖPNV: Haltestelle Dobel Ortsmitte

ESSEN & ENTSPANNEN

4 **Gasthaus Eyachmühle,** Eyachmühle 14, 75335 Dobel, Tel. (0 70 81) 38 41 09, www.eyachmuehle.com

5 **Dobel's Stüble,** Hauptstraße 2, 75335 Dobel, Tel. (07 21) 94 30 38 00

ENTDECKEN & ERLEBEN

1 **Aussichtsturm Dobel**
2 **Lehmannshof-Brücke**
3 **Lehmannshof-Hütte**

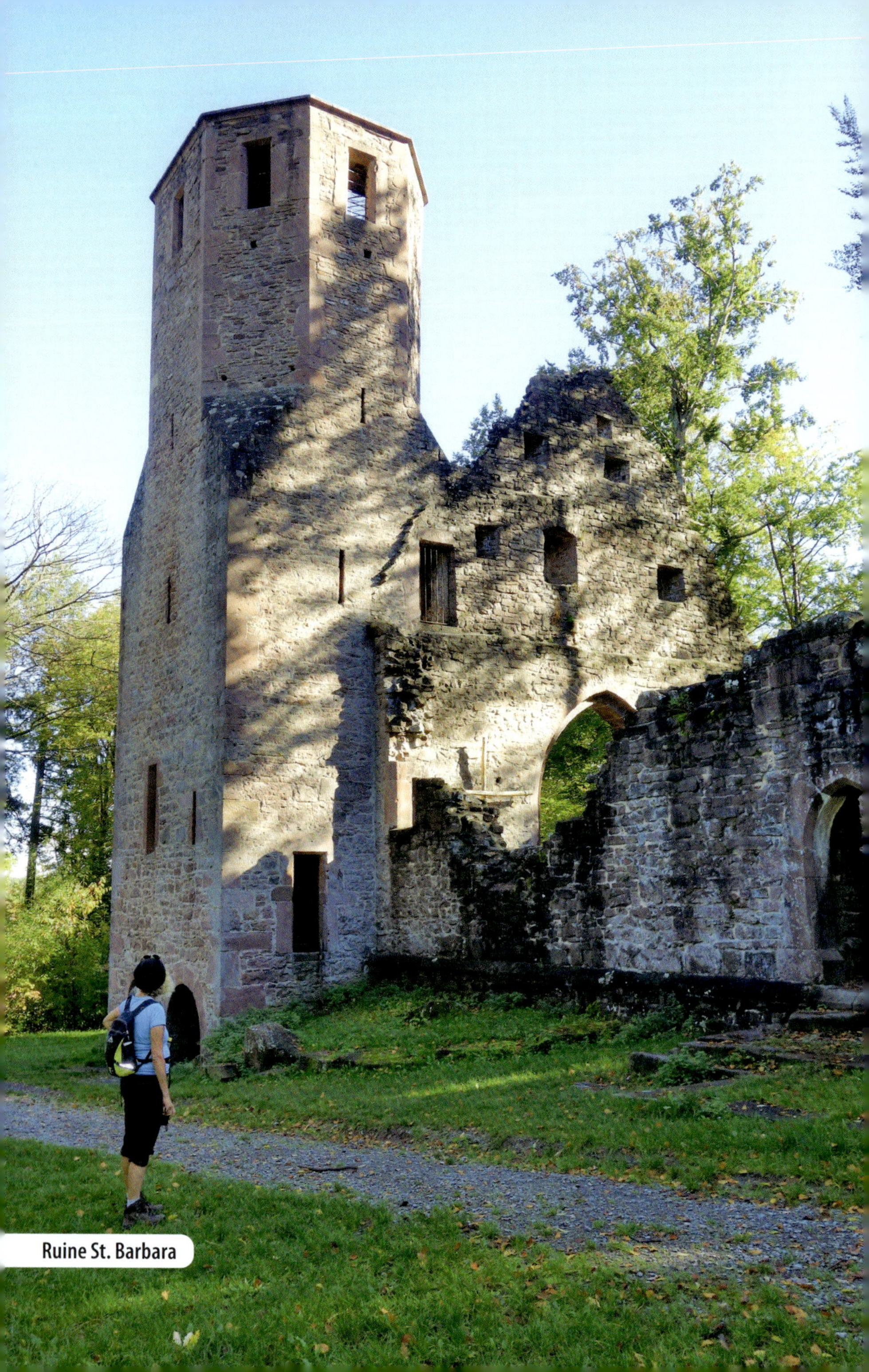

Ruine St. Barbara

Mit allen Sinnen

Zur Ruine St. Barbara

Diese vielversprechende Tour bei Langensteinbach vereint Stadtranderholung in schöner Panoramalage mit dem Besuch der Ruine der historischen St.-Barbara-Kapelle. Wer sich schon mal mit dem Thema Wünschelrutengehen beschäftigt hat, kann im Kurpark Waldbronn seine Sinne schärfen und mit der Wünschelrute oder dem Pendel auf der angelegten Strecke trainieren. Kurzweilig ist die Tour allemal und gerade im Herbst schillert das Laub in der Sonne in allen erdenklichen Farbtönen.

__Karlsbad__ besteht aus den Gemeinden Langensteinbach, Ittersbach, Auerbach, Mutschelbach und Spielberg.

Wir beginnen die Tour am Parkplatz beim **Bibelheim Bethanien,** wo wir unser Auto abgestellt haben. Schon von Weitem sehen wir die Wegmarkierungstafel mit unserer Markierung **Wallfahrt & Wünschelroute.** Das Bibelheim bietet evangelischen Christen einen Ort der inneren Einkehr und dient als Begegnungsstätte rund um das Motto „Gemeinsam Christus ehren". Hier kann man nicht nur bei einem Rundgang sein Wissen vertiefen, sondern auch an Veranstaltungen und Seminaren zum Thema Bibel teilnehmen.

Der Qualitätsweg „Wallfahrt & Wünschelroute" wird abwechselnd mit unterschiedlichen Farbrauten markiert, bitte hierauf besonderes Augenmerk legen. Neben dem Wald schreiten wir an dem prachtvollen Bau des Bibelheims vorbei und folgen dem schönen Weg, der uns einen Blick über die weitläufigen Wiesen ermöglicht. Dabei lassen wir die frühherbstliche Stimmung auf uns wirken; die Farbnuancen der Laubbäume erzeugen in der Sonne besonders schöne Bilder. Zunächst

Kilometer: 7,7
Höhenmeter: 70
Stunden: 2,5
RUNDWEG

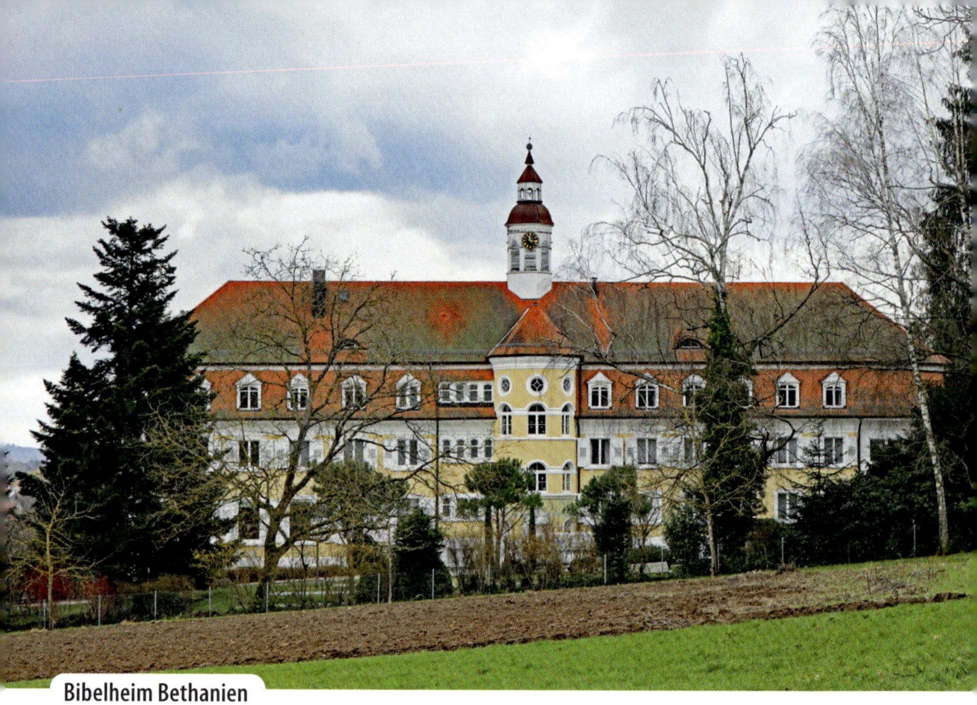

Bibelheim Bethanien

weist uns die **blaue Raute** den Weg über die **❶ AVG-Brücke.** Dort passieren wir auch die große Eiche **Sulzrichtstatt** mit ihrer Holzverzierung. Wenig später behalten wir am Standortpfosten **Kirschbaumrichtstatt** die Richtung bei und betreten den Wald erst nach ein paar Minuten in Höhe des Holzpavillons. Achtung, ab jetzt weist uns die **gelbe Raute** den Weg. Die klare Waldluft umgibt uns und wir genießen die tiefe Stille. Erholung pur, fernab vom Alltag einfach mal abtauchen und sich an der Ruhe in der Natur erfreuen. Gemütlichen Schrittes kommen wir voran und lassen die Schönheit des Herbstwalds auf uns wirken. Das beruhigt unsere Sinne und ist Balsam für unsere Seele. Nach einem kleinen Graben gehen wir links und am querenden Weg **Am Buchschlag** rechts versetzt auf einem hübschen Pfad weiter. Der mystisch wirkende Weg ist einfach zauberhaft. Wir fühlen uns wie Kräuterhexen, die im tiefen Wald Heilkräuter und Pilze für den Winter sammeln.

Bald verliert der Weg leicht an Höhe und wir erreichen die **❷ Hütte am Grillplatz Odenwiesen.** Jetzt gehen wir links und kreuzen eine Landstraße. Hinter einer Schranke wandern wir wieder durch Wald weiter. Wir lassen die Natur auf uns wirken, während rechts neben uns sanft plätschernd der **Hetzelbach** fließt. Wenig später verläuft rechts neben uns die Trasse der Stadtbahn und bald erreichen wir die S-Bahn-Haltestelle Reichenbach Kurpark, die wir überqueren. Vor einem Tennisplatz biegen wir links ab und begeben uns auf den Wünschelruten- oder auch **Radiästhesie-Lehrpfad** mit seinen zwölf Stationen. Parallel verläuft auch ein **Vogellehrpfad,** der mit den heimischen Vogelarten wie Kohl-, Tannen- und Blaumeise, Kleiber, Eisvogel, Grünfink und noch vielen mehr bekannt macht. Wir jedoch folgen weiter unserer Ausschilderung.

Für die Seele

Himmlisches mit irdischem Wünscheln kombinieren und zur Ruine St. Barbara wandeln.

Perfekt an heißen Tagen ist das **Kneippbecken,** das Abkühlung und Immunstärkung verspricht. Dahinter gelangen wir nach einer Weile an den hübschen **3 Kurparksee.** Toll schimmert die Sonne auf dem Wasser, während wir den kleinen See genüsslich im Uhrzeigersinn umrunden. Ein idealer Ort zum Verweilen; der Park bietet immer wieder die Möglichkeit, sich auszuruhen, ob auf einer Sitzbank, einer Himmelsliege unter einem alten stattlichen Baum oder auf der Wiese – eine echte Entspannungsoase. Am breiten Weg am Ende des Sees folgen wir dem Weg bergauf und erfreuen uns an der Ruhe, die der Kurpark ausstrahlt. Oben angekommen, erreichen wir eine überdimensioniert wirkende Brücke, auf der wir die kleine Landstraße

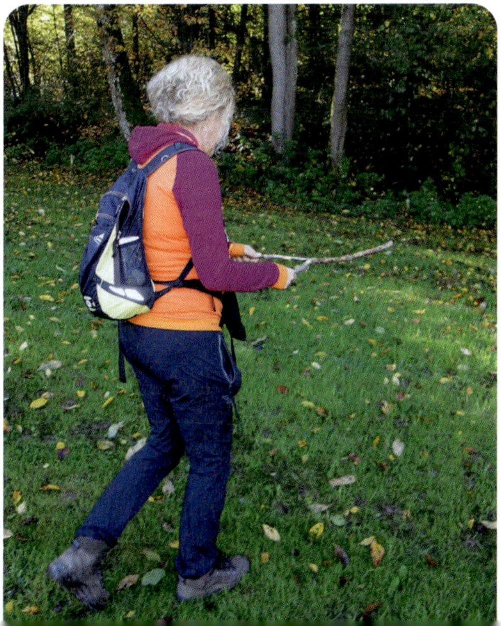

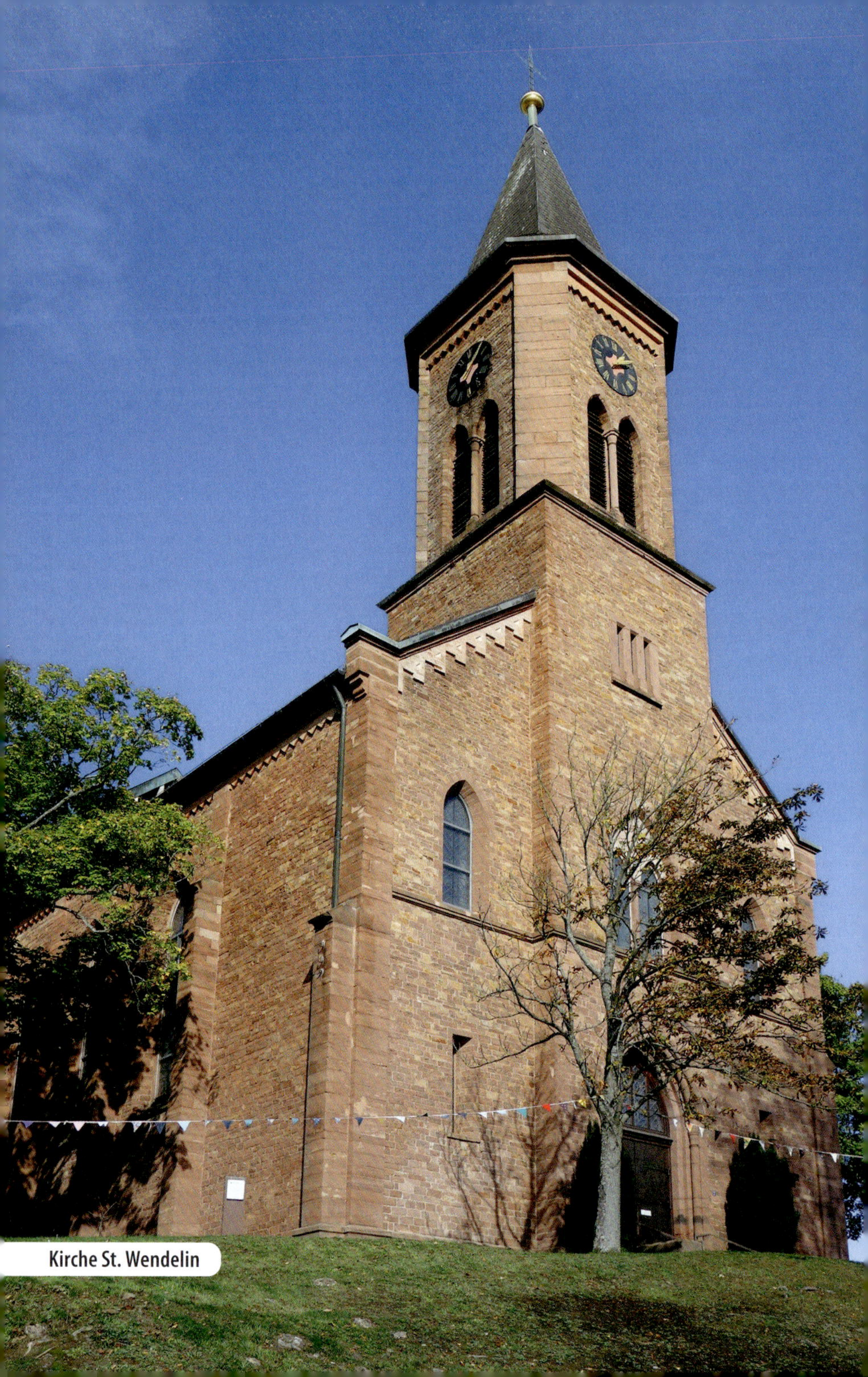

Kirche St. Wendelin

aber unbesorgt überqueren können. Zwischen Wald und Wohngebiet schreiten wir bergauf und biegen am Marienbildstock rechts zur Busenbacher Straße ab. Nach der **katholischen Kirche St. Wendelin** gehen wir am **4 Reichenbacher Brunnenplatz** zur Kronenstraße, die am **5 Restaurant Krone** vorbeiführt. An der Fußgängerampel überqueren wir die Pforzheimer Straße und die Gleise und biegen danach rechts ab.

*Zur Gemeinde **Waldbronn** haben sich die Orte Reichenbach, Neurod, Etzenrot und Busenbach zusammengeschlossen. In Waldbronn ist der Popsänger Max Giesinger aufgewachsen.*

Am **6 Weinhaus Steppe** laufen wir links in die St.-Barbara-Straße, bis die Merkurstraße rechts abzweigt. Nach dem letzten Haus biegen wir am Bildstock vor dem Wald links ab und passieren bald den Kleintierzuchtverein. Links versetzt geht es in Richtung Sportplatz und wir sehen in der Ferne die Langensteinbacher Kirchturmspitze aufragen. Gechilltes Wandern ist nun angesagt, während wir an schönen Streuobstwiesen vorbeilaufen und immer wieder das liebliche Panorama der ländlichen Gegend genießen. Vor den Sportanlagen geht es rechts hinauf zur Kuppe **Erlensiegen** und von dort links weiter. Nun folgen wir dem schönen Wiesenweg und erkennen schon bald das **Bibelheim.** Ehe wir unseren Ausgangspunkt wieder erreichen, spazieren wir geradewegs zur **S-Bahn-Station St. Barbara,** dort rechts und sind nach den Bahngleisen auch schon an unserem Parkplatz angekommen. Bevor wir wieder nach Hause fahren, wollen wir aber noch die Ruine der Kapelle etwas oberhalb des Bibelheims besichtigen. Wir folgen dem Waldweg am Picknickplatz vorbei und sind von dem alten Baumbestand des Wäldchens fasziniert. Eiche, Rosskastanie und Esche bieten einen stimmungsvollen Rahmen für die **7 Ruine der St.-Barbara-Kapelle.**

*Die Besichtigung der Ruine der **St.-Barbara-Kapelle** und die Besteigung des Aussichtsturms sind ein Highlight dieser Tour.*

Die einstige Kapelle errichteten Mönche des Klosters Herrenalb im Jahr 1330. Mitte des 15. Jahrhunderts soll die Kapelle ein Wallfahrtsort gewesen sein, da man dem Ort heilsame Kräfte zusprach, die angeblich mit dem Bildnis der heiligen Barbara zusammenhingen. Der ehemalige Kirchturm wurde zum **Aussichtsturm**

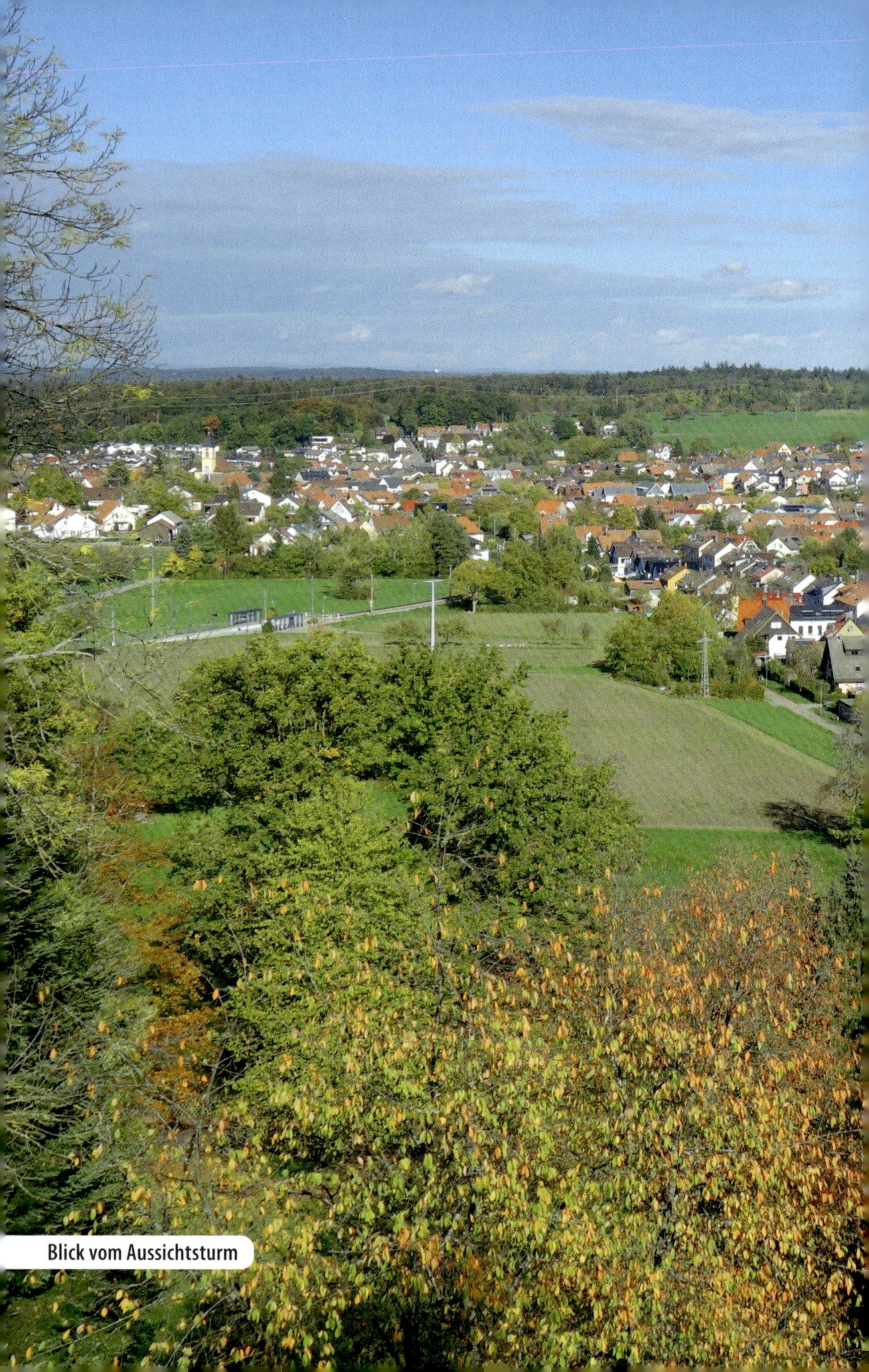

Blick vom Aussichtsturm

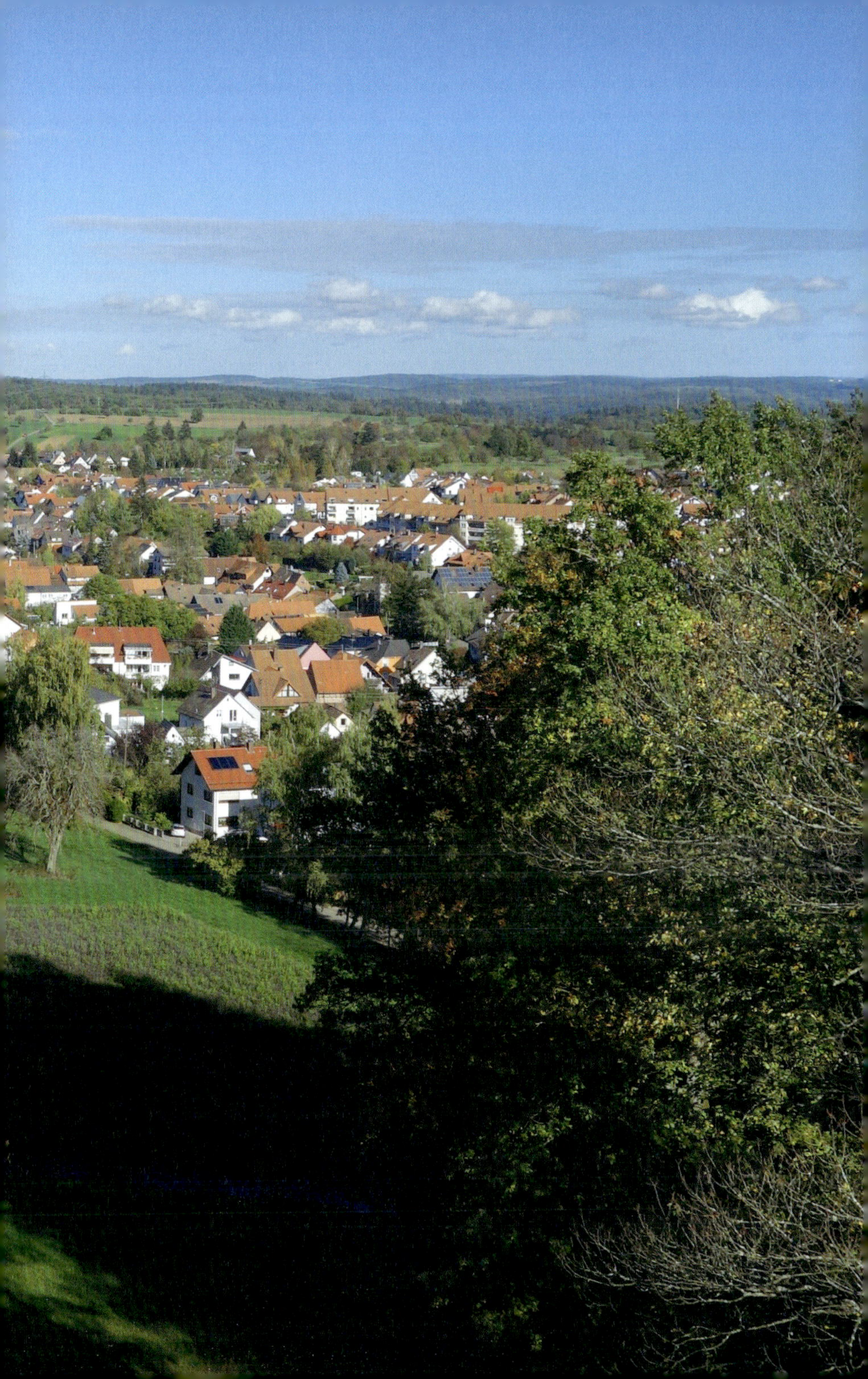

umgebaut, 88 Steinstufen führen zur Aussichtsplattform hinauf. Von hier oben hat man einen fantastischen Blick hinab nach Langensteinbach und über das Umland.

Nach ausgiebiger Erkundung des Gemäuers und gefühlten 100 Fotos mehr machen wir uns auf den Rückweg, fasziniert von den mächtigen Zeitzeugen der Vergangenheit, die nichts von ihrem einstigen Charme verloren haben. Zufrieden kehren wir über den Stichweg zum Parkplatz zurück. Unser Fazit: Ob Wallfahrt oder Wünschelrutenlehrpfad, auf dieser Wanderung lassen sich Kultur und Natur optimal vereinen.

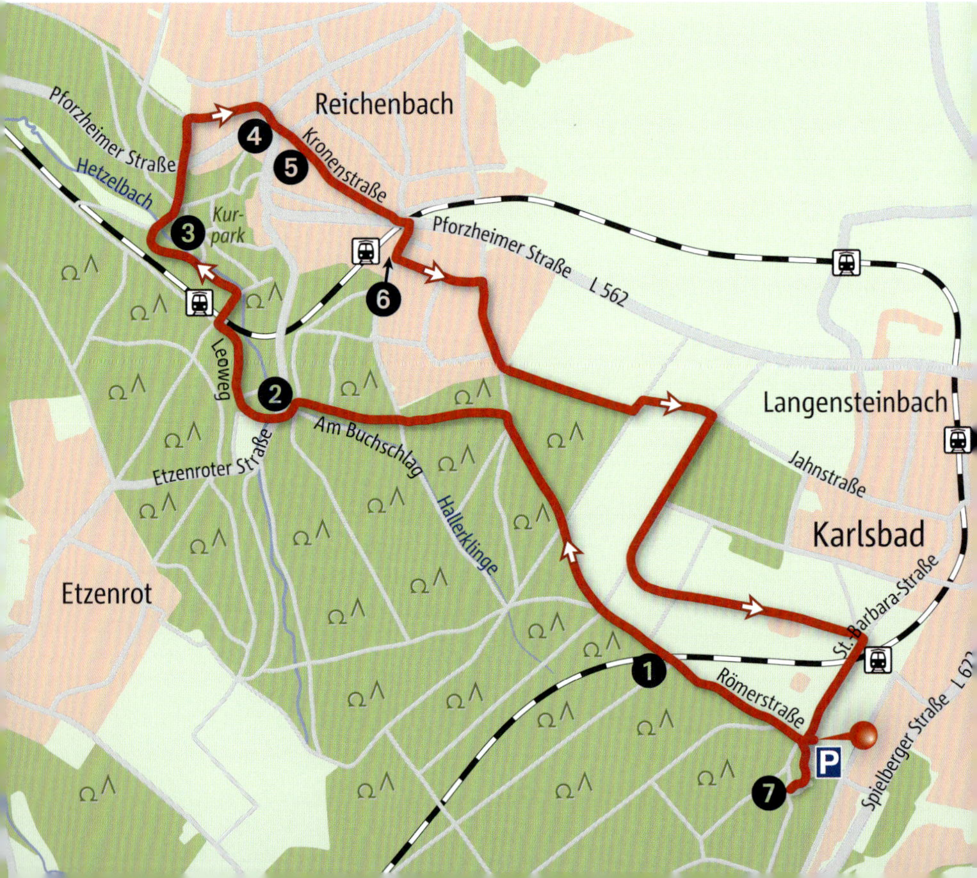

ALLES AUF EINEN BLICK

Entspannung 5/5
Abenteuer 4/5
Vielfalt 4/5

WIE & WANN

Die Wege sind sehr gut begehbar und durchgehend breit. Beste Wanderzeit von März bis Dezember.

HIN & WEG

Auto: Parkplatz beim Bibelheim Bethanien, Römerstraße, 76307 Karlsbad-Langensteinbach
ÖPNV: Bahnhof Karlsbach-Langensteinbach St. Barbara

ESSEN & ENTSPANNEN

5 **Restaurant Krone,** Kronenstraße 12, 76337 Waldbronn-Reichenbach, Tel. (0 72 43) 5 64 50, www.hotelkrone-waldbronn.de
6 **Weinhaus Steppe,** Neubrunnenschlag 18, 76337 Waldbronn-Reichenbach, Tel. (0 72 43) 5 65 60, www.weinhaus-steppe.de

ENTDECKEN & ERLEBEN

1 **AVG-Brücke**
2 **Hütte beim Grillplatz Odenwiesen**
3 **Kurparksee**
4 **Reichenbacher Brunnenplatz**
7 **Ruine St.-Barbara-Kapelle**

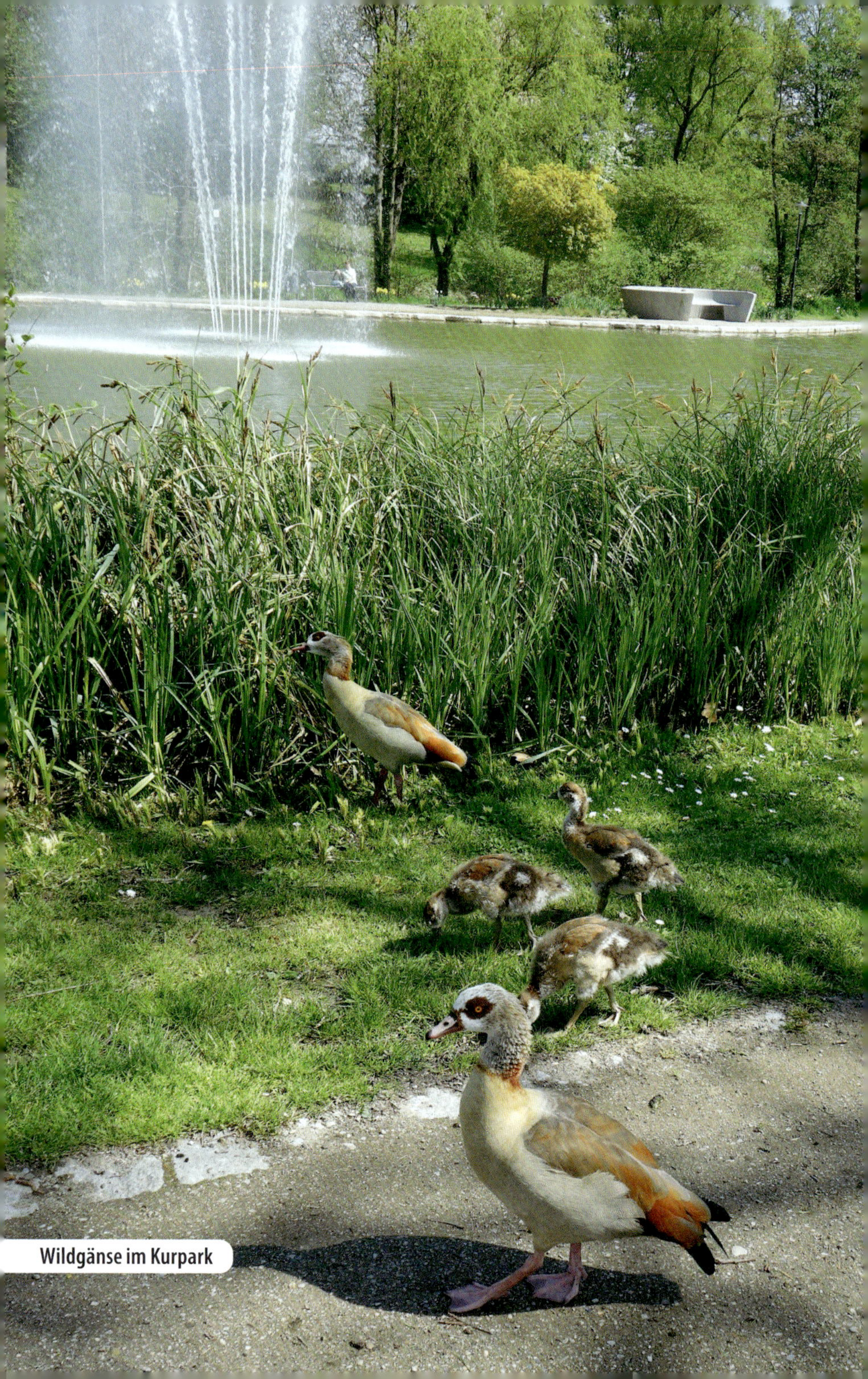

Wildgänse im Kurpark

Heilende Quellen

Wanderrunde bei Bad Schönborn

Diese naturnahe Wanderung besticht nicht nur mit ihrer landschaftlichen Idylle – hier zeigt sich der Kraichgau besonders im Frühling von seiner schönsten Seite. Erholungsuchenden bietet sie einen perfekten Mix aus Entspannung und sportlichem Ausgleich. Zudem verspricht **Bad Schönborn** Kurgästen Heilanwendungen und allen anderen Besuchern präventive Entspannung in einem der größten Thermal-Solebäder im Südwesten.

Die Orte Bad Mingolsheim und Bad Langenbrücken bilden die Gemeinde ***Bad Schönborn.*** *Die Heilbäder hier sind weit über die regionalen Grenzen bekannt und ein populärer Besuchermagnet.*

Wir beginnen unsere Wanderung am **Parkplatz beim Schützenhaus,** gehen zunächst am Waldrand entlang und biegen dann links zum ❶ **Wachhaus** ab. Hier soll in der NS-Zeit ein geheimes Munitionsdepot gewesen sein. Später sausten über den ehemaligen Kraichgauer Waldparkring von 1948 bis 1958 Rennwagen und Motorräder durch den Wald. Heute kaum noch vorstellbar, denn mittlerweile hat die Natur sich ihr Territorium wieder zurückerobert und nur noch wenig erinnert an die vergangenen Tage. Das Wachhaus ist jetzt eine Schulungsstätte für Umweltthemen.

Nun tauchen wir ein in eine grüne Oase aus Wiesen und Wäldern. Die **blaue BS1-Markierung** leitet uns zum ❷ **Kneipp-Armbrunnen.** An heißen Tagen kann man sich hier angenehm erfrischen. Weiter führt uns der Weg am Waldrand entlang und an einem Pflanzenlehrpfad vorbei. Hier können wir unser Wissen über Schafgarbe, Rotklee und Nelkenwurz vertiefen. In der kleinen Senke des Gründelgrabens erwartet uns ein wahres **Bärlauchparadies.** Selbst wer Bärlauch nicht er-

Kilometer: 7,9
Höhenmeter: 70
Stunden: 2,5
RUNDWEG

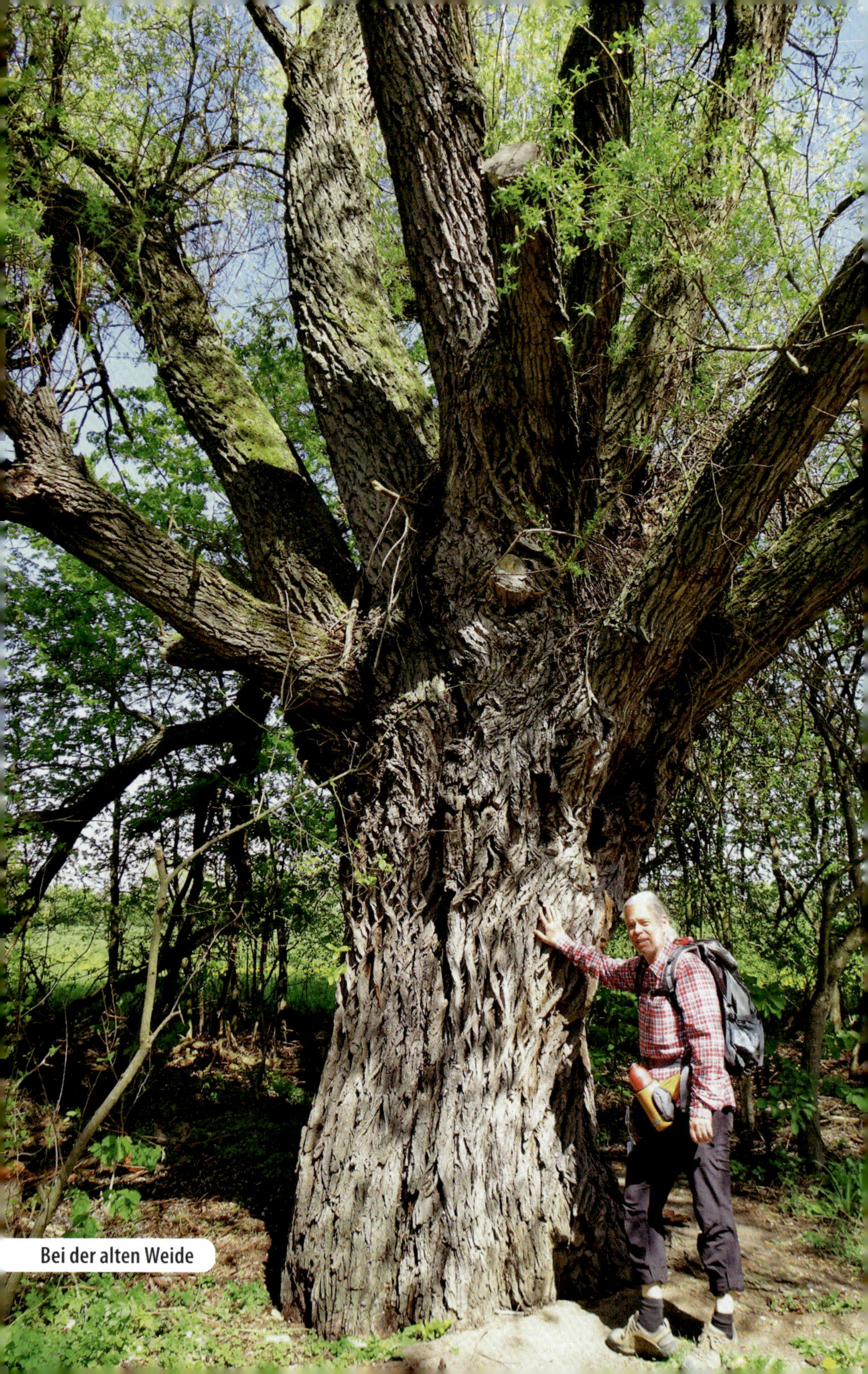
Bei der alten Weide

kennen würde, hat ihn zumindest schon gerochen, denn er hat einen unverkennbaren Knoblauchgeruch.

Weiter führt uns die Wanderung an Blumenwiesen entlang, die vor allem jetzt im Frühling ganz herrlich blühen. Wir sehen Wiesenschaumkraut, gelben Hahnenfuß, oder auch Butterblume genannt, sowie Immergrün und ein Meer aus Löwenzahn und Gänseblümchen. Nach einer kleinen Streuobstallee biegen wir am **Goldknöpfle** links ab und wandern an Obstbäumen vorbei zum ❸ **Waldspielplatz,** der mit einer **Rasthütte** aufwartet. Kurz darauf gehen wir am Wasserspeicher zweimal rechts ab. Erneut führt unser Weg an Streuobstwiesen entlang. Der Frühling zeigt sich hier von seiner prächtigsten Seite, überall explodiert förmlich die Natur und die Bäume und Sträucher leuchten in den schönsten Farben. Ein süßlicher Duft durchdringt die Luft. Jedes Jahr aufs Neue ist das ein beeindruckendes Naturschauspiel. Herz, was willst du mehr? Das entschädigt doch ungemein für einen langen Winter.

Für die Seele

Im Kurpark von Bad Mingolsheim dem Wasserspiel zuschauen und einfach mal nichts tun.

*Auf dem Pflanzenlehrpfad erfahren wir: **Bärlauch** hat eine heilende Wirkung, zum Beispiel bei Bluthochdruck oder Darmproblemen. Außerdem wirkt er entgiftend und antibakteriell.*

Vorbei an Spitzahorn und Birke gelangen wir zu einem ❹ **Brunnen mit Rastplatz,** wo wir eine kurze Pause einlegen können. Nachdem wir den Moment des Innehaltens genossen haben, wandern wir weiter und kurze Zeit später begleitet uns ein Wassergraben bis zur Kreuzung **Unterm Käsberg,** wo wir geradeaus gehen. An den großen Bäumen fallen uns viele Mistelzweige auf, die in den Geästen hängen. Wir genießen den hübschen Weg, der uns durch das romantische Wiesental führt, und entdecken unterwegs eine alte mächtige Weide, deren Äste in früheren Zeiten zur Korbflechterei verwendet wurden. Immer wieder atmen wir ganz tief die frische Wiesenkräuterluft ein und lassen sie durch unsere Lungen strömen. Ein wahrer Segen.

An der Picknickbank am Quotbach gehen wir halb links und schreiten jetzt den Häusern von **Bad Langen-**

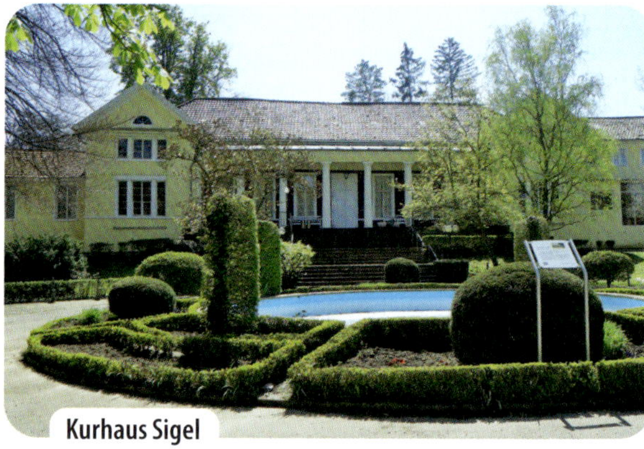
Kurhaus Sigel

brücken entgegen. Am Ortsrand halten wir uns links und folgen dem Pfad mit feinem Schotter durch eine lauschige Bachaue. Gleich nach dem Minigolfplatz führt unsere Tour durch den **Kurpark Sigel,** wo wir im mediterranen **5 Gasthaus Hendrick's** einkehren können. Wir verlassen unsere vertraute Markierung und laufen geradewegs dem ehrwürdigen **6 Kurhaus Sigel** entgegen. Einst tummelte sich hier die Crème de la Crème der Kurgäste, denn in dem repräsentativen Kursaal wurden sie mit Konzerten und Theater unterhalten. Das Kurhaus ließ Franz Peter Sigel 1824/25 im klassizistischen Stil erbauen. Wie einst bietet der Saal noch immer einen stilvollen Rahmen für Veranstaltungen. Das moderne Kurhaus Sigel finden wir, wenn wir am Brunnen vorbei die Badstraße hinaufgehen.

Oben an der **Badstraße** zweigen wir nach rechts ab und treffen wieder auf unsere Markierung BS1. Der Draisweg führt nach links und bringt uns an stattlichen Kastanien und japanischen Blütenkirschbäumen vorbei, die gerade jetzt besonders weiß-rosa blühen, eine wahre Augenweide. Am Ende der Grünanlage geht es rechts und anschließend folgen wir der Straße Im Kirchbrändel links aus dem Ort. Wir überqueren die B 292 und wandern gemütlich an den Sportanlagen vorbei. Der Wegesrand ist übersät von blauen

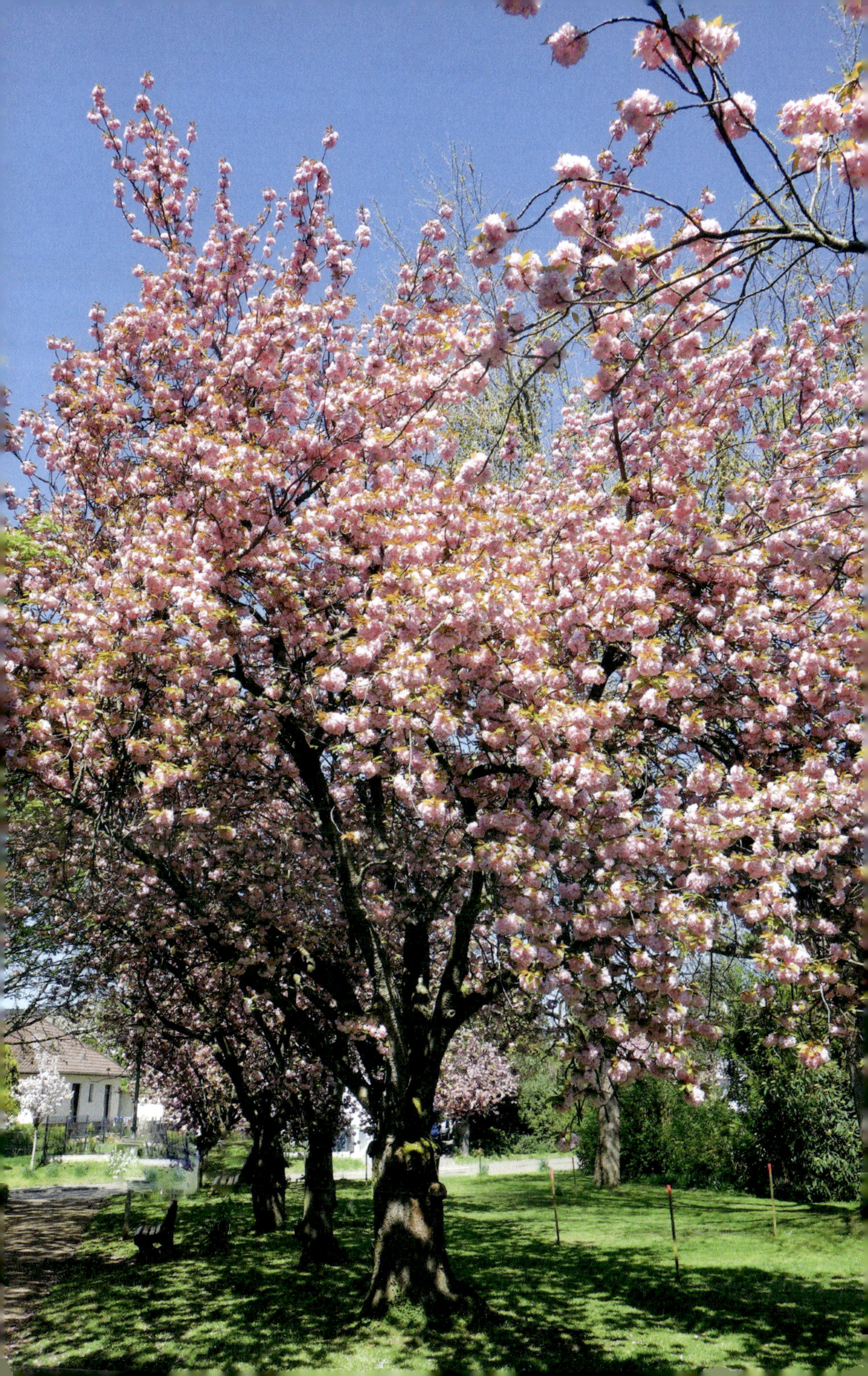

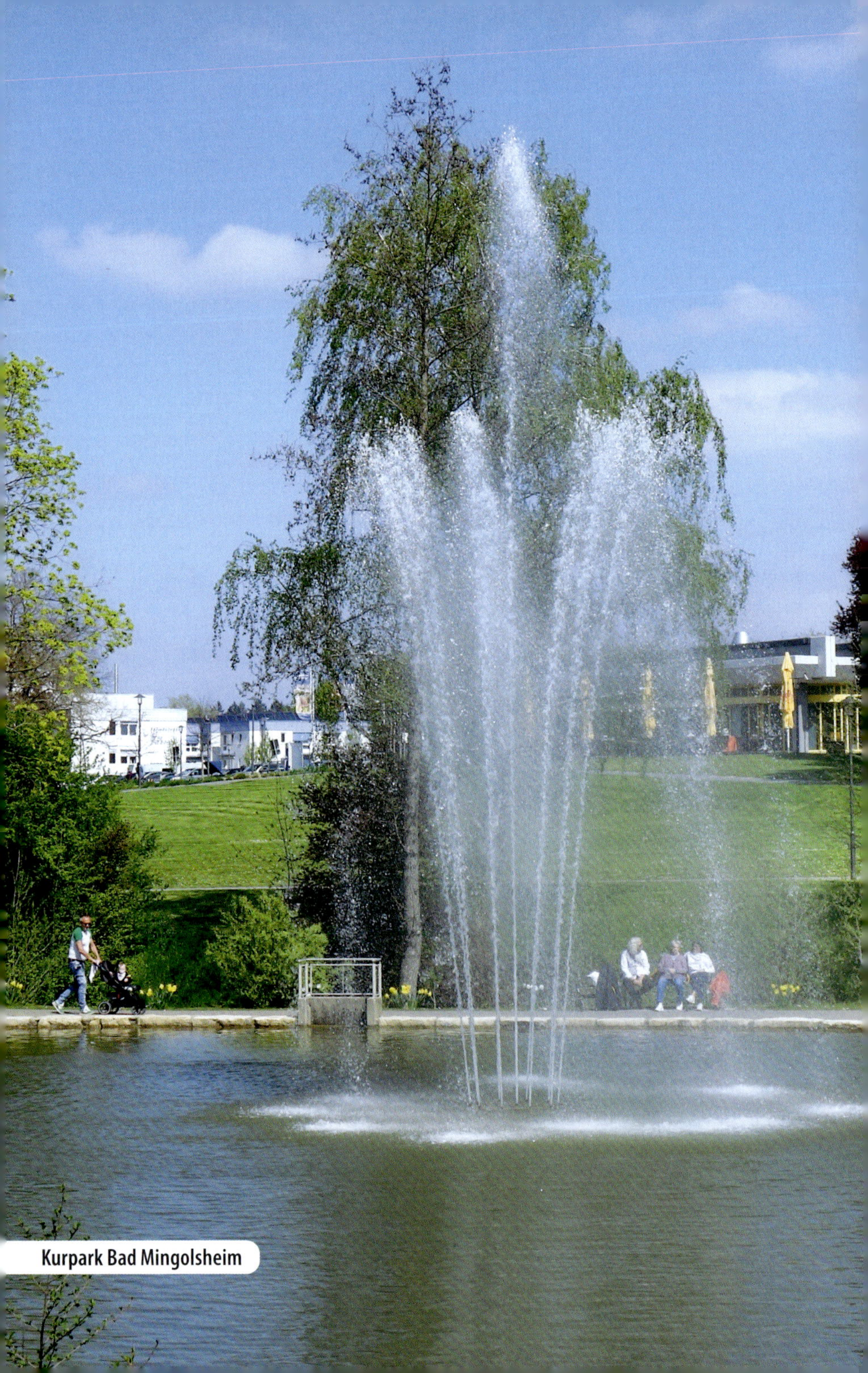

Kurpark Bad Mingolsheim

Traubenhyazinthen und wir erfreuen uns auch an den wunderschönen weißen Narzissen. Stück für Stück nähern wir uns nun **Bad Mingolsheim.** Am Ortsrand halten wir uns rechts und folgen wenig später der Markierung **roter Strich.** An der Falltor- und Lindenstraße entlang geht es zu einem Fußweg, der am Ortsrand am **7 Hotel Villa Medici** vorbeiführt und uns nach dem Überqueren der Straße in den **8 Kurpark** führt.

Der herrliche Park lädt zum Verweilen ein. Am See legen wir eine kurze Pause ein und genießen das Wasserspiel, die schöne Stimmung und die entspannte Atmosphäre. Dem bunten Treiben der Menschen und Wildenten könnten wir noch viel länger zusehen, aber der Geruch von Pommes und Bratwurst zieht uns wie magisch in den hübschen **9 Vitalis-Biergarten.** Dort legen wir eine Durstlöscherpause ein und verspeisen genüsslich Pommes und Grillwurst. Nach dieser Stärkung spazieren wir rechter Hand weiter, vorbei am **10 Thermarium,** dem hiesigen Kurbad. Der Markierung folgend wandern wir an der Kraichgaustraße entlang, streifen einen Wohnmobilstellplatz und biegen bei den **Eisenbahnfreunden** rechts ab. Weiter geht es an einer Kurklinik vorbei und am Steinkreuz schreiten wir

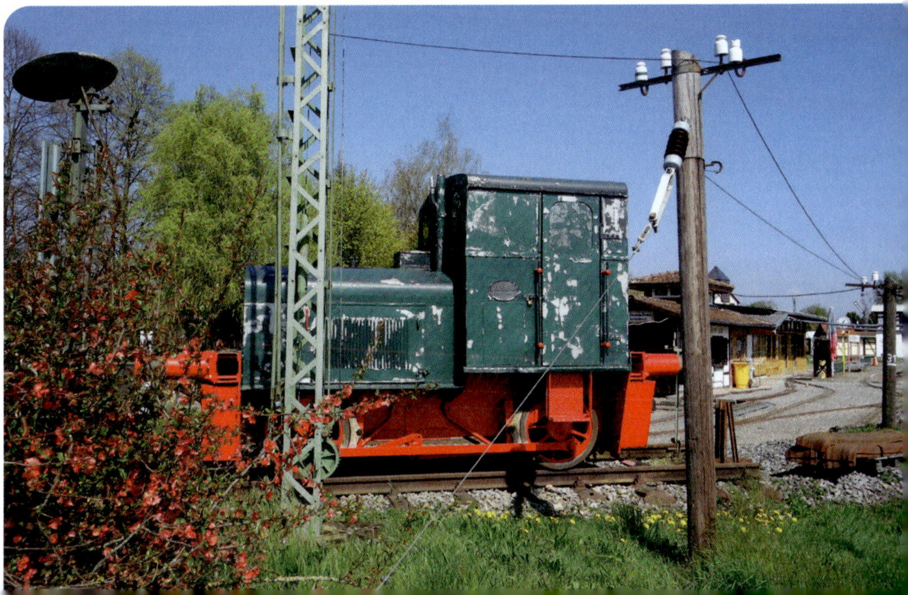

links auf die B 292 zu und überqueren sie an der Fußgängerampel. Gemütlichen Schrittes schlängelt sich unser restlicher Weg bis zum Ausgangspunkt zurück. Ein letztes Mal genießen wir den schönen Landblick.

Mehr als zufrieden mit dieser facettenreichen Wanderung fahren wir zum krönenden Abschluss zum **Thermarium** und entspannen uns im natürlichen Thermal-Sole-Wasser der Lambertus-Quelle. Eine Wohltat, die Durchblutung unserer Muskeln wird auf natürliche Weise gefördert und danach sind wir relaxt und gechillt. Nach diesem tollen Tag mit Wellnessausklang können wir gelockert in unseren Alltag zurückkehren.

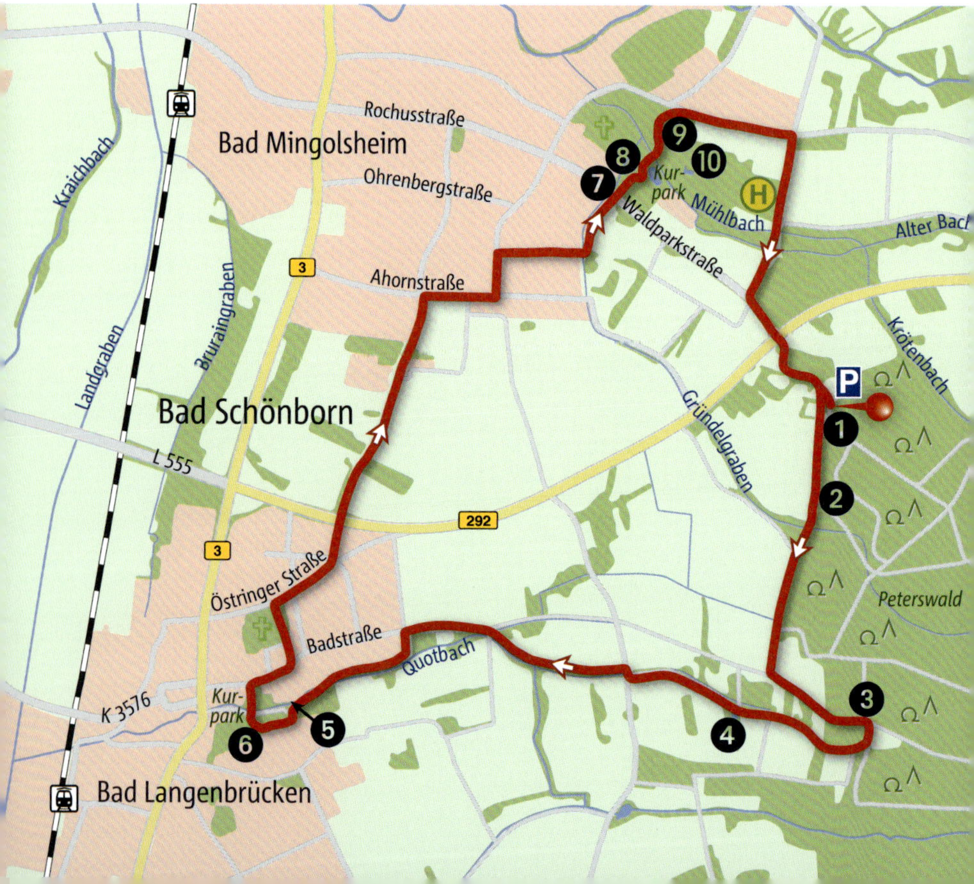

ALLES AUF EINEN BLICK

Entspannung ●●●●●
Abenteuer ●●●○○
Vielfalt ●●●●○

WIE & WANN

Die Wegbeschaffenheit ist durchweg sehr gut, beste Wanderzeit ganzjährig.

HIN & WEG

Auto: Wanderparkplatz am Schützenhaus, Waldparkring 1, 76669 Bad Schönborn-Mingolsheim
ÖPNV: Haltestelle Bad Schönborn-Mingolsheim Schettler-Weil-Klinik

ESSEN & ENTSPANNEN

5 **Hendrick's Mediterran,** Badstraße 26, 76669 Bad Schönborn-Langenbrücken, Tel. (0 72 53) 9 89 96 11, www.hendricksmediterranbadschoenborn.de

7 **Restaurant Villa Medici,** Waldparkstraße 20, 76669 Bad Schönborn-Mingolsheim, Tel. (0 72 53) 9 87 11 70, www.hotel-villa-medici.de

9 **Vitalis Biergarten,** Kraichgaustraße 14, 76669 Bad Schönborn-Mingolsheim, Tel. (0 72 53) 53 40, www.restaurant-vitalis.de

10 **Thermarium,** Kraichgaustraße 14, 76669 Bad Schönborn-Mingolsheim, Tel. (0 72 53) 8 02 70, www.bad-schoenborn.de/thermarium

ENTDECKEN & ERLEBEN

1 **Wachhaus**
2 **Kneipp-Armbrunnen**
3 **Waldspielplatz mit Rasthütte**
4 **Brunnen mit Rastplatz**
6 **Kurhaus Sigel**
8 **Kurpark**

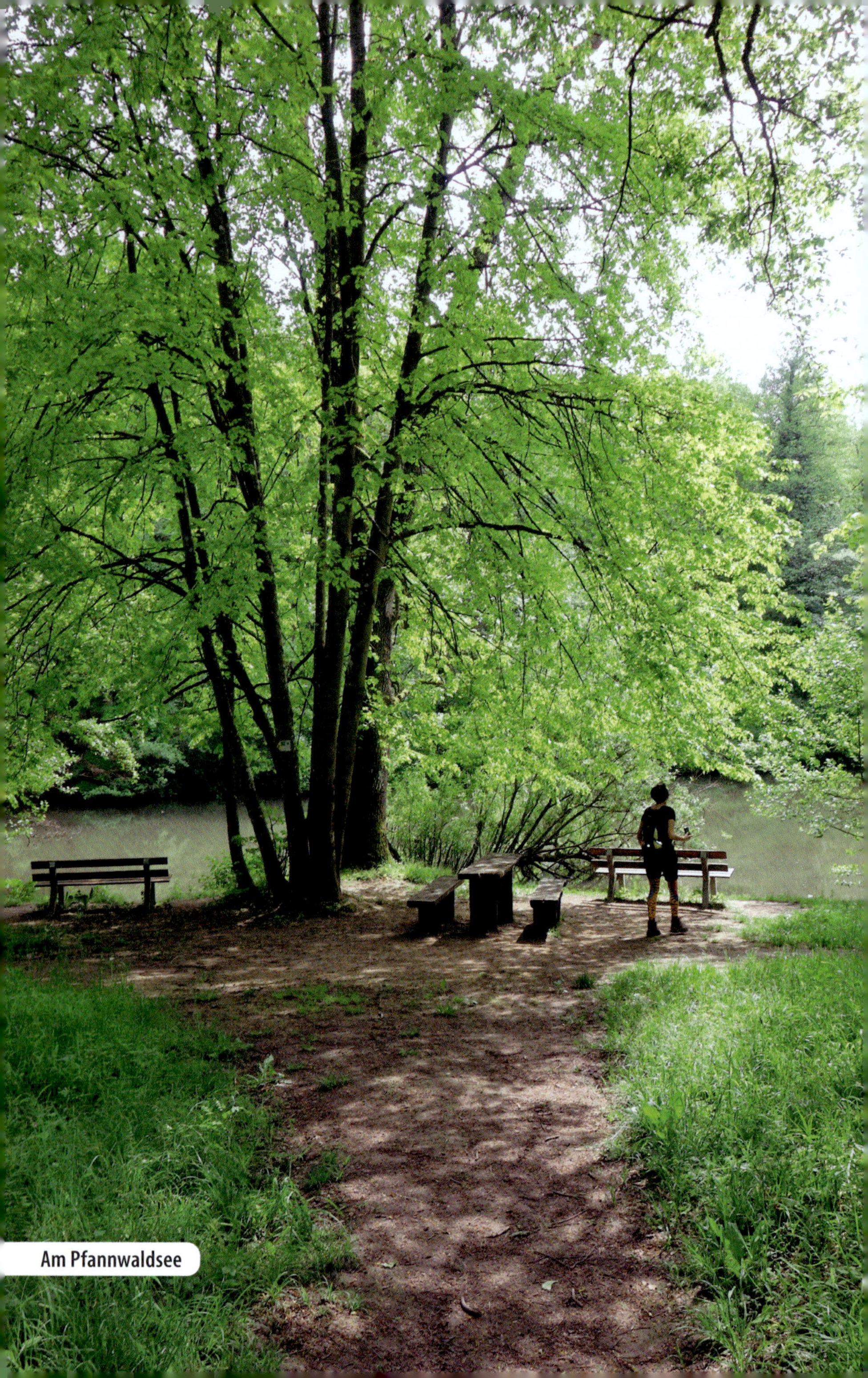

Am Pfannwaldsee

Paradiesisch

Beim Astronomiepark Kraichtal

Ein sagenhaftes Naherholungsgebiet erwartet uns rund um den Pfannwaldsee. Hier, mitten im Kraichgau, herrscht noch eine ursprüngliche, atemberaubende Natur – zu den Highlights zählen Wiesentäler, kleine Bäche, urige Waldpfade, natürlich entstandene Hohlwege und ein Astronomiepark der Extraklasse. Alles in allem ein gelungener Ausflugstag mit Wohlfühlfaktor.

*Der **Pfannwaldsee** ist ein mystisch-magisches Gewässer mit knorrigen Bäumen und einer kleinen Insel. Drei Narturkneippbecken laden am Bach zur Abkühlung ein.*

Los geht es am Parkplatz im ❶ **Naturschutzgebiet Kleiner Kraichbach – Pfannwaldsee.** Wir schnüren unsere Wanderstiefel und sind schon voller Vorfreude auf das, was wir heute alles zu Gesicht bekommen werden. Auf der Infotafel entdecken wir unser Wanderschild mit der **grünen K1-Markierung.** Rasch führt sie uns zu einem idyllischen Pfad am Seeufer entlang. Wir passieren eine Holzbrücke und folgen flussaufwärts dem quirligen Kleinen Kraichbach durch eine wunderschöne Landschaft. Gleich drei Naturkneippbecken stehen für eine Kneippkur bereit. Umringt von Haselnusssträuchern, Ahornen, Eichen, Buchen und Wald- und Wiesenkräutern passieren wir ein sumpfiges Gebiet, in dem hier und da Schilf wächst. Viele Klettenwurzeln, Farne und efeuumrankte Bäume geben dem Ganzen eine urwaldähnliche Note. Ein wahrer Traumpfad – wir kommen fast nicht mehr aus dem Schwärmen heraus und müssen aufpassen, dass wir unsere Wegmarkierung im Blick behalten.

Kilometer: 7,9
Höhenmeter: 170
Stunden: 3
RUNDWEG

Ein Forstweg kreuzt und wir gehen rechts über den Waldbach unter einem dichten Blätterdach weiter – pures Wanderfeeling. Bald

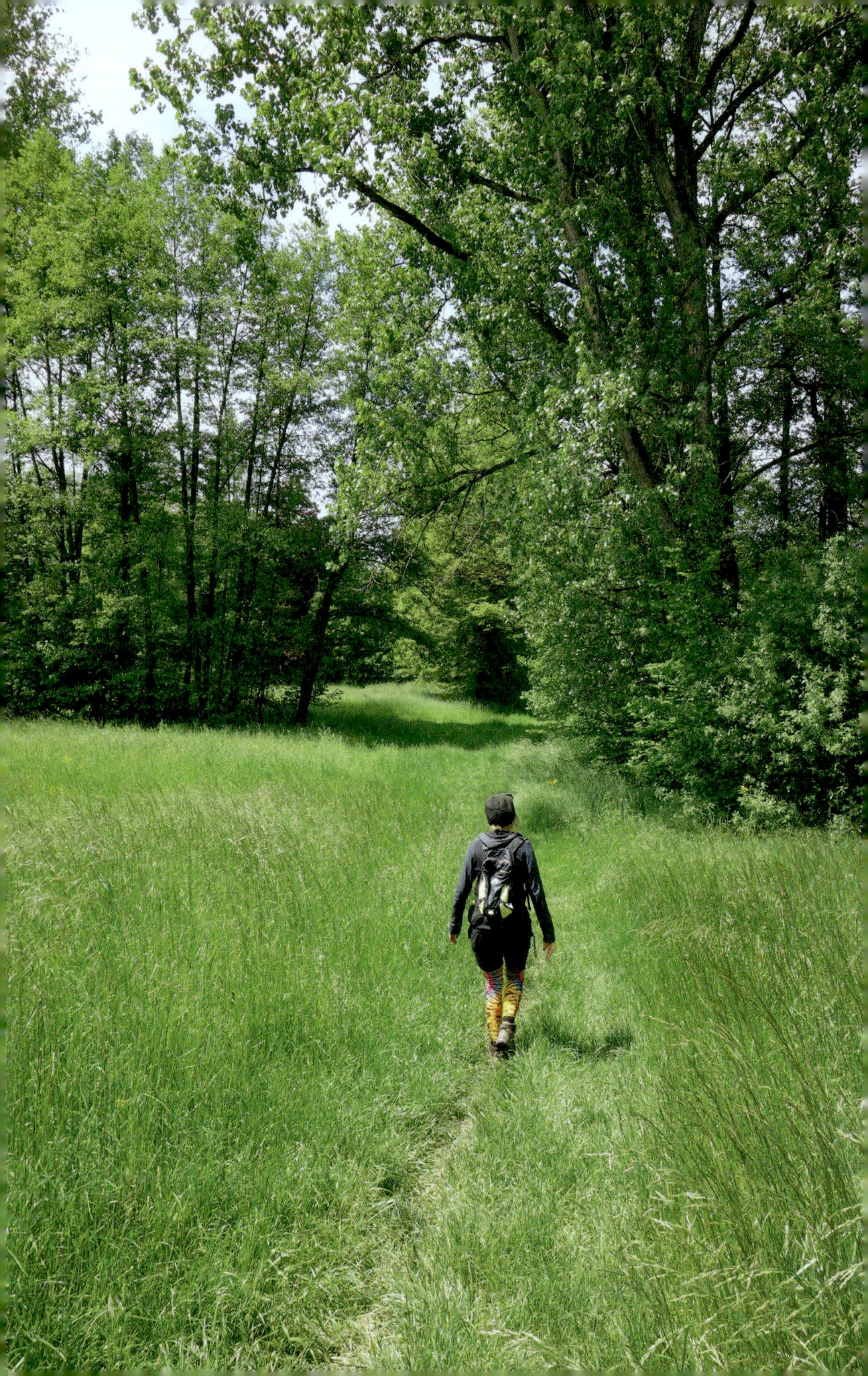

steigt unser Weg leicht bergan, wir lauschen dem Vogelgesang und sind inzwischen vollkommen entspannt. An der Kreuzung **Pfannwald Ost** halten wir uns rechts und laufen kerzengerade durch den Wald, dabei können wir die erdigen, moosigen und holzigen Gerüche intensiv wahrnehmen, während uns eine leichte Brise um die Nase weht. Auf einer langen Geraden folgen wir unserer Ausschilderung bis zum Rechtsabzweig und erreichen hinter einer Schranke den ❷ **Grillplatz Pfannwald** mit Spielplatz und Schutzhütte. Es ist ein guter Platz für eine ausgiebige Rast, aber uns ist es für eine Pause noch zu früh. Nach einer kleinen Kuppe wandern wir an einem Graben vorbei und folgen dann einem Hohlweg geradeaus ins Naturschutzgebiet hinunter.

Für die Seele

Ein Waldsee mit romantischem Bachtal und superschöne Hohlwege zaubern uns in eine andere Welt.

Unten empfängt uns eine zauberhafte Graslandschaft, in der stattliche Bäume unsere Blicke auf sich ziehen. Im himmlischen Wiesental fällt uns wenig später ein altes Volkslied ein: „Im schönsten Wiesengrunde ist meiner Heimat Haus; / da zog ich manche Stunde ins Tal hinaus." Bald queren wir erneut den Kleinen Kraichbach. Am Fahrweg wandern wir nach links, folgen dem Weg in einer lang gezogenen Kurve und biegen nach etwa 200 Metern rechts auf einen Pfad ins Naturschutzgebiet ab. Der Hohlweg an der ❸ **Galgenhohle** ist sehr beeindruckend. Dicke Äste ragen aus den meterhohen Lösswänden heraus, die vielen kleinen Löcher dienen wahrscheinlich Tieren als Eingänge. Ob hier wohl ein Dachs oder ein Marder lebt? Am Ende des Hohlwegs wachsen vereinzelt Wildkirschen, die aber noch nicht reif sind. Weiter geht es an den weiten Feldern des Münchtals entlang. Auf einem ❹ **Hügelsofa am Mausberg** können wir eine kleine Auszeit einlegen.

In der dichten Hecke neben dem Weg wachsen nicht nur Hagebutte und Himbeere, sondern auch

Weißdorn, eine Heilpflanze, die bei Erschöpfung, Müdigkeit und zur Herzstärkung gute Dienste leisten kann. Gerade blüht er wunderschön weiß. Nun wechselt der Hohlweg sein Stimmungsbild. Wie faszinierend hier alles mit Efeu überwuchert ist! Das Schatten spendende Blätterdach bietet uns nun eine wohltuende Sonnenpause. Oben angelangt, erwartet uns Ackerland, doch schon bald gehen wir wieder am Wald entlang und biegen beim **Himmelreich** rechts ab. Ein Forstweg nimmt uns auf. Gedankenversunken kommen wir im Buchenwald leichten Schrittes zügig voran. Beim 5 **Aussichtsbalkon Kohlplatte** auf 230 Metern Höhe können wir weit hinaus bis zum Schwarzwald blicken. Genau zum richtigen Zeitpunkt bietet uns die Sitzbank eine ideale Gelegenheit, unser Rucksackvesper in toller Aussichtslage zu verzerren. Total entspannt und frisch gestärkt machen wir uns wieder auf und gelangen auf Schusters Rappen schnell in waldiges Terrain hinein. Schon nach einigen Metern achten wir auf den Rechtsabzweig, der uns zu einem Stichweg Richtung 6 **Astronomiepark Kraichtal** leitet.

*Im **Astronomiepark** gibt es viel Wissenswertes aus dem All und weit entfernten Galaxien zu erfahren. Eine Führung mit Roland Zimmermann und André Gatzke ist sehr zu empfehlen.*

Fasziniert von der 4000 Quadratmeter großen gepflegten Anlage mitten in schönen Weinbergen tauchen

Astronomiepark Kraichtal

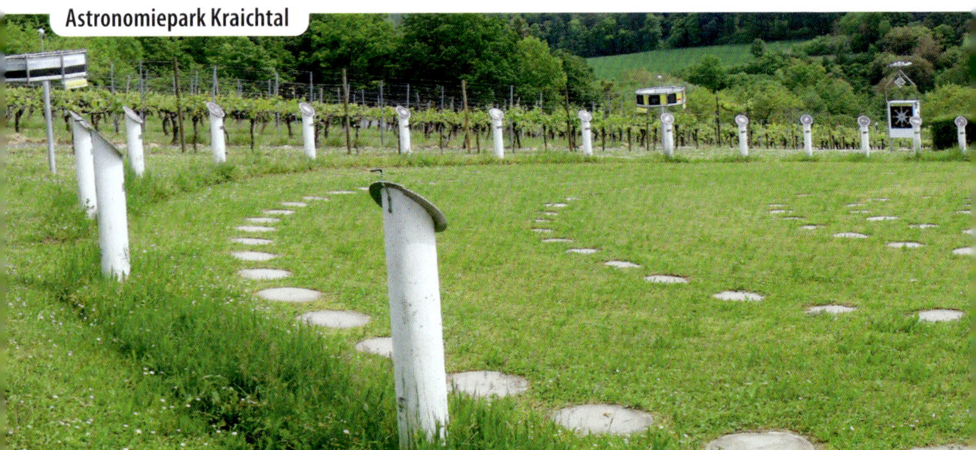

wir in die fremde Welt der Astronomie ein. Der Park ist in Privatbesitz und wir lassen gerne eine kleine Spende für die Instandhaltung da. Astronomische Nachbauten vermitteln in der Sternwarte anschaulich die Himmelsmechanik.

Unten im Tal erblicken wir Oberöwisheim, dahinter breitet sich der Nordschwarzwald aus. Immer noch tief beeindruckt gehen wir zu unserem Wanderweg zurück. Der Abstecher hat sich mehr als gelohnt. Nun führt unser Weg talwärts, gemächlich laufen wir völlig losgelöst von unseren Gedanken vor uns hin. Der Forstweg schlängelt sich munter durch den Wald, steigt noch einmal ganz kurz an und führt dann endgültig ins Tal. Ein Meer aus Springkraut und Brennnesseln breitet sich am Wegesrand aus. Im **Streitwald** gelangen wir an eine Vierfachkreuzung und halten uns rechts. Zielsicher wandern wir durch den lauschigen Wald und lassen die Stille auf uns wirken. Unglaublich, wir hören nur die Geräusche der Natur – das Summen der emsigen Waldbienen, das Zwitschern der Vögel, das Raunen der Blätter, das Knacken der Äste und das Knirschen der Steine unter unseren Sohlen. Die letzten Meter unserer Tour laufen wir fast wie

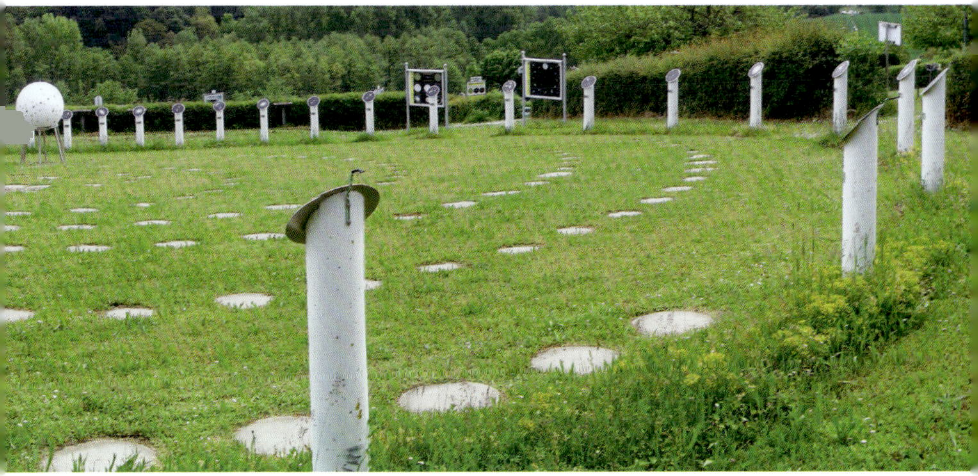

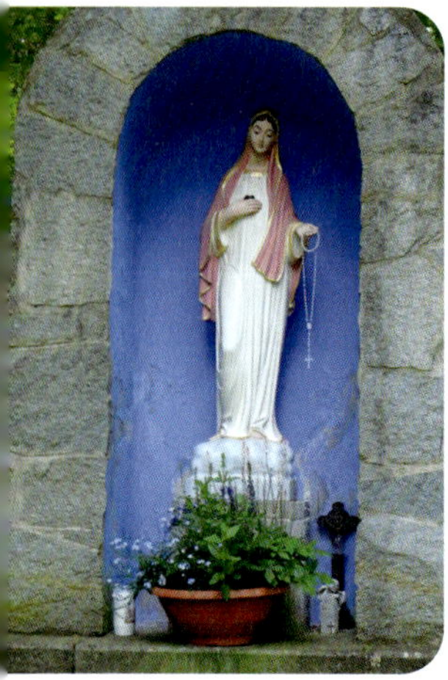

von allein, so relaxt sind wir mittlerweile. Wenig später kommen wir am Pfannwaldsee an.

Spontan beschließen wir, den See noch zu umrunden, als krönenden Abschluss der Wanderung. In der Nähe vom Parkplatz entdecken wir einen **7 Marienbildstock,** an dem wir unserem Schöpfer spontan mit einem kurzen Gebet für den wunderschönen Tag danken. Und weil wir in der Nähe, im Ort Odenheim, das hervorragende **Eiscafé Adria** kennen, essen wir nach unserer Runde dort ein leckeres Spaghettieis.

Diese wunderschöne Tour hat unsere Erwartungen weit übertroffen. Sie ist ideal, um die Seele baumeln zu lassen, und wird alle begeistern, die sich für Astronomie und die Sterne interessieren.

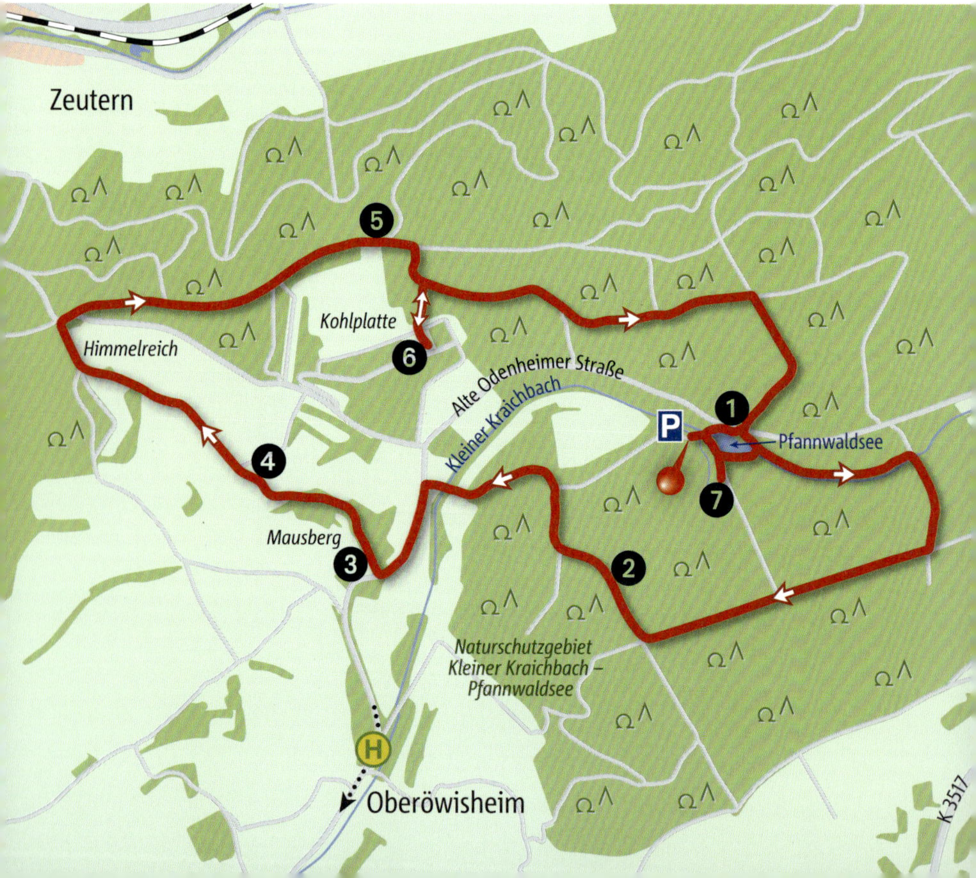

ALLES AUF EINEN BLICK

Entspannung 5/5

Abenteuer 5/5

Vielfalt 5/5

WIE & WANN

Die Wegbeschaffenheit ist durchweg sehr gut, hübsche Waldpfade, Forst- und Hohlwege wechseln sich ab. Beste Wanderzeit ganzjährig.

HIN & WEG

Auto: Waldparkplatz am Pfannwaldsee, 76703 Kraichtal-Oberöwisheim
ÖPNV: Haltestelle Oberöwisheim Feuerwehrhaus; dann die Tour ab der Galgenhohle erwandern

ESSEN & ENTSPANNEN

Bitte an Rucksackverpflegung denken.

Abseits der Route empfehlenswert:
Eiscafé Adria, Nibelungenstraße 23, 76684 Östringen, Tel. (0 72 59) 16 43

ENTDECKEN & ERLEBEN

1. **Naturschutzgebiet Kleiner Kraichbach – Pfannwaldsee**
2. **Grillplatz Pfannwald**
3. **Galgenhohle**
4. **Hügelsofa am Mausberg**
5. **Aussichtsbalkon Kohlplatte**
6. **Astronomiepark Kraichtal,** Kohlplatte Nummer 1, 76703 Kraichtal-Oberöwisheim, Tel. (0 72 51) 6 96 08, www.sternwarte-kraichtal.de
7. **Marienbildstock**

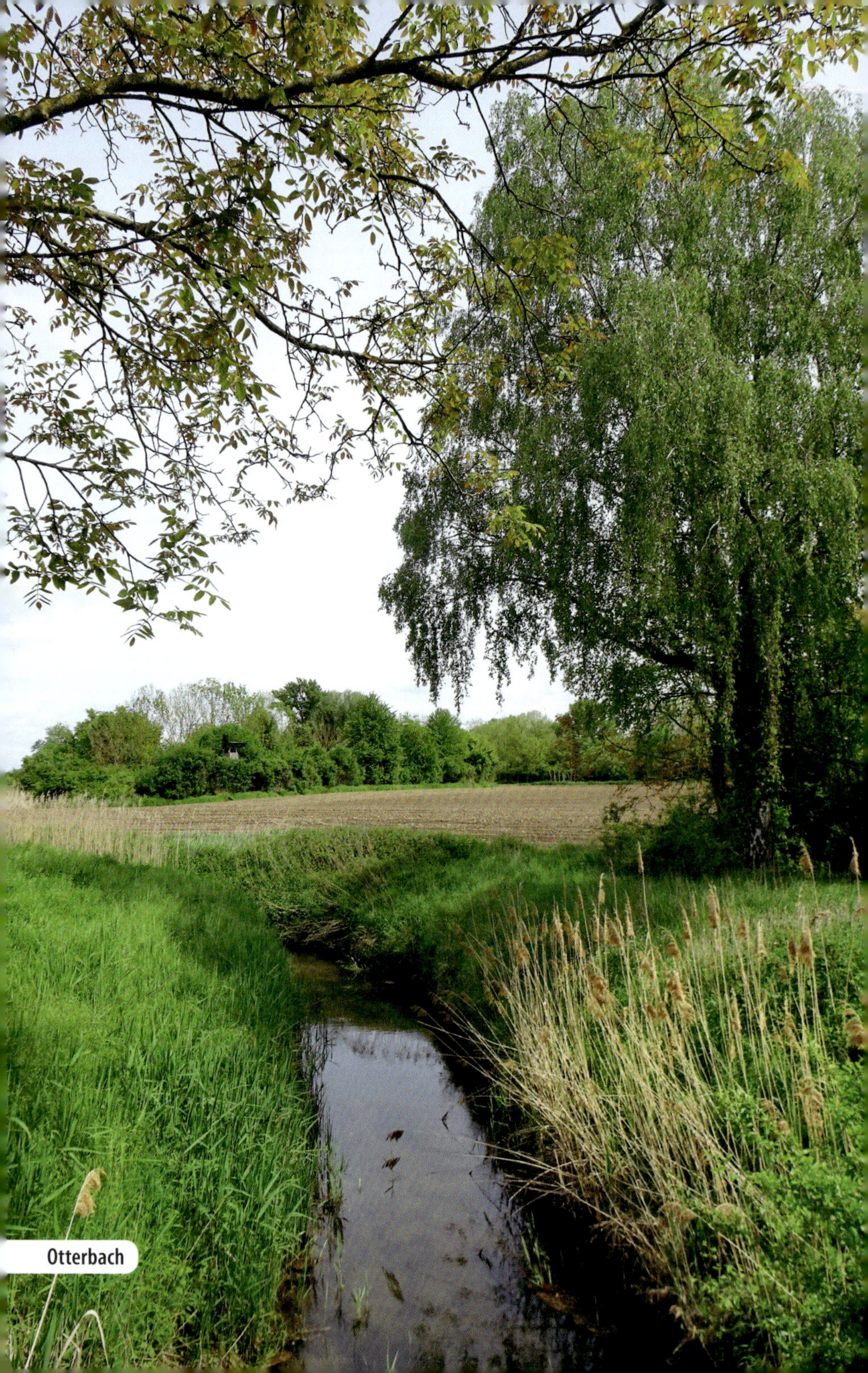

Otterbach

Wasserglück

Rund um den Altrhein bei Neupotz

Einen wahren Geheimtipp und Natursegen dürfen wir heute erleben, denn die Wanderung führt uns quer durch den Auenwald und rund um den wunderschönen Altrhein. Der **Fischerweg** verspricht uns eine urwaldähnliche, paradiesische Schöpfung und hält sein Versprechen. Wir tauchen ein in ein intaktes, aber urwüchsiges Ökosystem und erleben an den Ausläufern des Altrheins erholsame, völlig entspannte Momente. Die Runde führt uns durch eine unverwechselbare unberührte Natur- und Wasserwelt, die uns viel Kraft spendet. Wasser fasziniert seit Anbeginn der Zeitrechnung die Menschheit, denn ohne Wasser wäre kein Leben auf unserem Planeten möglich. Wasser wirkt sich positiv auf unser Nervensystem aus und hat eine klärende, reinigende Wirkung. Wir spüren meist unbewusst eine tiefe Verbundenheit, wenn wir in der Nähe von Wasser sind. Darum erkunden wir heute die bezaubernden Rheinauen des Neupotzer Altrheins.

Wir starten in **Neupotz** am Parkplatz beim Friedhof und folgen links dem Betonplattenweg, der am **Schmiedhof** vorbeiführt. Am dortigen 24-Stunden-Automaten können wir Milch tanken. Wir tauchen dann direkt ins Landschaftsschutzgebiet ein. Unsere Markierung, ein **grüner Fisch auf weißem Grund,** begleitet uns. Beim Querweg am Grüngürtel gehen wir links. Hinter dem weitflächigen Ackerland sehen wir als Kulisse den Ort Neupotz. Aus der wildbewachsenen Grünzone des Altrheins dringen zahlreiche Tiergeräusche an unsere Ohren, die Frösche am See feiern ihr

Kilometer: 12,6
Höhenmeter: 30
Stunden: 4
RUNDWEG

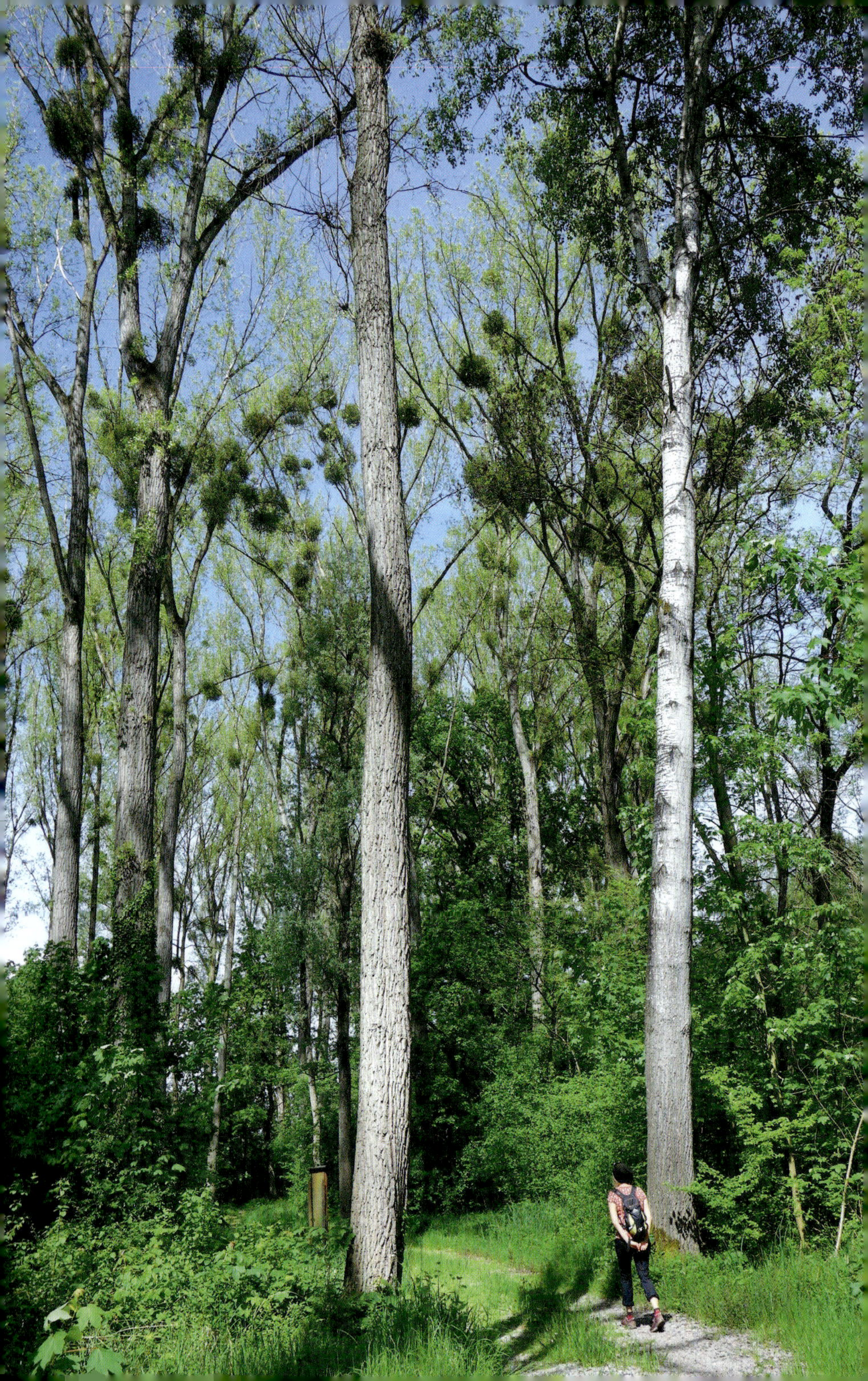

Fest. Auf der Wiese vor uns wächst Inkarnatklee, auch Blutklee genannt, dem unter anderem blutstillende, antibakterielle und Husten lindernde Eigenschaften zugeschrieben werden. Wir schreiten am Tennisplatz vorbei, laufen weiter geradeaus und lassen auch den Sportplatz links liegen.

Ein herrlicher Wiesenweg nimmt uns auf und führt uns durch ein kleines schattiges Wäldchen. Fröhliches Vogelgezwitscher begrüßt uns, während wir über Streuobstwiesen laufen. Beim Querweg weist uns die Route rechts an blühenden Wiesen und Obstbäumen vorbei, die hier das Landschaftsbild bestimmen. Immer näher rückt der Altrhein heran. Jetzt achten wir auf den Linksabzweig zum Feldweg, während uns der ❶ **Otterbach** mit sanftem Plätschern begleitet. Entspannt schlendern wir an seiner Aue entlang und genießen die friedliche Atmosphäre. Solche einmalig schöne Momente kann man einfach nur in der Natur erleben. Eine wilde Vegetation und das Summen und Brummen von Insekten sowie ein Vogelchor begleiten uns. Nachdem wir auf einer Brücke den Altrhein überquert haben, halten wir uns rechts und gelangen an einer Schleuse zu einem festen Weg. Hier gehen wir links. Mächtige alte Weiden wachsen am Wegesrand des **Wassergrabens.** Ein Kuckuck wird zu unserem ständigen Begleiter, immer wieder vernehmen wir seinen markanten Ruf.

Für die Seele

Natur pur umgibt uns in der Aue des Neupotzer Altrheins. Wir lassen die Seele baumeln.

Bis 1500 lag zwischen dem Altrhein und dem heutigen Otterbach auf einem schmalen Landstück das Dorf „Potz". Wegen des Rheins musste es weichen und ***Neupotz*** *entstand. Einer Überlieferung zufolge ist bei Hochwassergefahr bis heute eine alte Glocke vom Grund herauf zu hören.*

Wir behalten die Richtung bei und lassen uns von der wildromantischen **Auenlandschaft** faszinieren, die wir jetzt durchwandern. Unser Weg führt uns an Schilf und dicht bewachsenen Hecken vorbei und wir sind tief beeindruckt von dem unberührten Naturparadies, das hier von der ehemaligen Auenlandschaft übrig geblieben ist. Diese Naturzone bietet nicht nur Schutz, sondern dient als Lebensraum für seltene Vogel-, Fisch- und Pflanzenarten. Sie zählt zu den arten-

*In früheren Zeiten war die **Erle** beliebter Werkstoff zur Herstellung einer Mundharmonika. Zudem zählt sie zu den stickstoffsammelnden Gehölzen, die nährstoffarme Böden verbessern können und gute Klimaneutralisierer sind.*

reichsten hier in der Gegend. Ein Linksabzweig bringt uns zum Waldlehrpfad und wir tauchen in eine urwaldähnliche Romantik ein, geprägt von Dickicht und Baumstümpfen, herunterhängenden Lianen, Efeu und der Waldrebe. Sogleich stellt sich bei uns Leichtigkeit ein, mitten in dieser Kraftoase im Herzen von Mutter Natur. Auf dem ❷ **Waldlehrpfad** erfahren wir viel Wissenswertes über Holzarten und ihre Verwendung und können uns zudem über die verschiedensten Pflanzen und Tiere informieren. Wenn wir kurz einmal stehen bleiben und dem Klang der Natur lauschen, erkennen wir vielleicht die ein oder andere Vogelart und vernehmen das Knacken der Äste sowie das Raunen der Baumkronen. Vielleicht läuft uns ein Rehkitz über den Weg, weil wir bei dieser Achtsamkeitsübung im Wald sehr leise sind.

Bald erreichen wir die ❸ **Willi-Schwab-Schutzhütte,** die sich optimal für eine ausgedehnte Rast eignet, denn hier können wir gemütlich Platz nehmen und dem Konzert der Vögel lauschen. Nach unserer ausgedehnten Ruhepause folgen wir weiter dem verschlungenen, mystisch wirkenden Pfad, der neben dem verlandeten Altrhein mitten durch die grüne Lunge von Neupotz führt. Ein breiter Weg kreuzt – jetzt sind wir in der Nähe des wasserreichen Gebiets angekommen, das exotischen Wasserpflanzen und Tieren gute Lebensbedingungen bietet. Während wir weiter dem Lehrpfad folgen, gelangen wir in einen fast meditativen Zustand und genießen die imposanten hohen Bäume, deren Baumkronen allesamt mit Misteln durchsetzt sind. Gleich nach dem Wald laufen wir eine Weile an einem Feld entlang, bis wir uns nach einigen Minuten bereits wieder im dichten Grün befinden. Wilder Bärlauch wächst am Wegesrand, der intensive Duft von Knoblauch dominiert die Luft. Der Auenwald mit seinen Altrheinausläufern ist so unverwechselbar schön, dass man es kaum in Worte fassen kann, ein wahres Naturjuwel und Pflanzeneldorado.

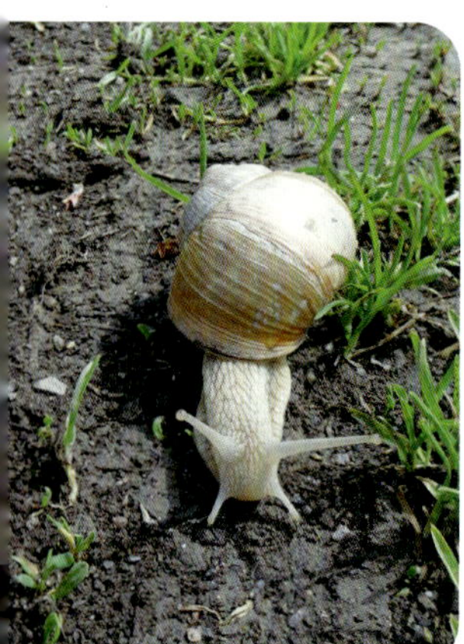

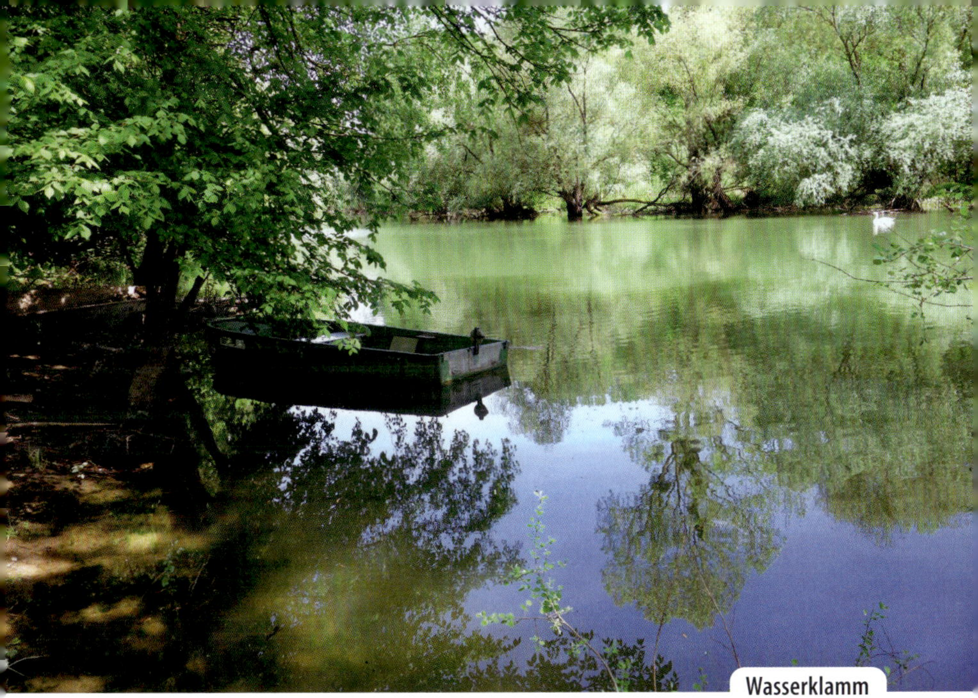
Wasserklamm

Am Ende des Walds gehen wir an der T-Kreuzung auf einen ❹ **Damm** zu. Spontan entscheiden wir, den Fischerweg kurz zu verlassen, denn ein Stichweg führt uns zum Rheinufer und dorthin wollen wir einen kleinen Abstecher machen. Geradeaus führt uns der Weg durch ein wunderschönes Naturparadies zur ❺ **Wasserklamm,** hier begrüßt uns Familie Schwan, mehrere Wildenten und Gänse, sogar ein Storchenpaar fliegt über uns hinweg. Am ❻ **Rheinufer** angekommen, betrachten wir fasziniert die großen Frachtschiffe, die an uns vorbeiziehen. Der Rhein mit seinen Strömungen und der frischen Brise erinnert uns an einen Urlaub am Meer. Wir verweilen hier noch etwas, genießen die Seeluft und sehen gebannt dem bunten Treiben auf dem Fluss zu, bis wir uns wieder auf den Rückweg begeben, der uns geradewegs zum Damm zurückführt.

Nun biegen wir links ab, dem Fischerweg folgend, und laufen auf einen **Baggersee** zu, hinter dem sich stolz am Horizont die Höhen des Pfälzerwalds ausbreiten. Gülden schillert die Wasseroberfläche des Sees. Die Weite und die hübsche Natur faszinieren uns ungemein. Wir wandern leichten Fußes gemächlich geradeaus, bis wir rechts über ein 7 **Wehr** geleitet werden, das hier zur Hochwasserrückhaltung angelegt wurde. Ein immens großes Areal mit 448 Hektar Fläche, das im Ernstfall über 18 Millionen Kubikmeter Wasser zurückhalten kann – kaum vorstellbar, mit wie viel Aufwand und Kosten ein solch beeindruckender Bau verbunden sein muss. Die Tour führt uns neben dem Damm entlang, während wir immer wieder die prächtigen Farben der blühenden Pflanzen bestaunen. Bald schon überqueren wir ein zweites Wehr. Der Fischerweg schlängelt sich kurzweilig dahin, bis der Ort **Jockgrim** vor uns auftaucht. Bei den Feldern biegen wir rechts ab. Die Mittagssonne wärmt uns den Rücken, während wir neben dem Altrhein zu einem kleinen Weiher wandern. Dort überschreiten wir auf Stufen den 8 **Staudamm,** überqueren eine Straße und passieren ein Gebäude der Hochwasserrückhaltung.

Geradeaus führt unser Weg am Altrhein entlang und wir gelangen immer wieder über kleine verwunschene Pfade ans Ufer, die auch als Bootsanlege- und Angelplätze dienen. Während wir uns Neupotz nähern, wird uns einmal mehr bewusst, wie schön und abwechslungsreich der heutige Wandertag ist. An der Kreuzung gehen wir rechts Richtung 9 **Anglerheim** und lassen unsere Tour dort im lauschigen **Biergarten** unter der Trauerweide direkt am Wasser ausklingen. Lecker schmeckt das panierte Zanderfilet, aber auch die Filetplatte ist nicht zu verachten. Zum guten Schluss schauen wir uns das hölzerne **Römerschiff Lusoria Rhenana** an, das gerade an seinem Ankerplatz festmacht. Gruppen ab zwölf Personen können hier eine Rudertour für eine gemeinsame Erlebnisfahrt buchen. Jeden ersten Sonntag im Monat ab 16.30 Uhr können auch Kleingruppen und Einzelpersonen Platz nehmen. Allerdings sollte man die Fahrt zuvor bei der Gemeinde buchen. Tolle Sache, so ein Römerschiff. Frisch gestärkt und voller positiver Eindrücke im Rucksack

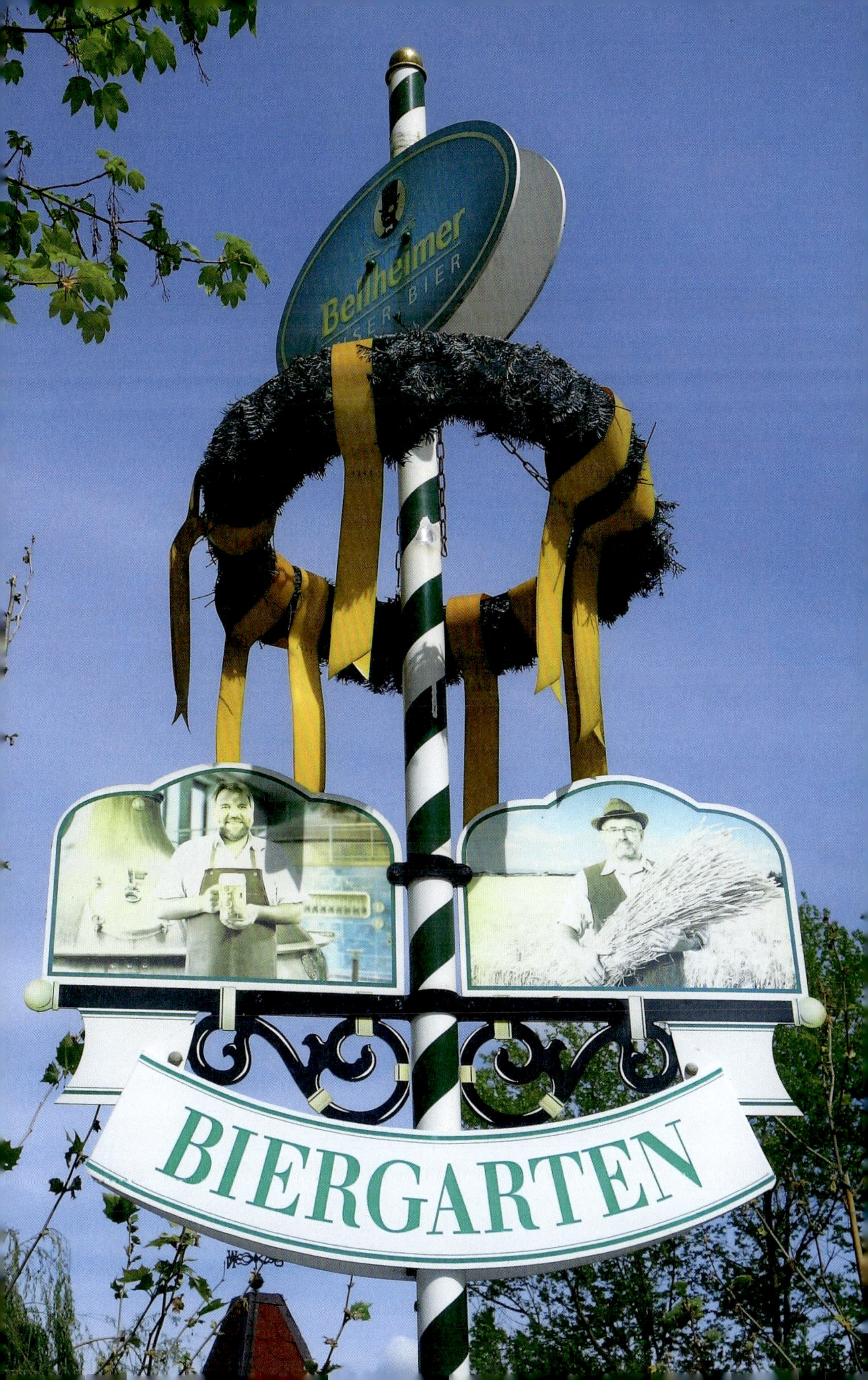
Bellheimer
BIERGARTEN

gehen wir zurück zum Fischerweg, der uns an Ackerland und am Schmiedhof vorbei wieder zum Ausgangspunkt führt.

Mehr als zufrieden steigen wir nach der Wanderung in unser Auto und machen uns auf den Heimweg. Was nehmen wir von diesem Tag mit? Nicht nur Entschleunigung pur und neue Schöpferkräfte, sondern die Einsicht, dass es für uns nichts Schöneres gibt, als einen entspannten Tag in der Natur. Aber auch die Erkenntnis, dass es enorm wichtig ist, unsere Natur für die nächsten Generationen zu erhalten.

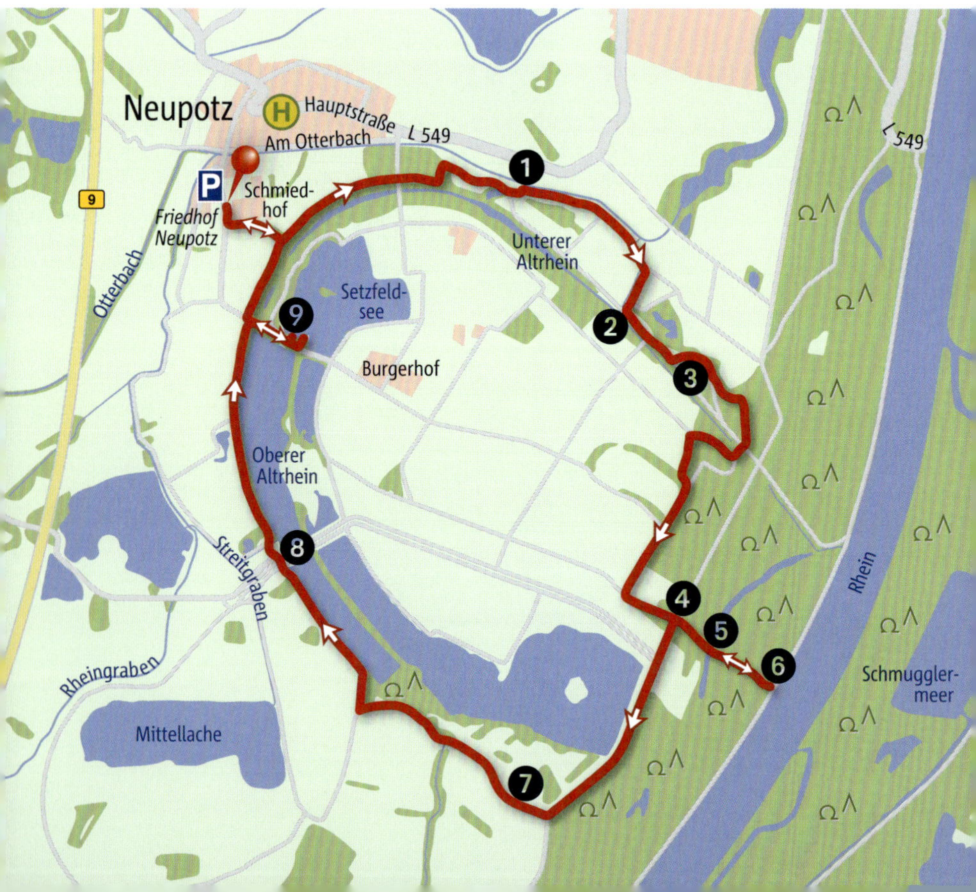

ALLES AUF EINEN BLICK

Entspannung

Abenteuer

Vielfalt

WIE & WANN

Die Wege sind meist sehr eben und leicht zu begehen. Die beste Wanderzeit ist ganzjährig.

HIN & WEG

Auto: Parkplatz am Friedhof, Friedhofstraße, 76777 Neupotz

ÖPNV: Haltestelle Neupotz Mitte

ESSEN & ENTSPANNEN

9 **Gastwirtschaft Anglerheim,** Friedhofstraße (Gewanne Setzfeld), 76777 Neupotz, Tel. (0 72 72) 68 53, www.anglerheim-neupotz.de

ENTDECKEN & ERLEBEN

1 **Otterbach**
2 **Waldlehrpfad**
3 **Willi-Schwab-Schutzhütte**
4 **Damm**
5 **Wasserklamm**
6 **Rheinufer**
7 **Wehr**
8 **Staudamm**

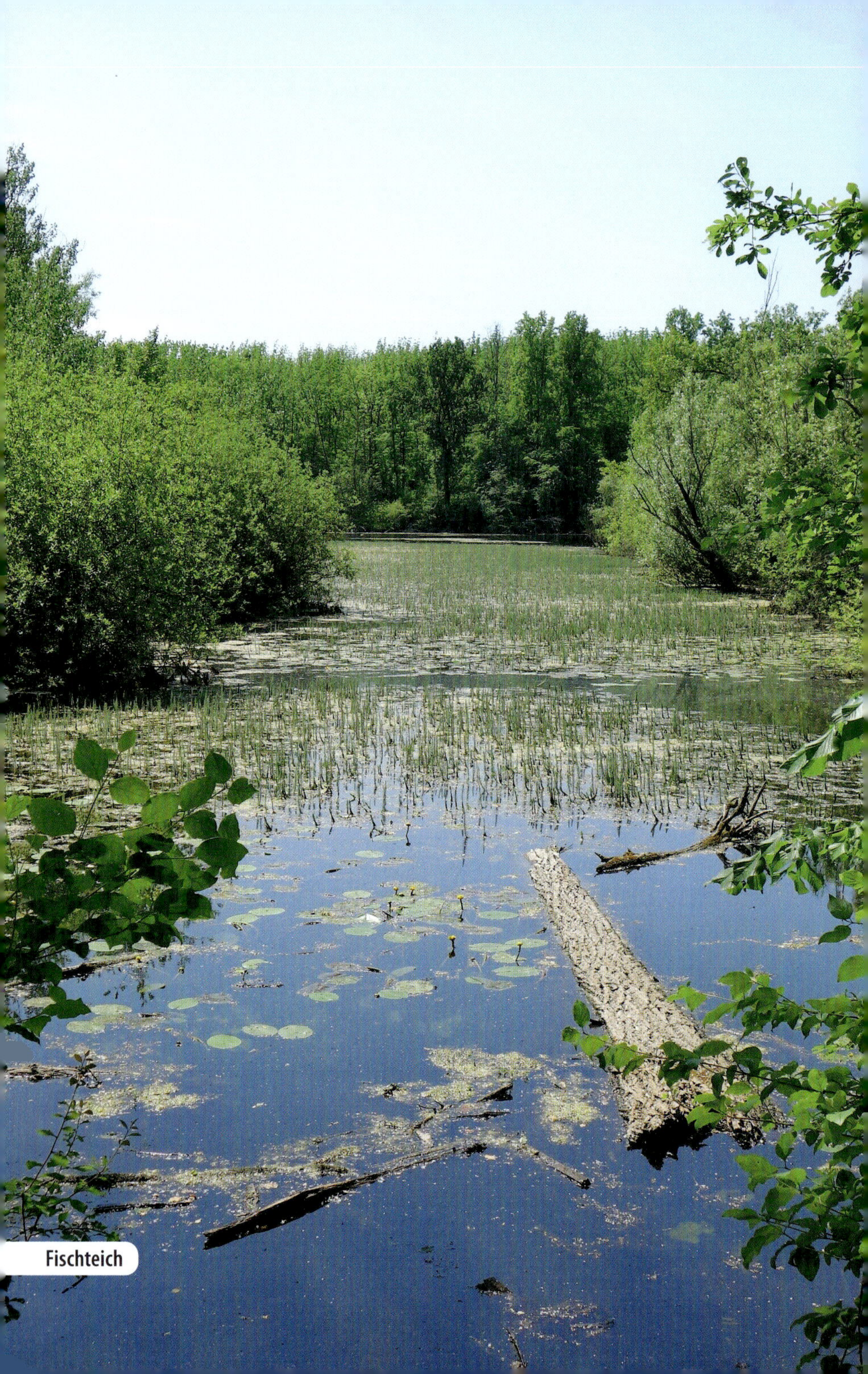

Fischteich

Urlaubsfeeling

Auf dem Treidlerweg

Heute sind wir unterwegs in die Pfalz, die **Premiumtour Treidlerweg** verspricht uns eine abwechslungsreiche Wanderung durch stille, urwaldähnliche Wälder, vorbei an saftigen Wiesen und viel Wasser. Ein längerer Abschnitt entlang des Rheins erfrischt durch eine stetig leichte Brise und verschafft uns kurzweilige Ausblicke auf Frachtschiffe und Boote. Doch nicht nur deshalb ist die Tour beeindruckend und empfehlenswert. Man könnte sie auch als Pilgerkurztrip nutzen, um sich selbst wieder ein Stück näherzukommen. Quasi als Weg zur inneren Einkehr und Bewusstwerdung.

__Treideln__ war einst ein sehr harter Beruf, denn die Treidler mussten Schiffe und Flöße mithilfe von Zugtieren im Schlepptau stromaufwärts ziehen.

In **Hördt** starten wir die Tour am Wanderparkplatz. Bepackt mit Rucksack und Fotokamera gehen wir über den **Rottenbach** direkt ins Naturschutzgebiet. Gleich schon sind wir von der schönen Gegend total fasziniert und überqueren wenig später den breiten ❶ **Michelsbach,** auch **Altrhein** genannt. Danach biegen wir links ab und folgen einem Feldweg direkt neben dem Gewässer. Durch dichte Hecken dringen Tiergeräusche zu uns herüber – wie einmalig, das hellt gleich unsere Stimmung auf. An der rechten Seite bestimmt Ackerland das Blickfeld – ach, wer steht denn da auf dem Feld? Ein Storch, der wohl sein Frühstück hier einnimmt. Schnell die Kamera gezückt und schon im Kasten, wer weiß, ob wir heute noch mal so nah einen Storch zu Gesicht bekommen. Nach ein paar weiteren entspannten Wanderminuten schließt uns dichtes Grün ein – wie herrlich, eine wahre Naturoase.

Kilometer: 12,8
Höhenmeter: 20
Stunden: 4
RUNDWEG

Zwischen Wasser und einer Baumwiese führt der Treidlerweg geradewegs in den Wald.

Völlig im Einklang mit Mutter Natur folgen wir der **blau-grün-weißen Markierung.** Der breite Wanderweg führt an teils mächtigen ehrwürdigen Bäumen vorbei zu einer **2 Holzblockhütte.** Nach einer lang gezogenen Rechtskurve leitet uns ein idyllischer Pfad durch den Wald. Gespannt beobachten wir das Lichterspiel der Sonne auf dem Waldboden. Am Querweg halten wir uns rechts und kurz darauf gehen wir an der Kreuzung links. Bereits wenig später treffen wir auf das Ufer des **3 Sondernheimer Altrheins.** Direkt neben der romantischen Flussaue führt unser Weg weiter. Sitzbänke laden zur Rast ein und auf dem Wasser dürfen wir ein verliebtes Schwanenpärchen beobachten. Toll schimmert das Wasser auf der Oberfläche. Um uns herum wachsen Winter-Schachtelhalme rankenartig aus dem Boden, ein fesselnd-bizarrer Anblick. Übrigens sagt man diesem Gewächs eine Verbesserung von Nieren- und Harnwegsleiden nach.

Bald verlassen wir das Flussufer wieder und Felder säumen den weiteren Wegverlauf. Mehrere Fischteiche bieten einen optimalen Lebensraum für zahlreiche Wassertiere und Amphibien. Wir schauen gespannt, was wir so alles entdecken können: kleine Frösche, die erst ein paar Tage alt sind, und ein Hirschkäfer mittendrin. Die Markierung führt uns aus dem Wald, aber wir entscheiden uns für einen kurzen Abstecher nach links über die **4 Rheinschleuse,** passieren das Schleusenhaus am Rheindamm und gelangen zum **5 Gasthaus Schleusenhaus** des PWV (Pfälzerwald-Vereins) Sonderheim. So ein Pech, geöffnet ist nur mittwochs bis freitags und sonntags. So müssen wir wohl heute doch unser Rucksackvesper verzehren. Zum Glück haben wir beim Wandern immer etwas Leckeres dabei.

Ohne Einkehr laufen wir den Stichweg zurück und folgen dem Dammweg für ein paar Minuten. Auf einer kleinen Anhöhe achten wir auf die Markierung am Boden und gehen linker Hand ins **Naturwaldreservat.**

Ein Schotterweg führt uns durch den schönen Waldabschnitt. Dabei kommen wir dem 6 **Rheinufer** immer näher, dem wir nun flussaufwärts folgen. Wir erfreuen uns an der in der Sonne glitzernden Wasseroberfläche und beobachten ein großes Frachtschiff, das gemütlich an uns vorbeifährt. Dann jagen einige Sportboote den Fluss hinauf. Sagenhaft, wie sanft die Wellen rauschen, nur von kleinen Sportbooten verursacht. Wenn wir die Augen schließen, kommen wir uns vor wie am Meer und hören die Brandung. Ein Geruch von See und Fisch und die leichte Brise, die uns hier um die Ohren weht, erinnern uns an unseren letzten Urlaub an der Ostsee.

Für die Seele

Entlang des Rheins wandern und die „Seeluft" spüren, ist wie ein Hauch von Urlaub.

Unser Weg verläuft zwischen zwei Gewässern – zwischen **Rhein** und Altrhein. Etwa einen halben Kilometer nach dem Rheinkilometerschild 377, das am Rheinufer angebracht ist und den Frachtern als Orientierung dient, biegen wir gegenüber der Pappelallee rechts in den Wald ein. Schade, schon verlassen wir den Rhein wieder, saugen dafür aber die Urkraft des

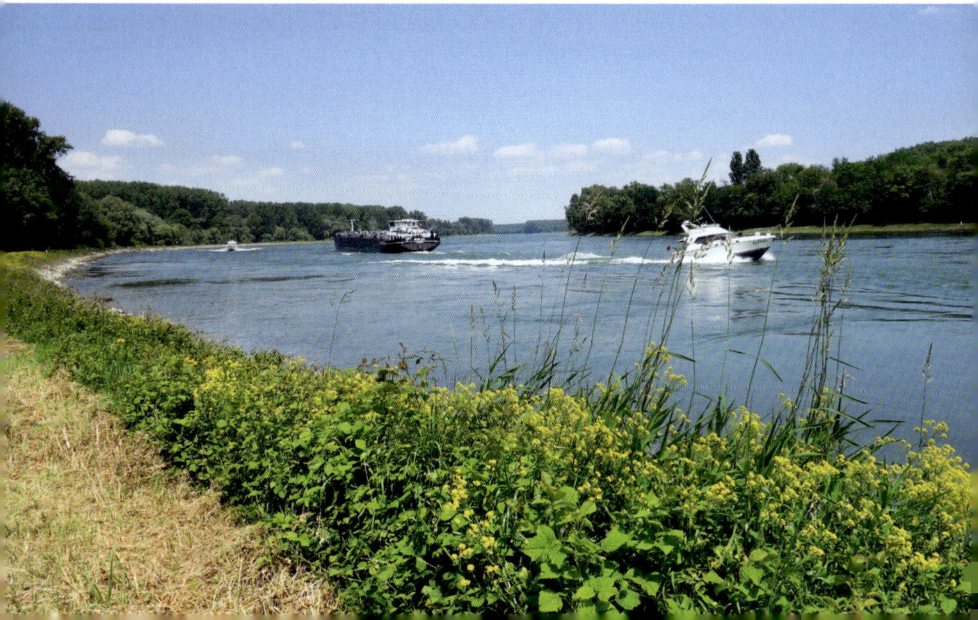

Zwar ist die Donau mit 2888 Kilometern länger als der ***Rhein*** *mit insgesamt 1233 Kilometern, aber in Deutschland ist der Rhein mit 865 Kilometern der längste Strom.*

Walds in uns auf. Der Auenwald mit seinem Schatten spendenden Dach empfängt uns auf seine ganz besondere Weise – mit einem Vogelchor, der uns, während wir so weitergehen, kurzweilig unterhält.

Die einer Oase gleichende Natur und das Wasser machen den besonderen Reiz dieser Wanderung aus. Ein Schild informiert über den Urwald von morgen. Dieser Auenwald ist ein Primärwald, hier wachsen ohne sichtbare Zeichen menschlicher Eingriffe und ohne Störungen der ökologischen Vorgänge heimische Baumarten. Das Naturreservat hat eine „Arche-Noah-Funktion“, bedrohte oder seltene Tiere finden dort ihr Zuhause. Wenig später biegen wir rechts ab und flanieren entspannt neben der **Deichkrone** nach rechts. Wir folgen eine Weile dem grasbewachsenen Damm neben uns, bis wir links in einen Weg abbiegen, der uns schnurgerade durch den Forst führt. Nach einem Bachbett geht es nach rechts weiter. Die Welt scheint hier stiller und es kommt uns so vor, als würde die Zeit langsamer verstreichen, wahrscheinlich sind wir inzwischen schon im Entschleunigungsmodus.

Nun dauert es nicht mehr lange, bis wir den Michelsbach überqueren. Dann öffnet sich der Wald und gibt die Sicht auf weite Felder frei. Hinter einem Zaun schlummert ein hübscher **7 Baggersee,** der wie ein romantischer Fjord aussieht. Wir gehen am Zaun entlang und machen kurz vor dem Wald an einer Rastbank nun endlich unsere Essenspause. Hier haben wir einen traumhaften Blick auf den See und die Felder und genießen unsere Butterbrezel in der Sonne. Echt schön. Nach der kleinen Stärkung brechen wir auf und spüren schon die angenehme Waldeskühle. Das tut gut, denn heute ist es sehr warm. Ganz intensiv nehmen wir die Gerüche von Kräutern und Gräsern wahr. Solche besonderen Momente schätzen wir am Wandern.

Bald schon lassen wir den Wald wieder hinter uns und streifen nun Obstbäume, bunte Wiesen und Felder. Noch vor dem **Rottenbach** gehen wir rechts zu ei-

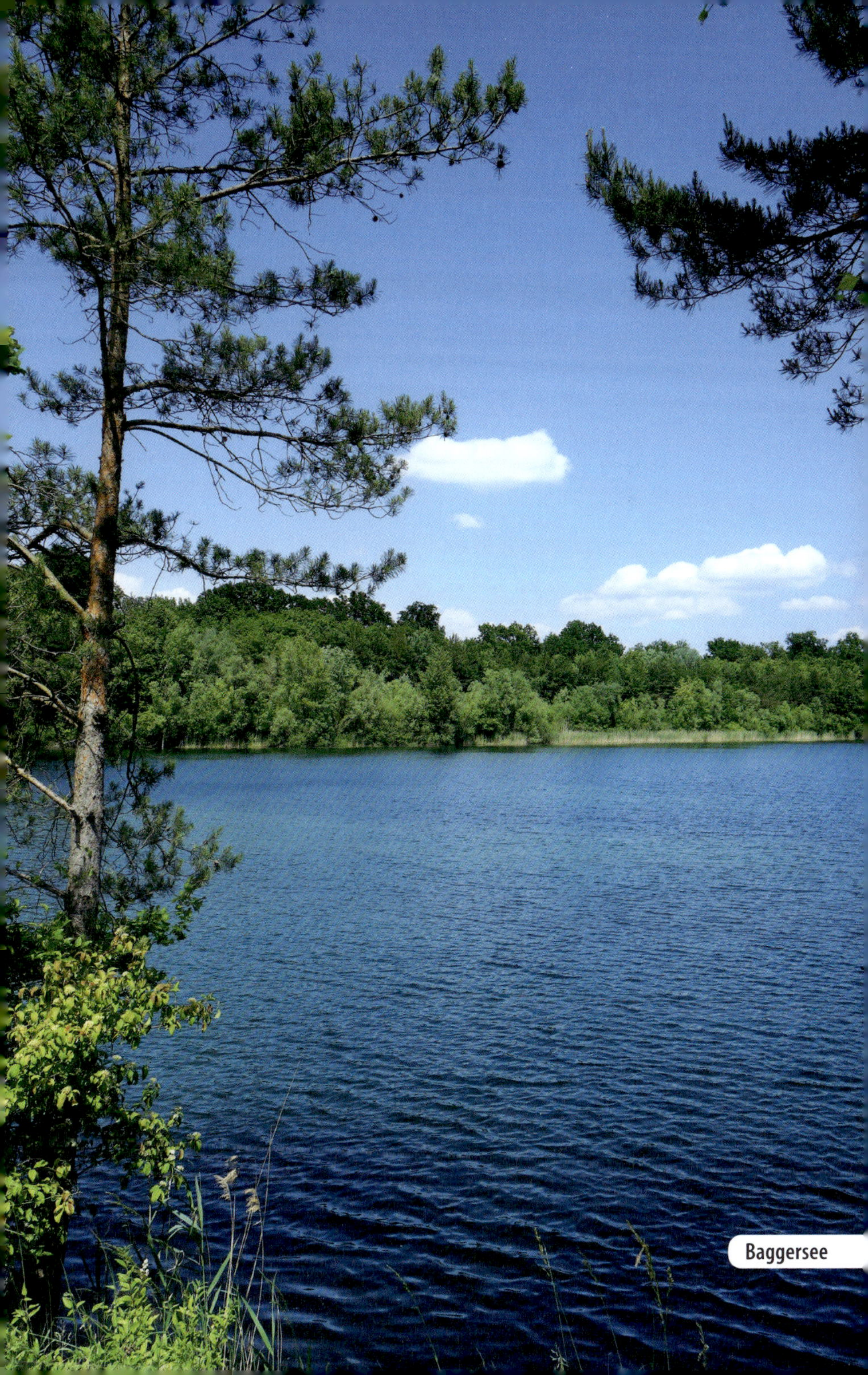
Baggersee

nem Feldweg und laufen der Hecke am Michelsbach entgegen. Nun ist es nicht mehr weit – neben der Auenhecke spazieren wir auf dem Wiesenpfad zu einer T-Kreuzung, an der wir links abbiegen und zu unserem Ausgangspunkt zurückgelangen. Zum Abschluss gönnen wir uns in der 8 **Taberna Eismanufaktur** ein leckeres Eis.

Es war eine wunderschöne Tour mit Erholung für Körper, Geist und Seele, ohne größere sportliche Herausforderung. Man kann auf dieser Wanderung so richtig loslassen, entspannen und sich erfrischend entschleunigt fühlen. Tipp: Einfach hierherkommen und die sagenhafte Krafttankstelle und Naturoase Treidlerweg erleben.

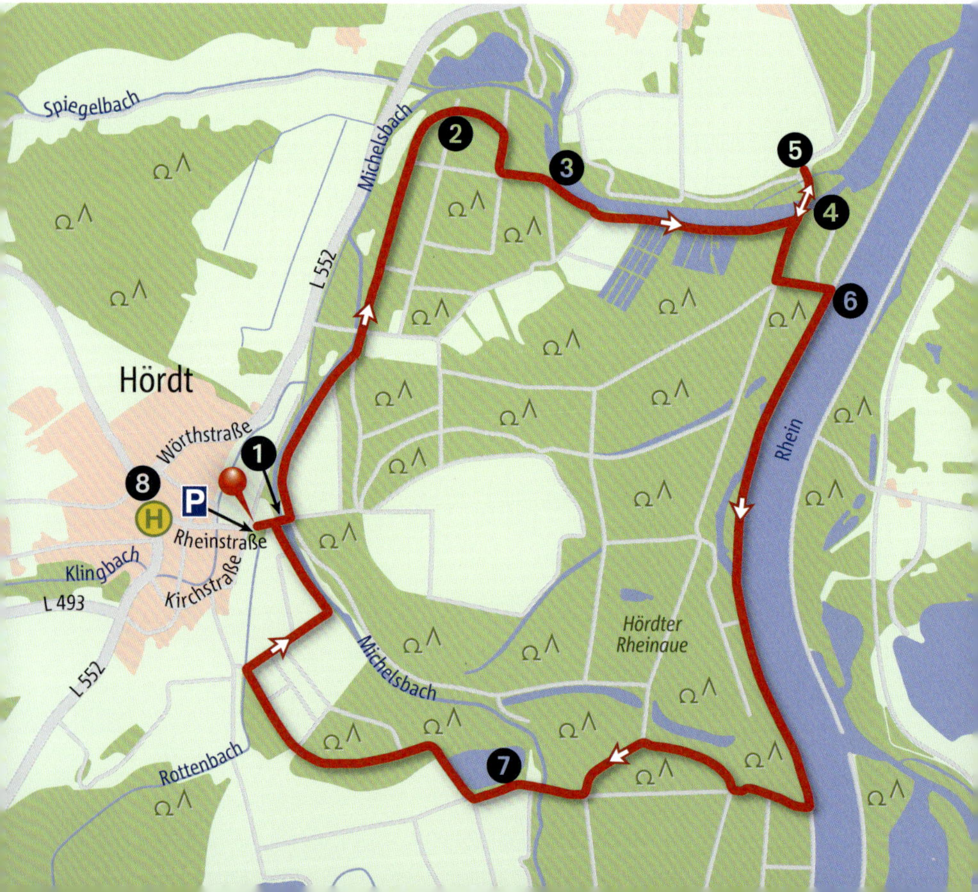

ALLES AUF EINEN BLICK

Entspannung
Abenteuer
Vielfalt

WIE & WANN

Die Wege sind meist breit und eben und leicht zu begehen, außer bei und nach Hochwasser. Beste Wanderzeit ganzjährig.

HIN & WEG

Auto: Wanderparkplatz beim Bauhof am Waldrand, Rheinstraße 21, 76771 Hördt
ÖPNV: Haltestelle Hördt Rathaus

ESSEN & ENTSPANNEN

5 **Gasthaus Schleusenhaus,** 76726 Germersheim, Tel. (0 72 74) 41
8 **Taberna Eismanufaktur,** Schulzenstraße 34, 76771 Hördt, Tel. (0 72 72) 9 58 96 63, www.taberna-eis.de

ENTDECKEN & ERLEBEN

1 **Michelsbach**
2 **Holzblockhütte**
3 **Sondernheimer Altrhein**
4 **Rheinschleuse**
6 **Rheinufer**
7 **Baggersee**

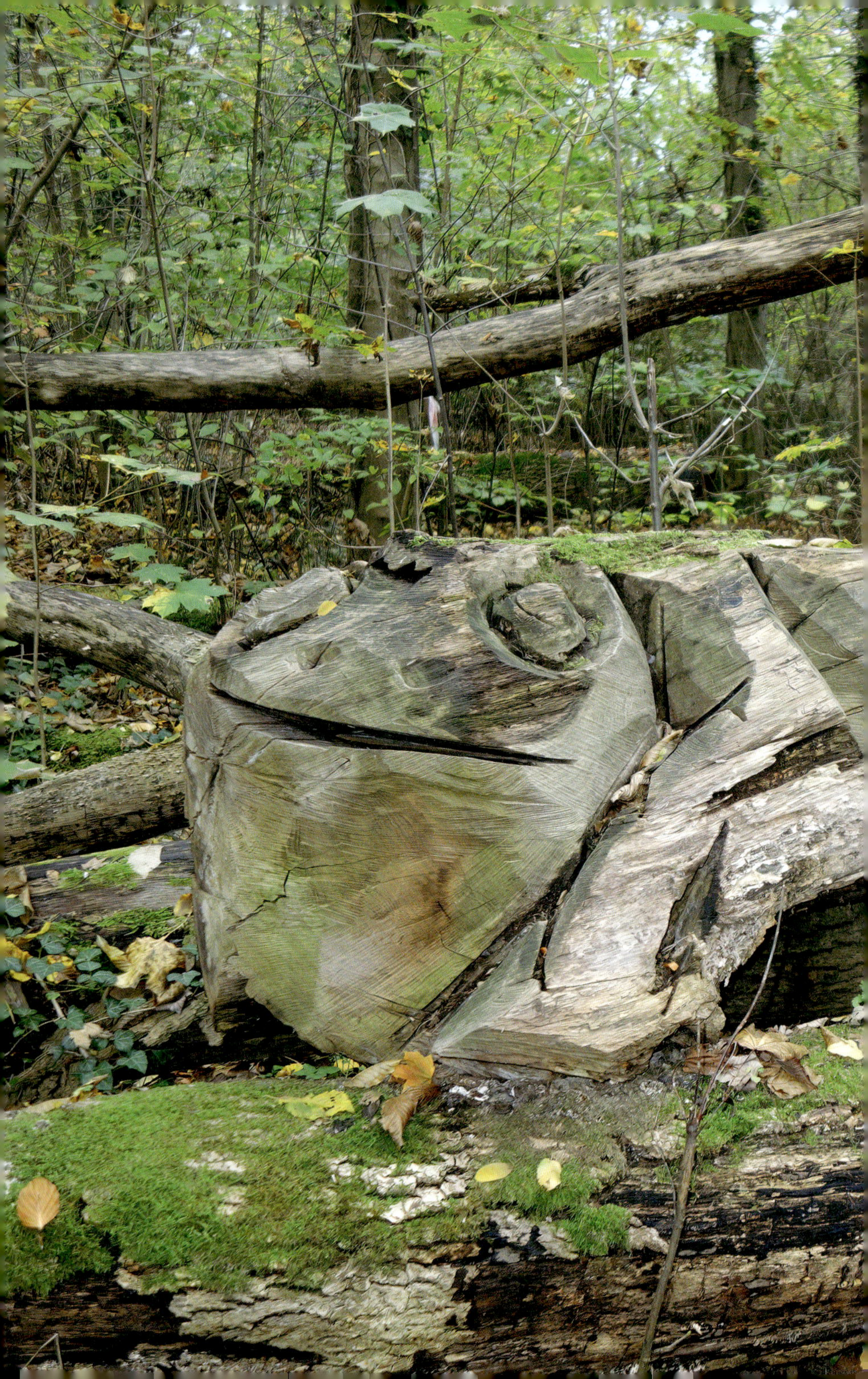

Mystisch

Im Weingartener Moor

Diese bezaubernde Wanderung – bloß 7 Kilometer weit und nur wenige Autominuten vom Karlsruher Zentrum entfernt – führt uns heute geradewegs nach **Grötzingen.** Die einzigartige Tour verspricht mystische Momente und lässt uns in eine Oase voller Urkraft eintauchen. Auf rund 256 Hektar birgt diese Naturschutzzone zwischen Weingarten und Grötzingen das größte noch existierende Niedermoor im Oberrheinischen Tiefland. Die artenreiche Naturlandschaft bietet nicht nur einen wichtigen Lebensraum für bedrohte Vogel- und Insektenarten sowie Amphibien, sondern schützt auch Seggen- und Schilfbestände und den Bruchwald mit seinen Hainbuchen, Erlen und Eschenbäumen.

Einmalig schön zeigt sie sich vor allem in den Herbst- und Wintermonaten. Genau dann, wenn sich das Leben wieder mehr und mehr in die Innenbereiche zurückzieht, findet man dort einen idealen Rückzugsort, um Energie zu tanken. Alltagsstress kann man bei dieser Tour mit Leichtigkeit in pure Lebensenergie umwandeln. Faszinierend sind allein die herrlichen Farbschattierungen und jene atemberaubende Naturmomente, wenn das Sonnenlicht im See glitzert, die Bäume in wild verteilter Ordnung einen eigenwilligen Anblick bieten oder der Raureif sich nach kühlen Nächten ans Laub angehaftet hat und die Äste ausschauen, wie unter einer feinen Puderzuckerschicht. In solchen Momenten spürt man die Entschleunigung, die uns Kraft und Ausdauer mit auf den Weg gibt.

Kilometer: 7,3
Höhenmeter: 20
Stunden: 2
RUNDWEG

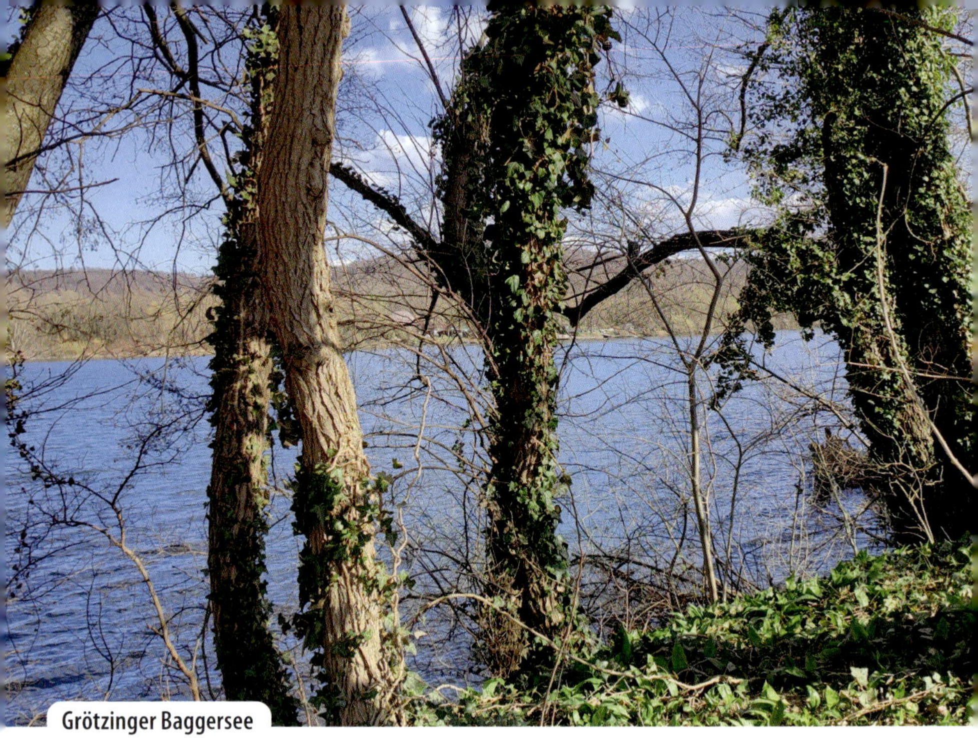

Grötzinger Baggersee

Vom **Seeparkplatz** aus gehen wir zu den mächtigen Birken und biegen rechts in den querenden Weg ein. Wir folgen dem für Fahrzeuge gesperrten Waldweg und gelangen bald zu einer großen 1 **Holzhütte.** Ein Holzglobus informiert uns über den Klimawandel und die Menge CO_2, die verschiedene Aktivitäten freisetzen. Ein breiter Weg führt uns nach links und wir sind zutiefst beeindruckt von den mit Efeu bewachsenen Baumstämmen. Bald schon rückt das Ufer des **Baggersees** zu uns heran. Herrlich, wie der See so still daliegt und nur ein paar Wasservögel sich zeigen. Der Anblick strahlt etwas erstaunlich Beruhigendes aus. Beim querenden Weg halten wir uns rechts. Bald schon öffnet sich linksseitig der Wald. Wir streifen eine größere Agrarfläche und laufen an Eisenbahngleisen vorbei. Tiefenentspannt wandern wir hier weiter und genießen immer wieder die Blicke zum Wasser. Am gegenüberliegenden Ufer entdecken wir das Fischerheim, in das wir später einkehren möchten. Nachdem wir einen Rechtsknick gelaufen sind, führt der Weg wildromantisch durch den herbstlichen Wald mit seinen tollen Farbfacetten.

Völlig im Einklang mit der Umgebung entfernen wir uns langsam wieder etwas vom See und kommen an einer eingezäunten Schutzzone vorbei. Auf ebenem Weg geht es beständig geradeaus, bis wir in einer Rechtskurve einen Pfad nach links nehmen, der uns auf einer Holzbrücke über den **Werrenhäuslesgraben** führt. Danach folgen wir dem Weg mit der **gelben Raute** nach links. In den Baumkronen entdecken wir unzählige Mistelzweige. Früher sprach man diesen Zweigen eine gewisse Macht zu. Einer alten Tradition zufolge wurden Mistelzweige in der Weihnachtszeit unter Türrahmen aufgehängt – Paaren bringt es angeblich Glück, sich darunter zu küssen. Im Mittelalter allerdings sollten diese Zweige böse Geister vertreiben und in Ställen die Hexen abwehren.

Für die Seele

Der Bruchwald und ein Baggersee beheimaten viele Tier- und Pflanzenarten und bieten pure Erholung.

Weiter geht es an einer sumpfigen **Moorlandschaft** entlang und wir bekommen eindrucksvolle Einblicke in diesen speziellen Lebensraum. Die Tour führt uns im weiteren Verlauf an hölzernen Saurierechsen vorbei, die am Wegesrand liegen. Eine Tafel informiert uns über die Lebensgewohnheiten der Fledermäuse, die sich hier angesiedelt haben, vor allem der große Abendsegler und die Wasserfledermaus. Jetzt schlängelt sich unser Weg weiter durch das dichte Grün und beim ersten Abzweig biegen wir rechts ab. Langsam,

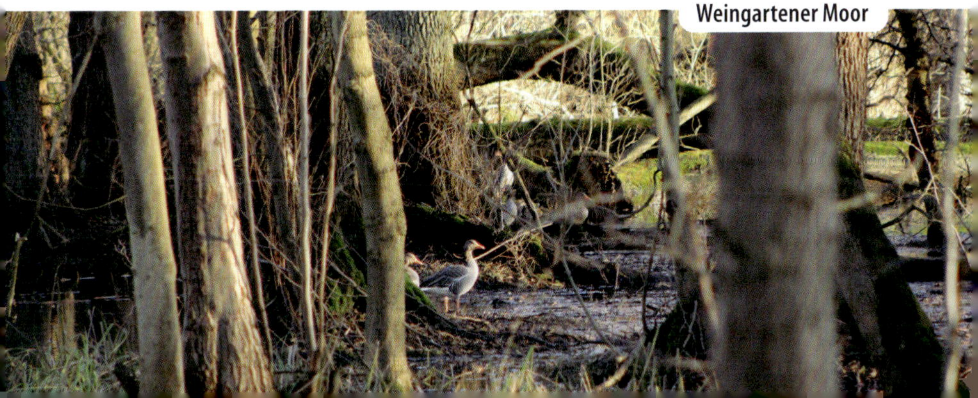

Weingartener Moor

aber sicher geht es wieder aus dem Moorbereich heraus und in unserem Blickfeld tauchen der Vordere und Hintere Heuberg und der Kirchberg auf. Sobald wir den Wald vollends verlassen haben, ändert sich die Landschaft und wir genießen die ländliche Idylle. Links können wir zum verträumten **Weingarten** hinüberschauen, während wir gemütlich weiterlaufen und die schöne Wandertour entspannt genießen.

Nach einer S-Kurve spazieren wir an der Kreuzung rechts dem Betonplattenweg entgegen. Sobald wir wieder im Wald sind, führt uns ein Graspfad weiter, dem wir folgen, bis uns rechts ein weiterer Pfad tiefer ins Naturschutzgebiet **2 Weingartener Moor** leitet. In diesem naturnahen Ökosystem umgibt uns ein sagenhaft dichter Urwald, der uns ein Gefühl von Ursprünglichkeit vermittelt. Aufgepasst: Wenn der Weg sich gabelt, wird es spannend, denn jetzt wird er zur Einbahnstraße; wir gehen auf einem schmalen Holzbohlensteg immer tiefer ins Moor. An diesem herrlichen Herbsttag schreiten wir zielsicher über die Planken und gelangen so in eine faszinierende, unberührte und wilde Natur mit ganz eigenem Charme.

*Der **Holzbohlensteg** im Weingartener Moor kann bei Nässe etwas rutschig sein; bei Schnee und Reifglätte besser nicht begehen.*

Besonders schön soll es hier im späten Frühjahr sein, wenn alles blüht und die Frösche lautstark durch das Moor quaken. Das Weingartener Moor bietet einen Lebensraum für eine artenreiche Tierwelt, insbesondere für viele verschiedene Vogelarten. Für 14 heimische Amphibien bietet das Moor einen wichtigen Laichplatz und hat damit im europäischen Vergleich einen hohen Stellenwert. Von einer besonderen **3 Aussichtskanzel aus Holz,** die als Beobachtungsplatz errichtet wurde, können wir das gesamte Areal überblicken und mit etwas Glück sehen wir einen schön gefiederten Eisvogel. Herrlich, wie friedlich das Moor und der See auf uns wirken, nach ein paar Minuten stellt sich ein fast meditativer Zustand ein. Wir lauschen dem Klang der Stille und hören nur das Raunen des Winds, der sanft durch das Schilf weht. Die Sonne wirft sanfte

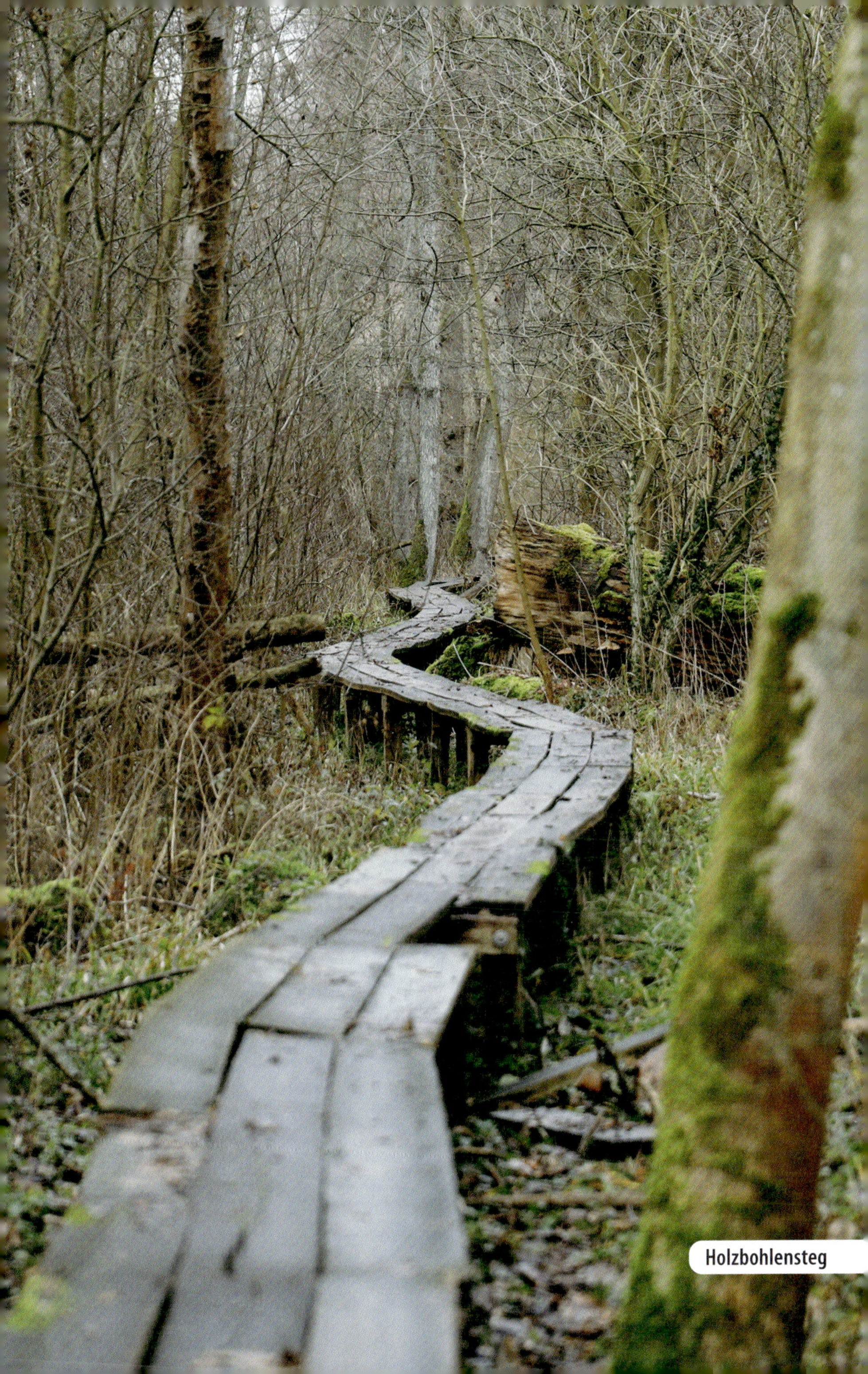

Holzbohlensteg

Strahlen auf die Wasseroberfläche, ein Specht klopft an einem Baum und ein Kormoran gleitet über dem See und setzt zur Landung an.

Eins mit der Natur fällt es uns schwer, weiterzuziehen. Für uns steht fest: Dieses unberührte Stück Natur ist ein wahrer Kraftort und wir sind dankbar, dass solche Naturoasen als Schutzgebiete ausgewiesen sind. Wir folgen dem Bohlensteg, der uns weitere schöne Ausblicke auf das wunderbare Moor ermöglicht, bis wir wieder festen Boden unter den Füßen haben. Jetzt wenden wir uns zweimal nach rechts und gehen dann an der folgenden Weggabel links. Problemlos gelangen wir zum Wegweiserpfosten, der uns über eine **Holzbrücke** zum Seeufer führt. Hier halten wir uns links und genießen den tollen Blick über den nordöstlichen Teil des Baggersees. Das Bild der Bäume am gegenüberliegenden Ufer spiegelt sich im Wasser, einfach nur schön. Der breite Weg leitet uns am See entlang zu den Gebäuden des Forstamts. Schilder vermitteln uns Wissenswertes über den heimischen Naturschutz des Waldrefugiums. Wir gehen an der Kreuzung rechts und sind wenig später am **4 Fischerheim Grötzingen.** Hier können wir auf der behaglichen Aussichtsterrasse mit tollem Blick auf den See Platz nehmen.

Gut gespeist und frisch gestärkt machen wir uns nach der Einkehr erneut auf und genießen den letzten Abschnitt unserer Tour. Wir folgen dem Zufahrtsweg zum südwestlichen Teil des Baggersees und der Ausschilderung „Badestelle". Ein Waldweg kreuzt und hinter einer Schranke gehen wir rechts weiter, bis wir auf den Uferweg des **5 Grötzinger Baggersees** gelangen und ihn entspannt entlangflanieren.

*In der warmen Jahreszeit lohnt es, Badezeug mit in den Rucksack zu packen, denn am **Baggersee Grötzingen** liegt ein superschöner Badestrand (auch für Hunde) auf dem Weg.*

Begeistert stellen wir fest, dass es hier nicht nur einen Hundestrand gibt, sondern auch ein Pferdeeinstieg ins Wasser führt – genial. Am Strand, an dem sich im Sommer die Menschen tummeln, wohnen im Augenblick Wildgänse. Niedlich und friedlich sehen sie aus, teilweise schlafen sie auf einem Bein, ein paar

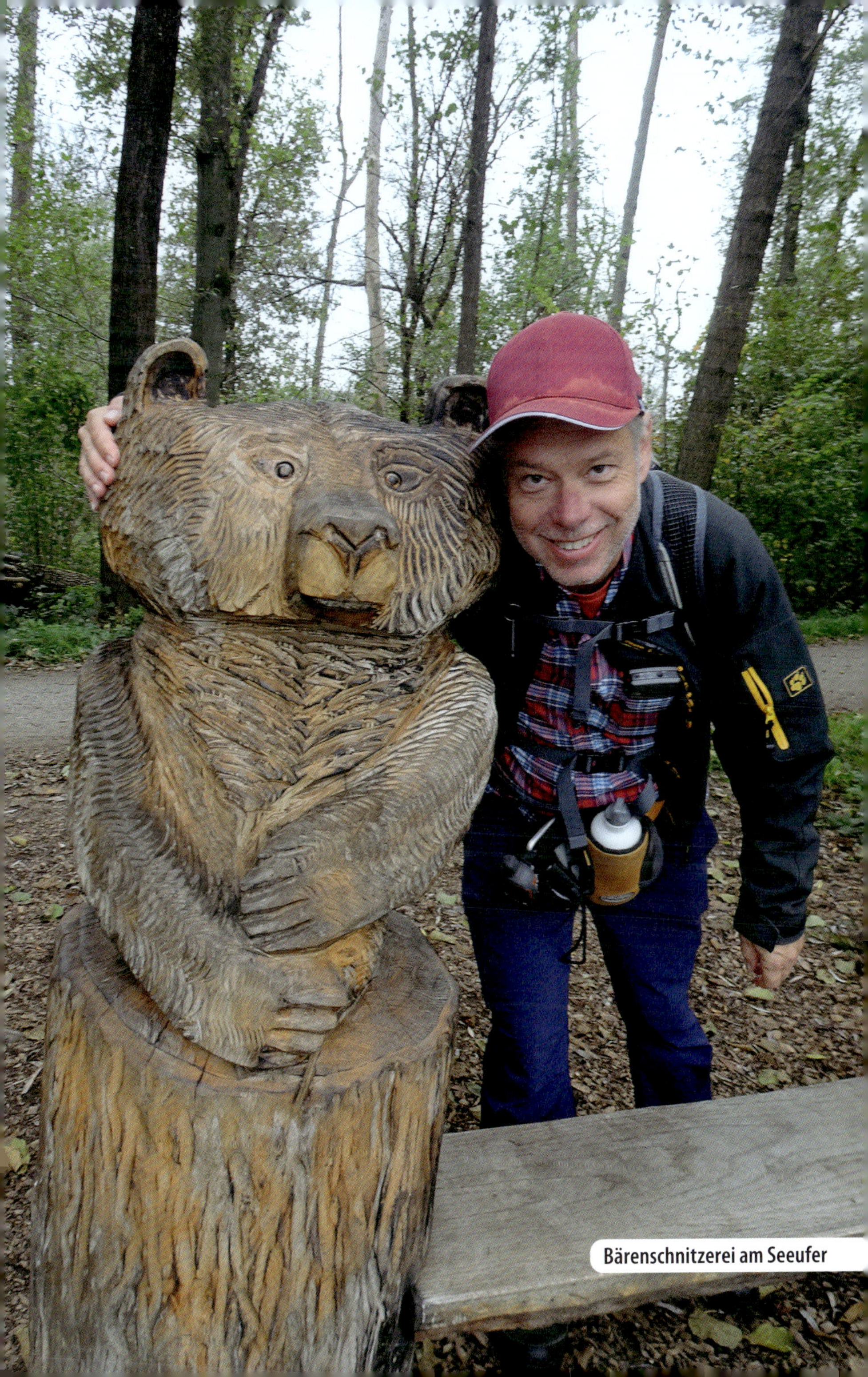

Bärenschnitzerei am Seeufer

baden im Wasser. Ein tolles Schauspiel, wir verhalten uns still und ziehen im großen Bogen an ihnen vorbei, sodass sie sich von uns nicht gestört fühlen, lassen es uns aber nicht nehmen, ein paar Fotos zu knipsen. Bald darauf verlassen wir das Ufergelände und gelangen kurzerhand wieder zur **Holzhütte** zurück. Von hier aus ist es jetzt nur noch ein Katzensprung bis zu unserem Parkplatz, den wir durch die Birkenallee erreichen.

An diesem erlebnisreichen Tag haben wir einen Einblick in die unberührte Natur des Moors mit seiner artenreichen Flora und Fauna bekommen und können unsere beim Wandern erlangte Ausgeglichenheit als Kraftreserve für den Alltag mobilisieren.

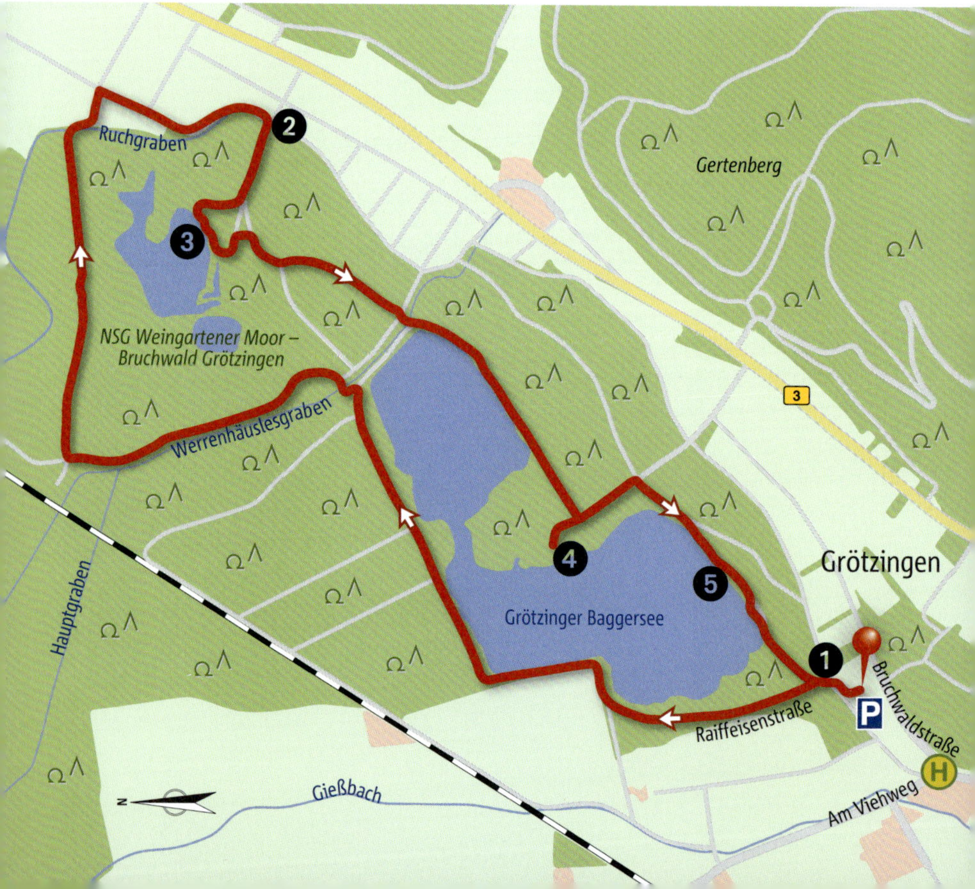

ALLES AUF EINEN BLICK

Entspannung 4/5
Abenteuer 4/5
Vielfalt 4/5

WIE & WANN

Die Wegbeschaffenheit ist gut, breite Waldwege und ein kurzer Wiesenpfad. Der Holzbohlensteg im Weingartener Moor kann an nassen Tagen etwas rutschig werden. Beste Wanderzeit ist ganzjährig, wenn kein Schnee liegt und es trocken ist.

HIN & WEG

Auto: Parkplatz des Freizeitsees Baggersee beim Naturkindergarten Grashüpfer, Bruchwaldstraße 79, 76229 Karlsruhe-Grötzingen
ÖPNV: Haltestelle Karlsruhe-Grötzingen Emil-Arheit-Halle

ESSEN & ENTSPANNEN

4 **Gasthaus Fischerheim Grötzingen,** Im Stalbühl 1, 76229 Karlsruhe-Grötzingen, Tel. (07 21) 48 20 91

ENTDECKEN & ERLEBEN

1 **Holzhütte**
2 **Weingartener Moor**
3 **Aussichtskanzel aus Holz**
5 **Grötzinger Baggersee**

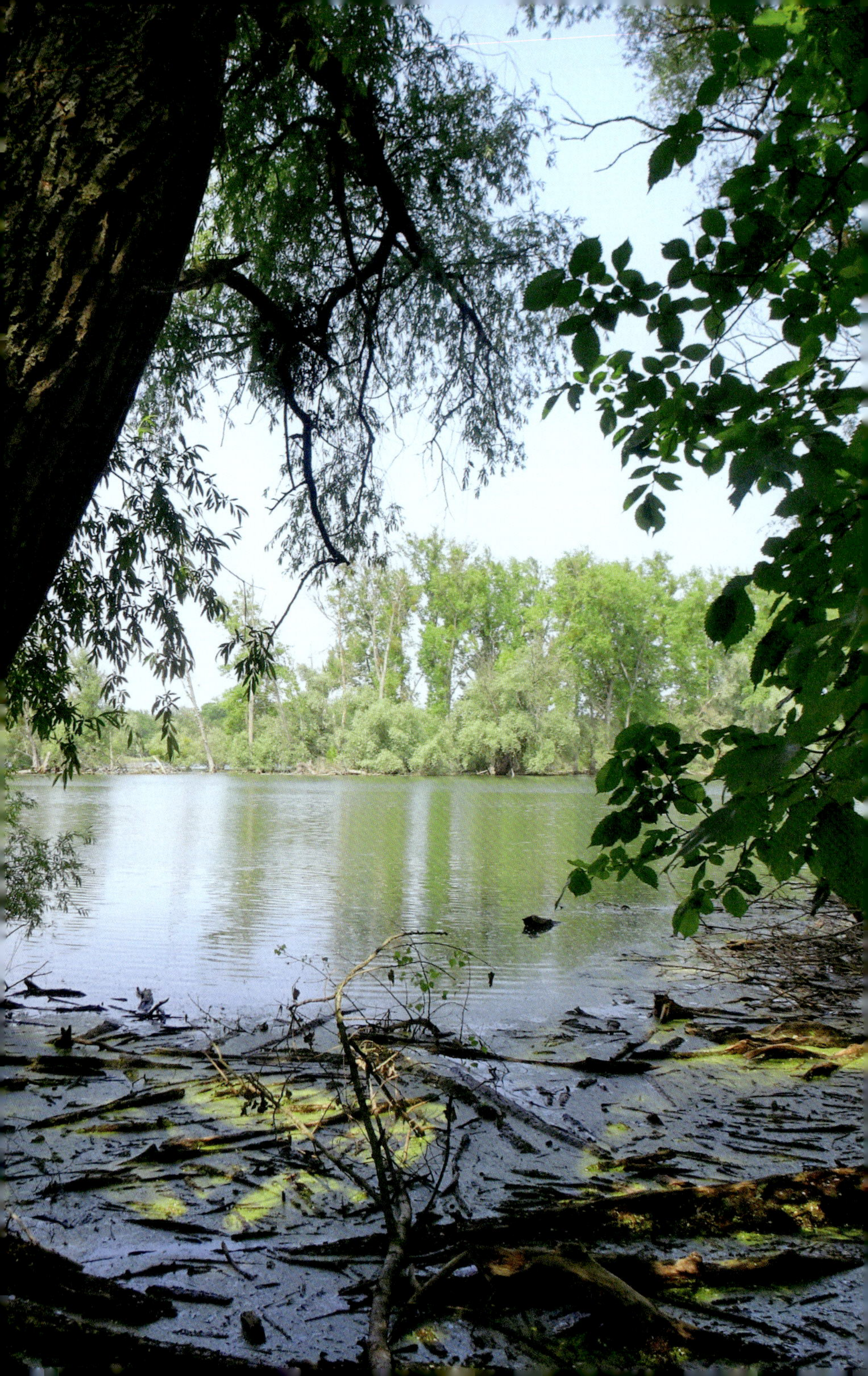

Ein- & Abtauchen

Um den Kleinen Altrhein-Bodensee

Die heutige Tour führt uns in die unmittelbare Nähe der Stadt Karlsruhe, und zwar nach Karlsruhe-Neureuth. Hier finden gestresste Großstadtgemüter optimale Bedingungen für eine Auszeit vom Alltag. Der Kleine Bodensee und seine urwüchsige, wilde Natur sind wirksame Kraftquellen.

Vom Parkplatz aus wenden wir uns in Waldrichtung, überschreiten dann den Damm und sind auch schon mitten im Naturschutzgebiet. Die **Rote-Punkt-Markierung** dient uns als Orientierung. Schon wenig später gelangen wir zum **❶ Kleinen Altrhein-Bodensee,** wo wir links durch den Wald weitergehen. Tief beeindruckt von der faszinierenden Natur wandern wir gemächlich weiter und genießen immer wieder tolle Ausblicke auf den See und seine wilden Nischen. Mächtige Bäume fallen uns auf, während wir eine Stromleitung unterqueren. Hier behalten wir die Richtung bei und biegen wenig später in den Dammweg ein. Beflügelt durchwandern wir jetzt den Unterwald und lassen dabei einfach mal die Seele baumeln. Vor einer Brücke biegen wir rechts ab, ab hier weist uns das Schild „Zum Rhein" den Weg. Von der Brücke blicken wir in den **❷ Hauptsammelkanal.** Ringsum wächst gelber Fadenklee. Wenn man seine Blätter zu Brei zermahlt und ihn auf eine Wunde reibt, hat er eine blutstillende Wirkung. Bald umgibt uns dichter Wald und rechts rückt der See wieder in unser Blickfeld, hier ist er aber ziemlich zugewuchert. An zwei Strommasten gabelt sich der Weg, wir gehen links und überqueren

Kilometer: 9,5
Höhenmeter: 25
Stunden: 3
RUNDWEG

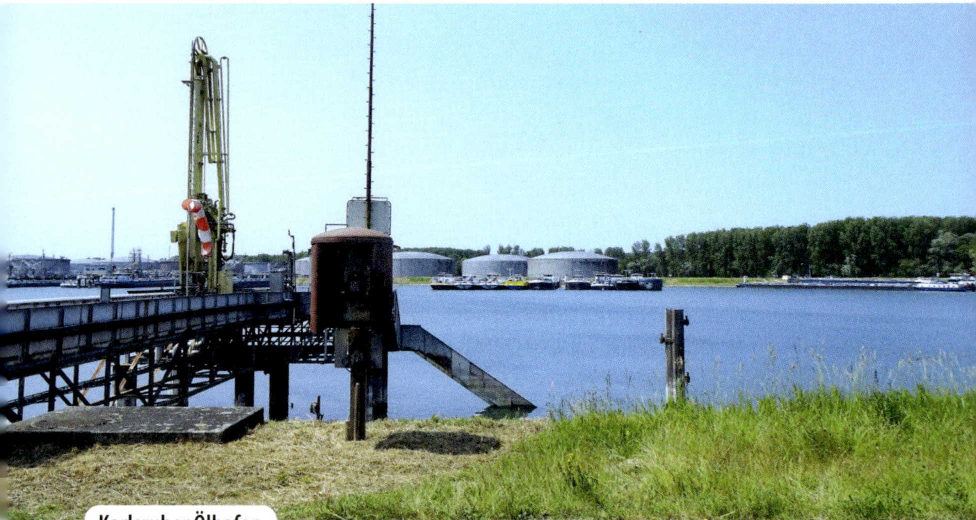

Karlsruher Ölhafen

Der **Karlsruher Ölhafen** wurde 1963 eröffnet, seine Gesamtfläche beträgt 43 Hektar. Etwa 16 Millionen Tonnen Rohöl werden dort jährlich in Deutschlands größter Kraftstoffraffinerie verarbeitet, einer der modernsten und leistungsstärksten in Europa.

den Kanal, der hier in den Fluss Alb strömt. Nicht weit entfernt begleitet uns das Gewässer nun, bis das eingezäunte Gelände des ③ **Karlsruher Ölhafens** auftaucht.

Jetzt befinden wir uns zwischen zwei Welten, die unterschiedlicher nicht sein könnten. Links Industrie und Öl und rechts pure Natur in Form einer beeindruckenden Sumpflandschaft. Wir hören zahlreiche Tiergeräusche, zum Beispiel den Ruf des Kuckucks, das Brummen und Summen der Bienen, das Klopfen eines Spechts und das Bellen eines vorbeirennenden Hundes. Schon kurze Zeit nach dem Ölhafen steigen wir zum Wall hinauf und erblicken den ④ **Rhein.** Der große Fluss löst immer eine gewisse Faszination in uns aus. Weiter geht es über einen breiten Weg, der über eine Brücke führt. Neben dem **Hochwasserdamm** leitet er zwischen Alb und Rhein weiter. Wir versenken uns tiefer in den Klang der Natur und lassen unsere Gedanken frei umherschweifen. Schon spüren wir, wie wir ruhig und gelassen werden und unsere inneren Stimmen verstummen. Ein großartiges Gefühl, das uns neue Kreativität und Kraft schöpfen lässt.

Der Damm begleitet uns nun beständig, bis unsere Route an einer Hütte am dritten Weg nach rechts ausgeschildert ist. Wir aber entscheiden uns, links zu gehen – wir möchten einen Abstecher zum Rheinufer machen und überqueren dazu bei einer Schranke den Schutzwall. Kurz darauf erreichen wir ein tolles Plätzchen direkt am Ufer. Mehrere Sitzbänke bieten sich zur Rast an. Das ist die ideale Gelegenheit, das Vesper auszupacken und die Schiffe auf dem Rhein zu beobachten. Mit einer so schönen Aussicht schmeckt das Essen gleich doppelt so gut. Bei der **5 Belle,** wie der mundartliche Begriff für Pappel lautet, entdecken wir die alte Albmündung. Nachdem wir an diesem schönen Fleckchen den Blick auf das Wasser ausgiebig genossen haben, brechen wir wieder auf. Der Stichweg bringt uns zurück zu unserer Markierung und bald erreichen wir die Hütte, an der wir weiter der Ausschilderung folgen.

Für die Seele

Ganz in Stadtnähe findet man jede Menge Natur, die das Herz öffnet.

Albmündung bei der Belle

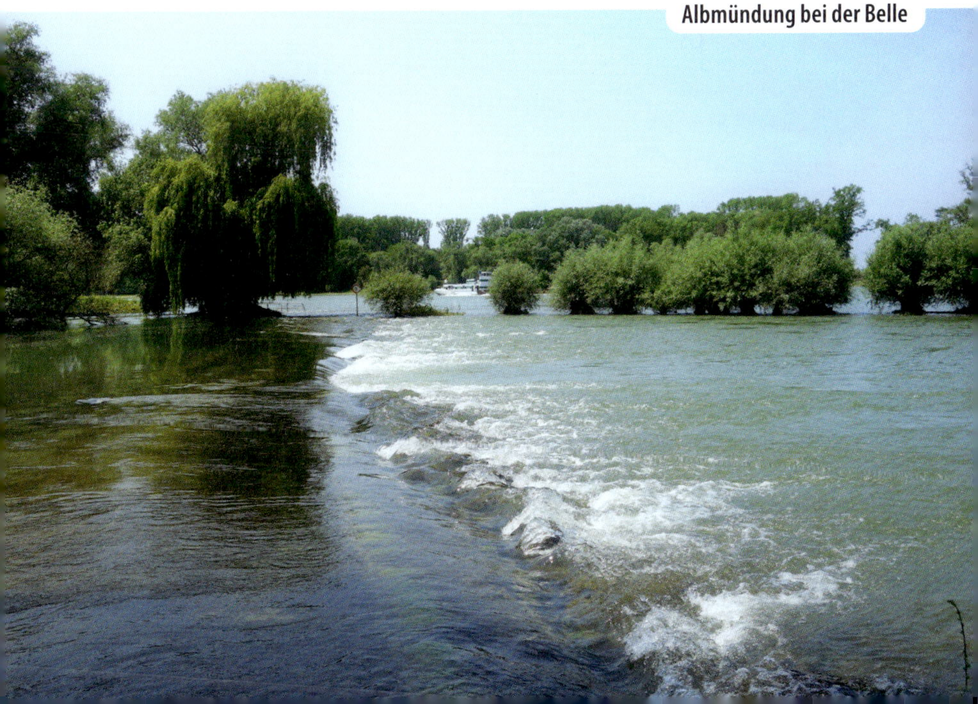

Geradewegs geht es nun in den Wald. Roter Hartriegel wächst neben uns, er soll eine gewisse Heilwirkung auf die Koronargefäße haben. Bei der nächsten Kreuzung folgen wir dem festen Weg und überqueren bald auf einer Brücke das moosgrün schimmernde Flusswasser der **6 Alb.** Danach wandern wir an einer Picknickbank vorbei und laufen über einen weiteren Damm und dann geradeaus. Wir streifen einen Parkplatz und wählen hinter einem Wassergraben und einer Schranke den rechts abzweigenden Weg. In dem schattigen Wald nehmen wir uns eine kurze Auszeit von der Sonne. Das tut an so einem heißen Tag wie heute unheimlich gut. Jetzt wandern wir lange geradeaus und erfreuen uns an der schönen Natur. Dann kommen wir an einer **7 Hütte** vorbei und gehen an der nächsten Kreuzung weiter geradeaus, streifen ein altes verlassenes Häuschen bei einer Lichtung und laufen immer weiter.

An der Alb

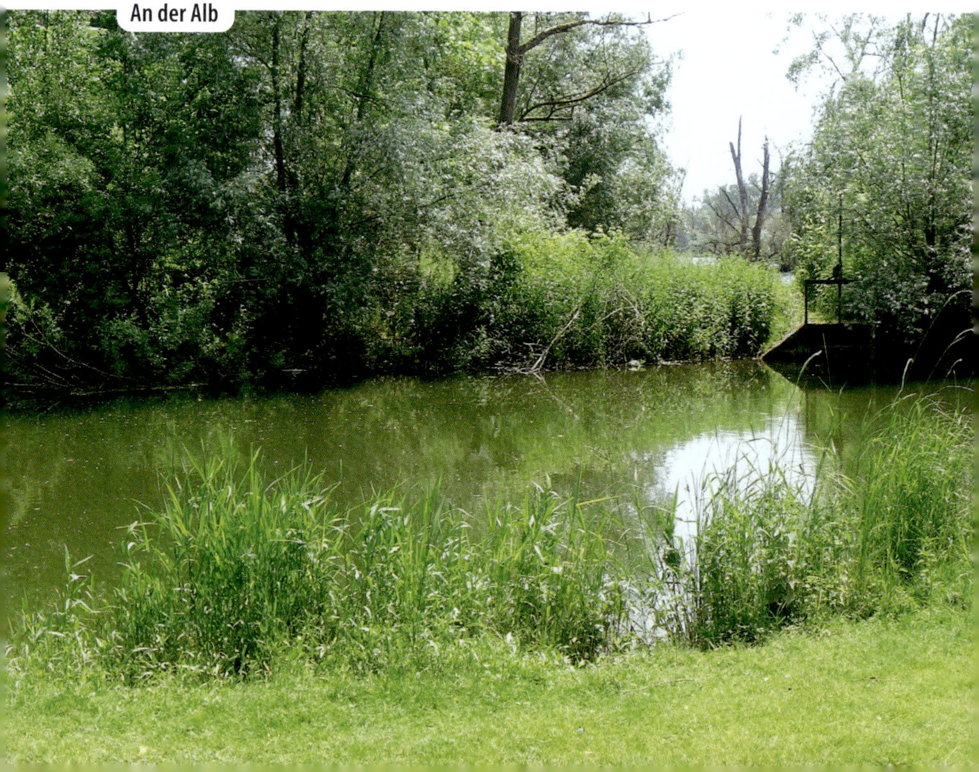

Die Wanderung führt uns nun wieder auf den Schutzwall, der gegen Hochwasser errichtet wurde. Hier halten wir uns links, umgeben von vielen Bäumen, deren Blätter im Wind sanft dahinraunen, und gehen am Kleinen Bodensee entlang. Wer Lust hat, schließt mal kurz die Augen und lauscht in die Stille. Im Frühjahr kann man das Quaken der Frösche vernehmen und die Musik der Vogelschar hören, die zu Land und im Wasser ertönt, einzigartig schön und entspannend für unser vegetatives Nervensystem. Diese Achtsamkeitsübung ist auch mit Kindern eine willkommene Abwechslung.

Nun entfernt sich unser Weg etwas vom Wasser, links öffnet sich der Wald und über die Felder blicken wir nach **Eggenstein-Leopoldshafen** hinüber. Am Ende der Lichtung folgen wir einem schmalen, wildromantischen Pfad links hinunter durch die urwüchsige Naturidylle. An der nächsten Abzweigung geht es rechts.

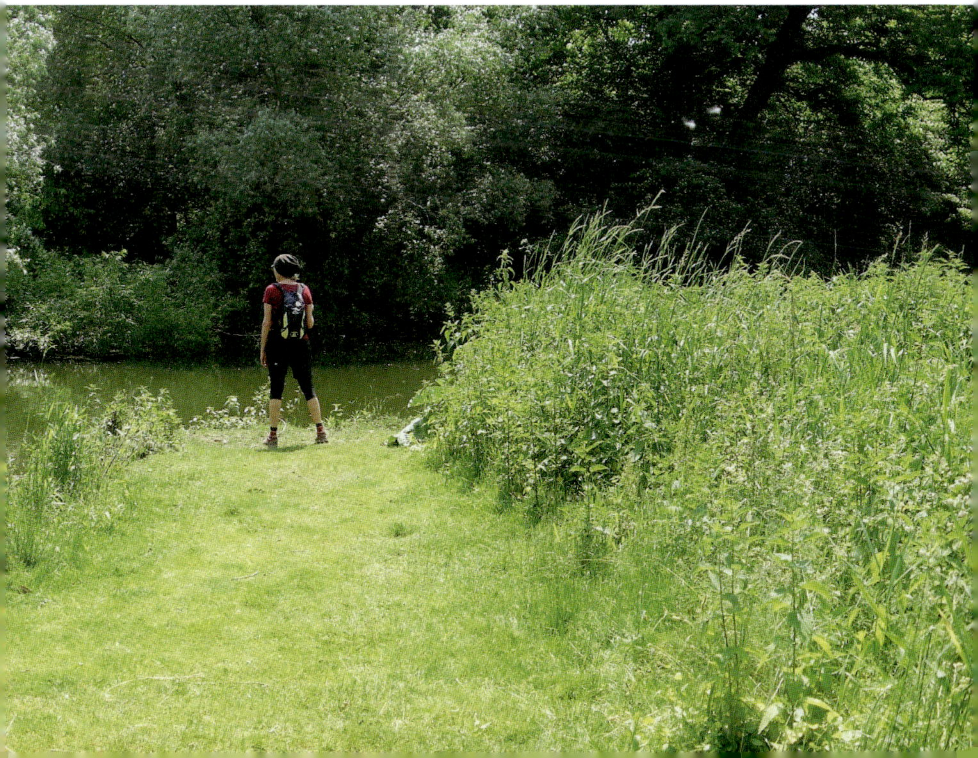

Wunderschön, dieser abwechslungsreiche Weg. Ein letztes Mal genießen wir die herrliche Atmosphäre und sind schon fast wieder an unserem Auto. „Kraftoase Kleiner Bodensee, wildromantisch, urwüchsig, traumhaft, paradiesisch“ lauten unsere Stichworte beim Rekapitulieren dieser lohnenden Wanderung. Leichte, entspannende Wege in schöner Natur, ganz nach dem Motto: „Alltag ade – eintauchen, loslassen und Kraft tanken“.

Zum Abschluss besuchen wir das **Karlsruher Hafen-Kultur-Fest,** das jedes Jahr im Juni auf dem Kulturkalender der Stadt steht, und lauschen der Livemusik.

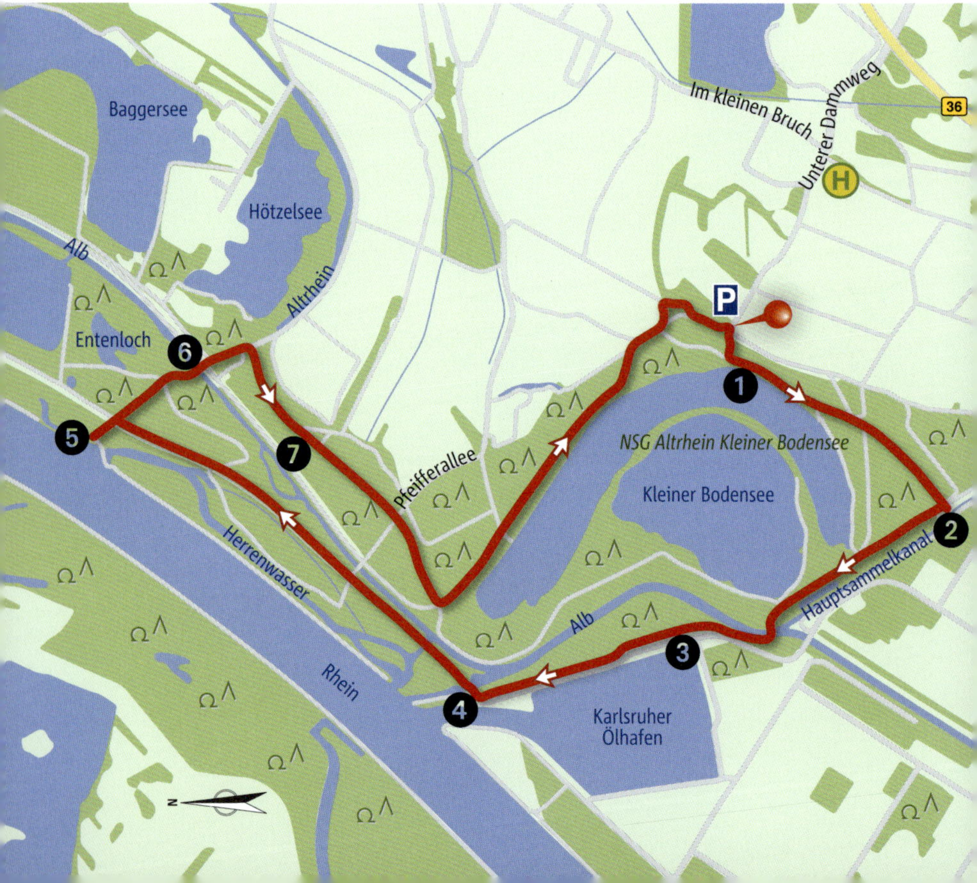

ALLES AUF EINEN BLICK

Entspannung 5/5
Abenteuer 4/5
Vielfalt 4/5

WIE & WANN
Die Wege sind flach und meist breit und durchweg sehr gut begehbar.
Beste Wanderzeit ganzjährig.

HIN & WEG
Auto: Parkplatz am Wald, am Unteren Dammweg 12 links abbiegen (ca. 700 Meter), 76149 Karlsruhe-Neureut
ÖPNV: Haltestelle Karlsruhe-Neureut Dammweg

ESSEN & ENTSPANNEN
Bitte an Rucksackverpflegung denken.

ENTDECKEN & ERLEBEN
1. **Kleiner Altrhein-Bodensee**
2. **Hauptsammelkanal**
3. **Karlsruher Ölhafen**
4. **Blick auf den Rhein**
5. **Belle**
6. **Alb**
7. **Hütte**

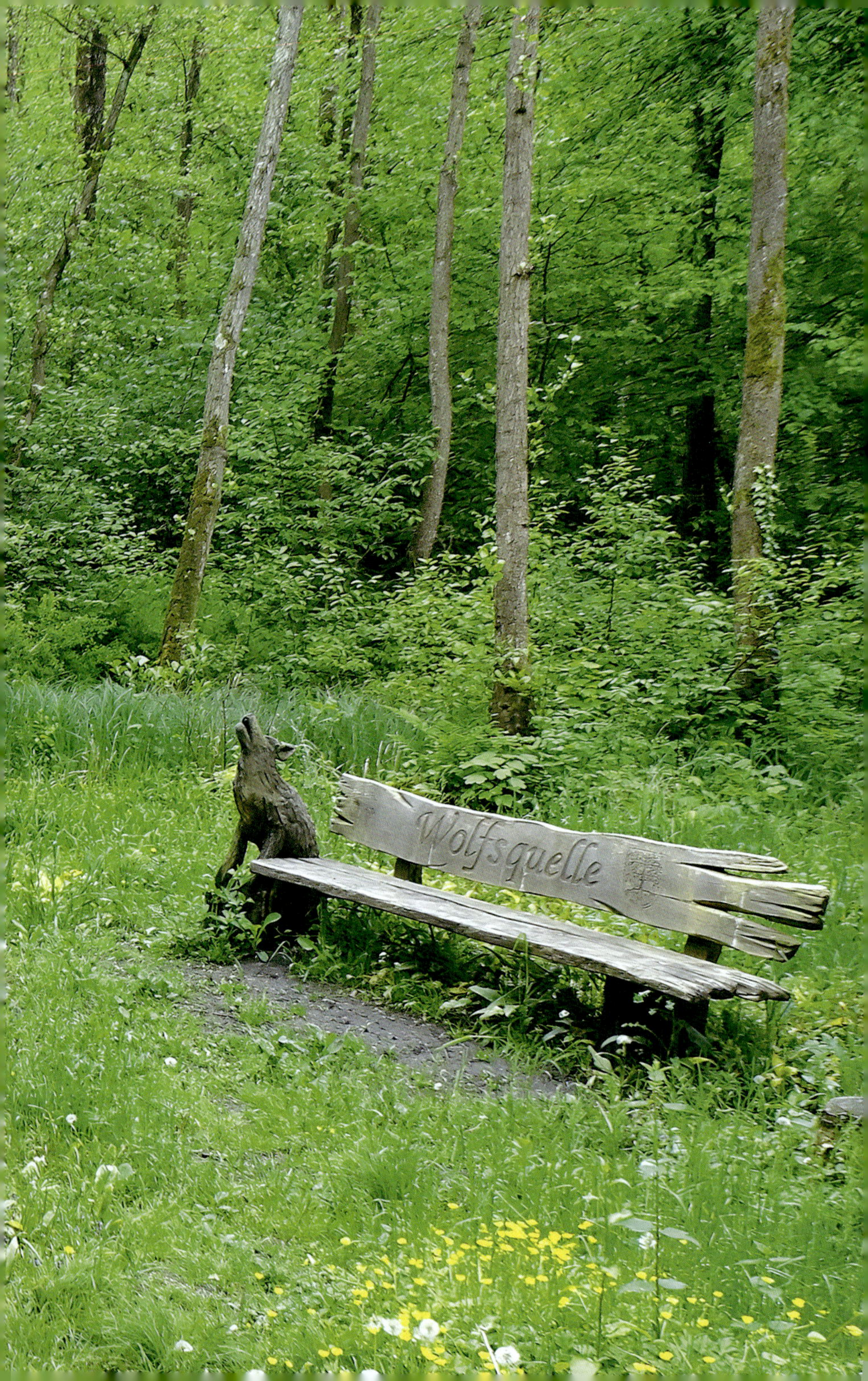
Wolfsquelle

Waldoase

Im Bienwald bei Hagenbach

Ausgedehnte Wälder mit mystisch wirkenden Abschnitten und Erholung bei einer ausgedehnten Waldbaden-Wanderung durch den wunderschönen Bienwald, all das finden wir in und bei Hagenbach. Der Bienwald erstreckt sich über 120 Quadratkilometer und ist somit das größte Waldgebiet in der pfälzischen Rheinebene. Eine einzigartige Naturlandschaft, in der viele Tieren optimale Lebensbedingungen finden, wie der seltene Baummarder. Mit ganz viel Glück können wir der europäischen Wildkatze begegnen, die sich unlängst hier wieder angesiedelt hat.

Los geht es am **Festplatz in Hagenbach,** hier startet unsere Wandertour über den Rheinauenweg mit der **blau-grünen-Baum-/Fluss-Markierung.** Die Friedenstraße führt uns am Sportplatz und an einem Supermarkt vorbei. Nach dem Kreisverkehr verlassen wir Hagenbach. Am Hochufer biegen wir links ab. In der Folge passieren wir den Reiterhof Bienwald, dann nimmt uns ein Feldweg auf. An der Weggabelung geht es rechts und wir tauchen ein in ein sattes Grün von Bäumen, Hecken und Moosen. Eine fast urwaldähnliche Natur umgibt uns. Sofort empfinden wir Leichtigkeit. Während wir entspannt weiterwandern, genießen wir die angenehme Atmosphäre, die von diesem Waldabschnitt ausgeht. Bald erreichen wir den **❶ Walderholungsplatz Wolfsquelle,** der ziemlich roman tisch über kleine Treppenstufen hinunter zu erreichen ist. Einer Sage nach lebten rund um Hagenbach früher Wolfsrudel. Die Mitglieder des Gesangsvereins Frohsinn errichteten

Kilometer: 12,1
Höhenmeter: 20
Stunden: 4
RUNDWEG

in den 1970er-Jahren die Quelle mit Wasserpumpe. Hier verlockt die nette Umgebung zum kurzen Verweilen. Dann wandern wir weiter beständig geradeaus. Wildromantisch führt uns der Weg durch den Wald und wir bestaunen die märchenhafte grüne Vegetation. Mit Moos und Efeu bewachsene Bäume erzählen ihre Geschichten von verwunschenen Feen und verzauberten Wäldern, so könnte man fast den Eindruck gewinnen. Nach wenigen Augenblicken erreichen wir die gemütliche ❷ **Rentnerhütte,** an der wir eine ausgiebige Rast einlegen wollen.

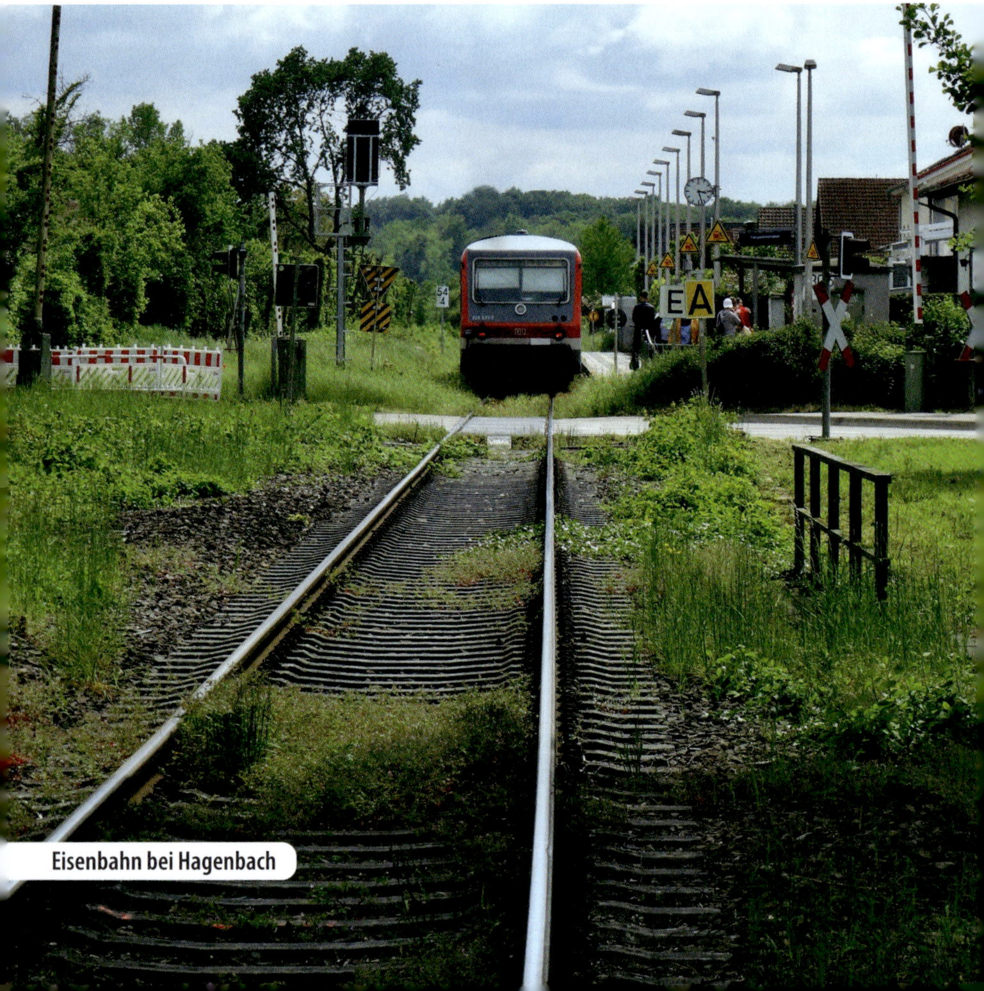

Eisenbahn bei Hagenbach

Frisch gestärkt setzen wir unsere Tour fort. Geradeaus nimmt uns ein kurzer Waldpfad auf, der uns jedoch gleich wieder links auf einen breiten Weg führt. Der **Wolfsbach** begleitet uns einige Zeit, bis wir auf einer Lichtung einen wunderbaren Blick über eine blühende Blumenwiese ergattern. Da geht einem das Herz auf. Wir genießen diesen entspannten Moment. Dann überqueren wir einen Bach und schreiten wieder in den Wald. An der nächsten Möglichkeit wandern wir rechts. Achtung, an der folgenden Weggabelung halten wir uns nun links und setzen über den ❸ **Heßbach.** Wahnsinn, wie wild sich das **Klettenlabkraut** hier ausbreitet. Das Kraut ist zum Beispiel als Tee gut für die Lymphgefäße und wirkt immunstärkend und reinigend für den gesamten Organismus. Und das Allerbeste: Bei Diäten kann es positiv unterstützen.

Für die Seele

Eintauchen in die grüne Lunge des Bienwalds, tief durchatmen und allen Stress hinter sich lassen.

Bald schon verlassen wir den festen Weg und folgen dem breiten Schotterwaldweg, auf dem wir uns von dem Gesang der Vögel inspirieren lassen. Wir durchwandern den Bienwald und erreichen bei einer Waldlichtung die romantisch gelegene ❹ **Auwaldhütte.** Der Rheinauenweg führt uns nun zu einem **Bahnübergang,** den wir sicher überqueren. Lange Lianen hängen wild herab und dicke Efeuwurzeln ranken sich um die Baumstämme. Schnurgerade leitet uns der angenehme breite Forstweg durch den grünen Mischwald. Bei uns Wanderern stellt sich ein meditativer Zustand ein. Wunderbar, wie angenehm der gedankenleere Raum sich im Kopf anfühlt und wie positiv sich das auf unser Gehirn auswirkt.

An der Breitwiese Stixwörth setzen wir vorsichtig über die L 556. Ein für Fahrzeuge gesperrter Waldweg nimmt uns auf und schlängelt sich wunderschön durch die urwüchsige Natur. An der T-Kreuzung laufen wir nach links. Wieder wandern wir kerzengerade

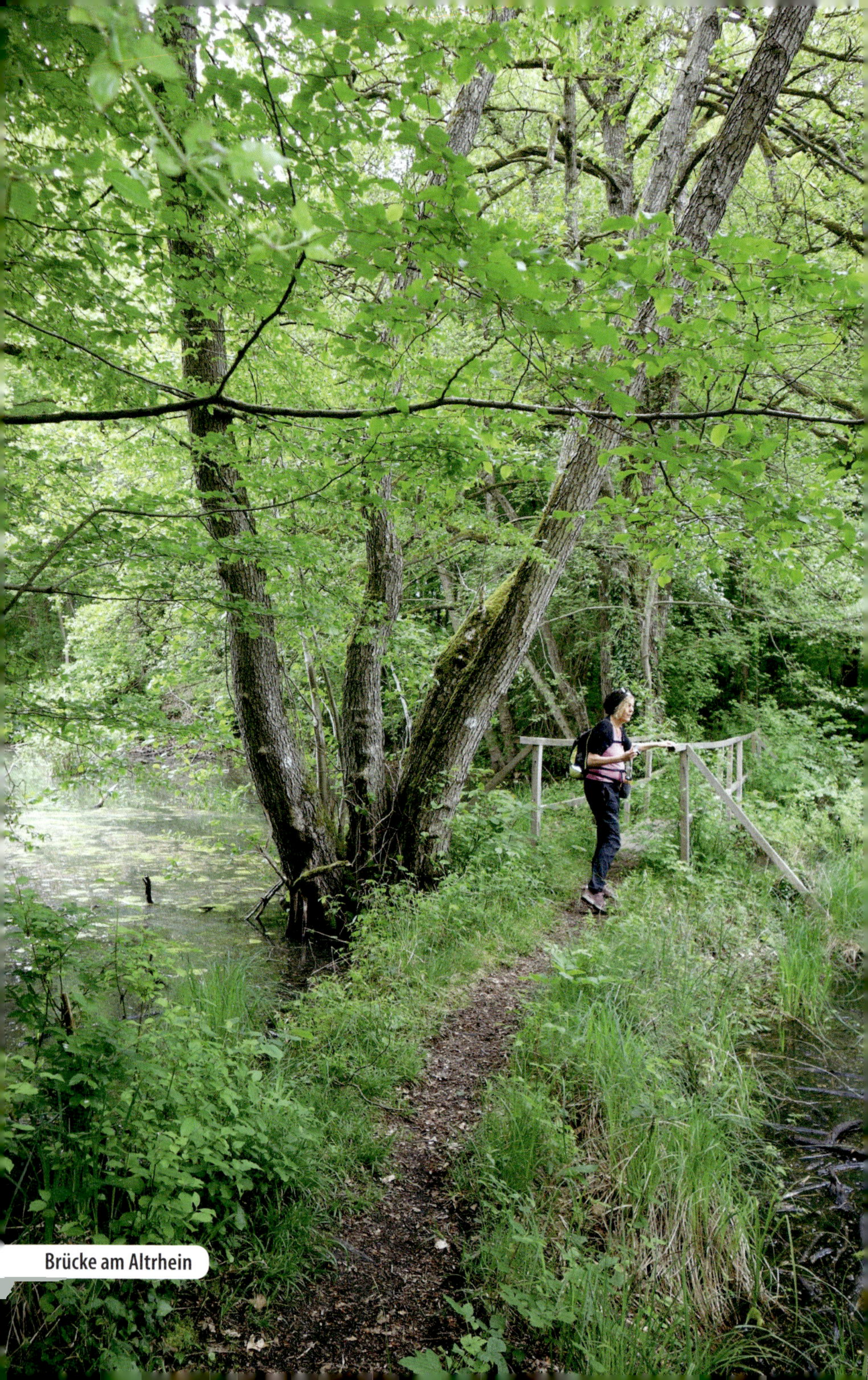

Brücke am Altrhein

durch die grüne Lunge des Walds, bis wir auf den **5 Hagenbacher Altrhein** treffen, der uns gülden durch Hecken entgegenschimmert. Nun geht es rechts und beim gemütlichen Dahinschlendern müssen wir darauf achten, den Pfad nicht zu versäumen, der uns linker Hand näher an den Altrhein führt. Das Gelände wirkt etwas sumpfig, aber der Pfad bringt uns sicher über eine Brücke zum anderen Ufer. Schade, der Rhein wirkt hier ziemlich verlandet. Kaum zu glauben, aber bis 2006 diente er als Vorfluter für die Hagenbacher Kläranlage und weist immer noch belastende Ablagerungen auf. Künftig soll er einer Entschlammungsmaßnahme unterzogen werden. Also bitte nicht vergessen: Er ist keine Hundetränke und auch kein Badeplatz für Vierbeiner.

Nach dem Altrhein führt unsere Tour kurz nach rechts, dann zweigt ein Waldweg links ab. Jetzt verlassen wir den Auenwald und wenden uns nach links, folgen dem **Rheinhauptdeich** und gelangen wenig später zum **6 Kieswerk Frohnau.** Eine neue Szenerie taucht allmählich auf. Links erblicken wir ein Abstellgleis, vor uns die übermächtige Kiesgrube mit langen Förderungsbändern – riesige Stein- und Sandhäufe türmen sich auf. Der meterhohe Damm wirkt wie eine überdimensionierte Naturmauer und am Himmel kreisen Störche, während wir weitergehen. Bunt blühende Wiesenblumen säumen den Wall. Vom Wiesensalbei über die Butterblume, den gelben Hufeisenklee, die Kartäusernelken bis zum zottigen Klappertopf – eine echte Oase für Bienen und Hummeln, die hier emsig ihr Tagewerk verrichten.

Unser Weg führt jetzt leicht bergan, bis wir an der Kante des sogenannten **Polders** beziehungsweise Damms der Daxlander Au stehen und direkt auf die riesige Förderanlage des Kieswerks blicken. Unsere Markierung leitet uns links in einen Feldweg. Hier kommen wir durch landwirtschaftliches Gebiet, das geprägt ist von Obstbäumen und weitem Ackerland.

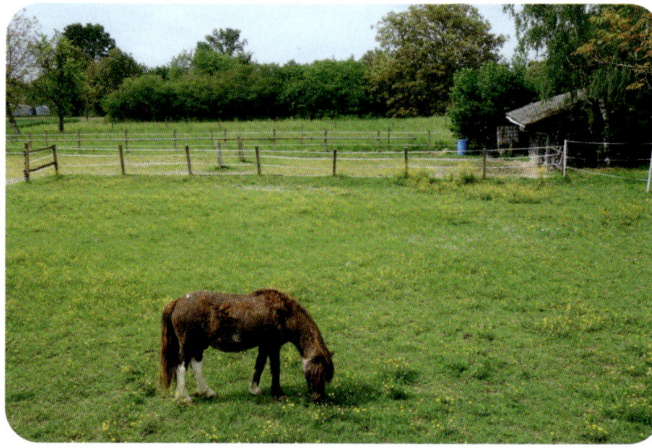

Auf der heutigen Flachlandetappe bietet der nun folgende, grob steinige Wegabschnitt eine willkommene Abwechslung für unsere Füße. Allmählich hören wir von der linken Seite Geräusche eines weiteren Kieswerks am Hornbach und rechts am hinteren Waldrand ragen haushohe Schornsteine empor.

Bald taucht vor uns der Hagenbacher See **Willersinn** auf, dort wird übrigens Quarzsand gefördert. Leider ist keiner der drei Seen um Hagenbach derzeit als Badesee ausgewiesen. Wir sind bester Wanderstimmung und gelangen an alten Flatterulmen vorbei. Sie gedeihen wunderbar in Feuchtgebieten, kommen aber auch mit Trockenheit gut zurecht. Vor allem der Rinde wird eine immense Heilwirkung zugeschrieben. Da die Borke besonders rissig ist, kann man sie abkochen und bei Brandverletzungen, Knochenbrüchen, Fieber, Gicht oder Husten auflegen. Spannend, was uns die Natur über die Heilmöglichkeiten von Pflanzen lehren kann. Diese alten Heilmethoden, die unsere Urgroßeltern noch kannten, sollten wir in naher Zukunft wieder auffrischen.

*Die **Pfarrkirche St. Michael** ist erstmals 1146 urkundlich erwähnt. Mitte des 18. Jahrhunderts war sie baufällig und wurde neu errichtet und dabei um 180 Grad gedreht. Die schwarze Zwiebelhaube aus Schiefer überragt ganz Hagenbach.*

Beim Fahrweg biegen wir links ab und erblicken dann halb links die **Pfarrkirche St. Michael** mit ihrem schwarzen Zwiebeldach, ein sicheres Zeichen, dass sich die Tour so langsam dem Ende zuneigt. Gerste ist hier das Korn der Stunde – so weit das Auge reicht, **Gerstenfelder.** Wenn wir den Blick lange genug über die Felder schweifen lassen, entdecken wir vielleicht ein paar Feldhasen, die sorglos ihrem Spieltrieb folgen. Wir gehen munter weiter und kommen an netten Kleingärten und einer Pferdekoppel vorbei, genießen die schöne Gegend und erreichen bald den Ortsrand von Hagenbach.

Die engen Gassen und Fußwege durch ***Hagenbach*** *bilden einen starken Kontrast zu den Weiten des Bienwalds.*

Hier überqueren wir die Bahngleise und folgen der Straße. Jetzt achten wir auf die Markierung, die uns halb rechts zu einer Allee am Altrhein führt. Wir folgen ihr nur kurz, bis wir uns gegenüber einer Brücke links einem Fußweg zuwenden. Dann queren wir die Rheinstraße und die Luitpoldstraße. An der Theresienstraße wandern wir an der engen Stadtmauergasse entlang, die uns schnell zur Bahnhofstraße bringt, über die wir bis zum **Dorfplatz** mit seinem Brunnen und Kreuz gelangen. Von dort schlendern wir rechts zur Ludwigsstraße und an der schnuckeligen **7 Gaststätte Wachthäusel** und der **8 Pizzeria Amico Fritz** vorbei.

Kirchplatz Hagenbach

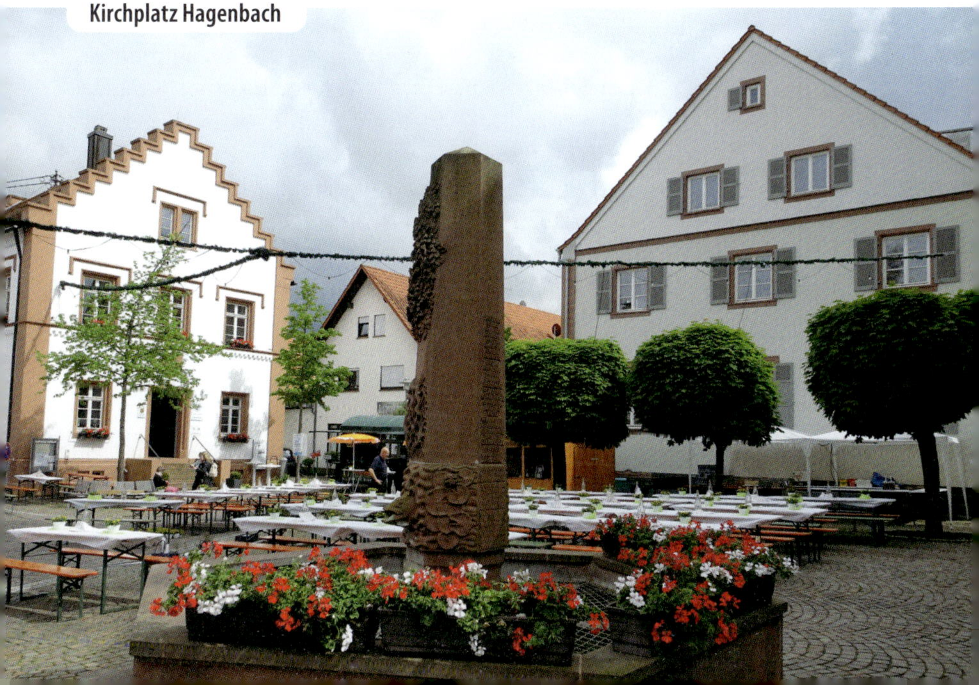

Wer Lust auf eine Pizza hat, dem bietet sich jetzt die Gelegenheit. Weiter geht es in Richtung **9 St.-Michael-Kirche.** Von hier folgen wir unserer Markierung nach links, spazieren bei der querenden Straße rechts versetzt weiter und gelangen über die Schlossgärtenstraße zurück zu unserem Parkplatz auf dem Festplatz.

Total relaxt steigen wir ins Auto und fahren bestens gelaunt nach Hause. Wir empfehlen diese Tour allen, die gerne lange ebene Strecken laufen, ohne Mühe und Anstrengung, um in schöner Umgebung die Seele baumeln zu lassen. In einer grünen urwüchsigen Landschaft bietet sie einzigartige Naturmomente und schöne Ruheplätze.

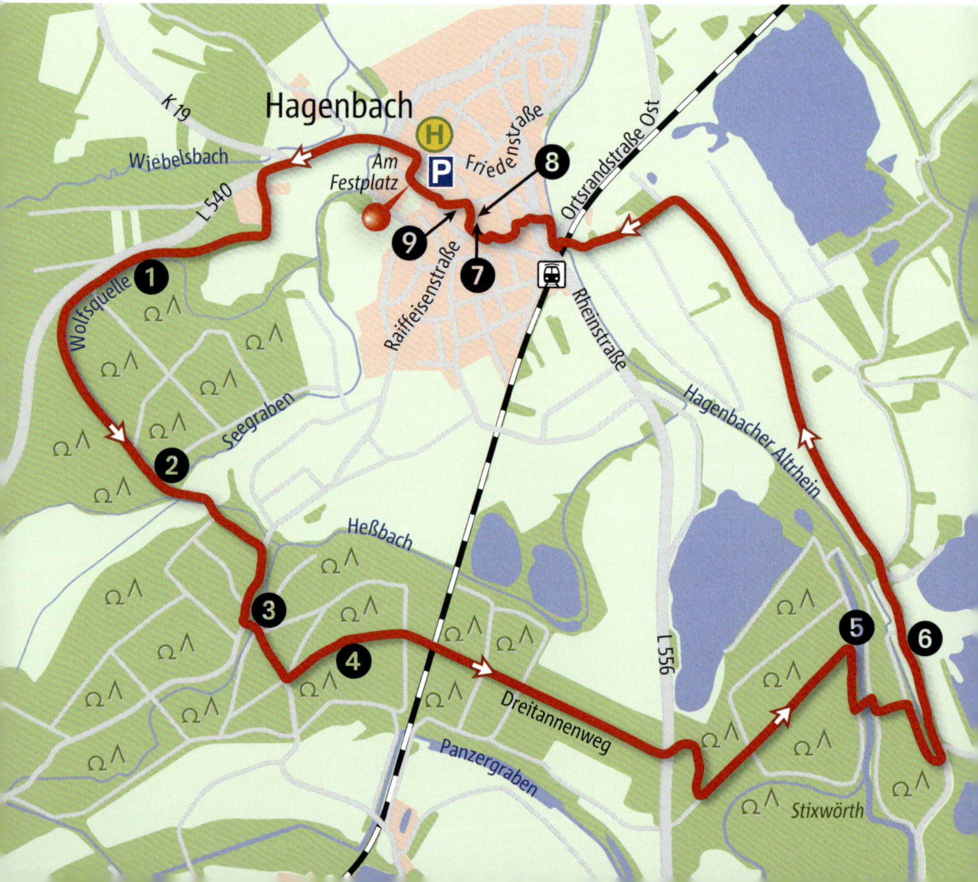

ALLES AUF EINEN BLICK

Entspannung 4/5

Abenteuer 4/5

Vielfalt 3/5

WIE & WANN

Die Wege sind meist breit und sehr eben, die Wanderung ist durchweg sehr leicht zu begehen. Beste Wanderzeit ganzjährig.

HIN & WEG

Auto: Parkplatz Am Festplatz, 76767 Hagenbach
ÖPNV: Haltestelle Hagenbach Friedhofstraße

ESSEN & ENTSPANNEN

7 **Gaststätte Wachthäusel,** Ludwigstraße 4, 76767 Hagenbach, Tel. (0 72 73) 9 41 73 33

8 **Pizzeria Amico Fritz,** Ludwigstraße 16, 76767 Hagenbach, Tel. (0 72 73) 9 33 13 99, www.amicofritz.de

ENTDECKEN & ERLEBEN

1 **Walderholungsplatz Wolfsquelle**
2 **Rentnerhütte**
3 **Heßbach**
4 **Auwaldhütte**
5 **Hagenbacher Altrhein**
6 **Kieswerk Frohnau**
9 **Kirche St. Michael**

Die GPS-Daten zu jeder Tour gibt es auf
www.droste-verlag.de

Auf dem YouTube-Kanal „Wanderkult mit Martin Kuhnle“ gibt es Clips zu allen Touren dieses Buches.

Konzeption/Satz: Droste Verlag, Düsseldorf
Einbandgestaltung: Britta Rungwerth, Düsseldorf, unter Verwendung von Bildern von © Fotolia.com: Andrey Kuzmin, undrey, dabost, niroworld; © Martin Kuhnle
Fotos: Heidi Maria und Martin Kuhnle, außer: stock.adobe.com: S. 19 (saumhuhn), S. 41 (Comofoto), S. 120 (Klaus Eppele), S. 166 (2000); Wikimedia Commons, CC BY-SA 4.0 DEED, S-Leypoldt: S. 167 (https://commons.wikimedia.org/wiki/File:Weingartener_Moor_Gänse_WDPA-ID_166229.jpg), S. 169 (https://commons.wikimedia.org/wiki/File:Weingartener_Moor_Laufsteg_WDPA-ID_166229.jpg)
Textlektorat: Petra Sparrer, Köln
Karten: Thorsten David, Bochum
Druck und Bindung: LUC GmbH, Greven

ISBN 978-3-7700-2486-5
www.droste-verlag.de